Methoden der Psychologie
Herausgeber: Kurt Pawlik

Band 11

Ingwer Borg und Thomas Staufenbiel

# Theorien und Methoden der Skalierung

Eine Einführung

Zweite, vollständig neu überarbeitete und erweiterte Auflage

Verlag Hans Huber
Bern · Göttingen · Toronto · Seattle

Die Deutsche Bibliothek – CIP-Einheitsaufnahme

**Borg, Ingwer:**
Theorien und Methoden der Skalierung : eine Einführung /
Ingwer Borg und Thomas Staufenbiel. – 2., vollst. neu bearb.
und erw. Aufl. – Bern ; Göttingen ; Toronto ; Seattle : Huber,
1993
  (Methoden der Psychologie ; Bd. 11)

  ISBN 3-456-82301-0
NE: Staufenbiel, Thomas:; GT

2. Auflage 1993

© 1989/1993 Verlag Hans Huber, Bern
Druck: Hubert & Co., Göttingen
Printed in Germany

**Vorwort zur ersten Auflage**

Dieses Buch stellt eine vorwiegend konzeptionell orientierte Einführung in die Theorien, Modelle und Methoden der Skalierung dar. Die Darstellung erfolgt mit vielen Beispielen, ist überwiegend geometrisch-anschaulich gehalten und enthält wenig Formeln. Vorausgesetzt werden elementare Kenntnisse in Statistik.

An manchen Stellen im Text wird auf Computerprogramme verwiesen. Der Leser kann bei uns dazu eine aktualisierte Liste anfordern.

Bedanken möchten wir uns bei Andreas Benkowitz und Matthias Müller für ihre Mitarbeit bei der Erstellung der Abbildungen und der kamerafertigen Druckvorlage des Buches.

Gießen, Juli 1989                    Ingwer Borg und Thomas Staufenbiel


**Vorwort zur zweiten Auflage**

In der zweiten Auflage der "Theorien und Methoden der Skalierung" wurden einige Kapitel gründlich überarbeitet und zahlreiche Ungenauigkeiten im Text, den Tabellen und den Abbildungen beseitigt. Die Faktorenanalyse bildet nun ein eigenständiges Kapitel, ergänzt um einen neuen Abschnitt über Strukturgleichungsmodelle. Bis auf wenige Ausnahmen wurden alle Datenanalysen und Grafiken mittels des Statistik- und Grafikpakets Systat/Sygraph erzeugt. Eine kurze Dokumentation dieser Analysen mit allen Datensätzen und Steuerdateien ist von den Autoren auf Diskette erhältlich.

Mannheim und Gießen, Juli 1992        Ingwer Borg und Thomas Staufenbiel

# Gliederung

**1 Einleitung** — 1
  1.1 Zum Begriff Skalierung — 1
  1.2 Zum Skalenniveau: Formal betrachtet — 3
  1.3 Skalenniveaus in der empirischen Forschung — 5

**2 Historischer Hintergrund: Grundfragen der Psychophysik** — 7
  2.1 Psychophysische Fragen — 7
  2.2 Psychophysische Methoden — 8

**3 Triviale Skalierung** — 10
  3.1 Begriffe: Trivial versus nicht-trivial — 10
  3.2 Ikonen — 10
  3.3 Clusteranalyse — 16
  3.4 Multidimensionale Skalierung — 22
  3.5 Fortgeschrittene Methoden der trivialen Skalierung — 24

**4 Skalenkonstruktion** — 27
  4.1 Ablauf der Konstruktionsverfahren — 29
  4.2 Item-Lösung und Itemcharakteristiken — 33
  4.3 Einige Verfahren der Itemanalyse — 36
  4.4 Gütekriterien der Skalen — 45

**5 Fechner-Modelle** — 53
  5.1 Thurstone-Skalierung (Law of Comparative Judgment) — 53
  5.2 Direkte Fechner-Skalierung — 69

**6 Multidimensionale Skalierung** — 82
  6.1 Skalierungsprinzipien und MDS-Modelle — 82
  6.2 Zur Interpretation von MDS-Repräsentationen — 85
  6.3 Einige wichtige technische Aspekte der MDS — 96
  6.4 Verallgemeinerungen und verwandte Modelle — 104

## 7 Faktorenanalyse — 109
- 7.1 Grundlegende Konzepte — 109
- 7.2 Hauptkomponentenanalyse — 112
- 7.3 Gemeinsame Faktorenanalyse — 120
- 7.4 Strukturgleichungsmodelle — 120

## 8 Struktupel-Analyse — 133
- 8.1 Skalogramm-Analyse: Der klassische, 1-dimensionale Ansatz — 133
- 8.2 Skalogramm-Analyse: Vorgehen bei Nicht-Skalierbarkeit — 142
- 8.3 Skalogramm-Analyse: Einschränkungen und Erweiterungen — 145
- 8.4 Struktupel-Analyse: Mehrdimensionale Verallgemeinerungen — 147

## 9 Unfolding — 161
- 9.1 Prinzipien des Unfoldings — 161
- 9.2 Reformulierungen und Berechnung — 167

## 10 Magnitude-Skalierung — 177
- 10.1 Klassische Magnitude-Skalierung — 177
- 10.2 Magnitude-Skalierung für vollständige Paarvergleiche — 185

## 11 Conjoint Measurement — 194
- 11.1 Grundfragen des CM — 194
- 11.2 Rechentechnische Aspekte des CM — 198
- 11.3 Datenerhebungsmethoden — 207
- 11.4 Verwandte Methoden, Erweiterungen — 210

## 12 Abschließende Anmerkungen zum Begriff Skalierung — 212
- 12.1 Traditionelle Unterscheidungen — 212
- 12.2 Allgemeinere theoretische Perspektiven: Fünf Auffassungen — 213
    - 12.2.1 Skalierung im Kontext des fundamentalen Messens — 214
    - 12.2.2 Skalierung als bedingtes Messen — 215
    - 12.2.3 Skalierung als Testen von Strukturhypothesen — 215
    - 12.2.4 Skalierung als Mittel der Exploration — 217
    - 12.2.5 Skalierung als Index-Bildung — 217

Literatur — 219
Autorenverzeichnis — 231
Sachverzeichnis — 234

# 1 Einleitung

## 1.1 Zum Begriff Skalierung

Es ist wenig sinnvoll, eine Definition der Begriffe Skala und Skalierung an den Anfang dieses Buches zu stellen. Eine anspruchsvollere Definition würde nämlich -- wie das Kapitel 12 zeigt -- recht abstrakt sein. Eine bescheidenere, die alle gängigen Varianten des Begriffs umfaßt, dagegen so lose, daß sie keinen Nutzen mehr verspricht. Betrachten wir also zunächst einmal, was man im Bereich der Skalierung macht.

Am einfachsten ist die Situation in der Mathematik. Dort tritt bei der Lösung von Gleichungssystemen oft das Problem auf, daß die Koeffizienten sehr unterschiedlich groß sind. Das kann bei den üblichen Lösungsmethoden dazu führen, daß im Computer, der nur begrenzt viele Stellen speichert, wichtige Dezimalstellen abgeschnitten werden. Die Folge ist eine sehr ungenaues Ergebnis. Mathematiker minimieren dieses Problem durch wiederholte Maßstabsänderungen oder "Skalierungen" der Koeffizienten der einzelnen Gleichungen. Skalierung ist hier also einfach ein Vergrößern oder Verkleinern gegebener Zahlen mit bestimmter Absicht (hier: eine höhere Rechengenauigkeit zu erreichen).

In den empirischen Wissenschaften gibt es ebenfalls Skalierung dieser Art, allerdings meist nur im Übergang von einer bestimmten *Skala* auf eine andere. Man betrachte etwa die Zuordnung von einer auf der Celsius-Skala gemessenen Temperatur x zur entsprechenden auf der Fahrenheit-Skala. Die Umrechnung erfolgt über die Gleichung: x Grad Celsius = $32 + 1.8 \cdot x$ Grad Fahrenheit.

Beide Skalen haben feste empirische Bezugspunkte. Fahrenheit, der das Quecksilberthermometer erfand, definierte den Nullpunkt seiner Skala als den Punkt, zu dem die Quecksilbersäule für die kälteste Substanz (ein Salz-Eis-Gemisch), die er in seinem Labor herstellen konnte, anstieg und 100 Grad als den Punkt, den die Quecksilbersäule für die "normale" Körpertemperatur erreicht. Celsius dagegen definierte 0 und 100 Grad als die Punkte der Quecksilbersäule, an denen reines Wasser auf Meereshöhe friert bzw. kocht.

Ganz ähnlich ging man in den Sozialwissenschaften vor. Es liegt ja nahe, das Thermometer als Modellvorstellung auch für Empfindungsstärken, Einstellungen oder Intelligenz zu verwenden. Im Intelligenztest etwa könnte man "als Quecksilbersäule" die Zahl der richtig gelösten Aufgaben verwenden. Empirische Bezugspunkte ergeben sich z. B. dadurch, daß man ermittelt, wie viele Aufgaben "fünfjährige Kinder" oder der "durchschnittliche Erwachsene" richtig beantworten. Auf diese Weise kann man die Intelligenz einer Person messen oder eben, wie man auch sagt, skalieren. Eine andere Methode ist die, eine Person aus einer Batterie verschieden stark negativ und positiv formulierter Aussagen zu einem Objekt diejenige auswählen zu lassen, die ihrer Einstellung am nächsten kommt. Kennt man den Ort oder "Skalenwert" dieser Aussage auf der von ganz negativ bis ganz positiv reichenden "Einstellungsdimension", dann ist damit die Person in ihrer Einstellung gemessen.

Ein Bereich der Skalierung beschäftigt sich mit der *Konstruktion* derartiger Skalen, also der Zusammenstellung und Kalibrierung von Item-Batterien, die dann ganz so wie ein geeichtes Thermometer verwendet werden können. Unüberprüft bleibt aber hierbei die Frage, ob das, was man messen will, überhaupt in der beabsichtigten Weise meßbar ist. Dazu muß ein Skalenwert x stets die selbe Bedeutung haben. Bedeutet also z. B. 20 Grad Celsius stets dasselbe wie 20 Grad Celsius? Die Frage ist weniger unsinnig, als sie zunächst erscheinen mag. Man muß nämlich berücksichtigen, daß bei der Temperaturmessung eine Reihe von stillschweigenden Randbedingungen angenommen werden, z. B. konstanter Luftdruck und gleiche Meereshöhe. Im Fall der Intelligenzmessung ist das Problem jedoch schwieriger. Selbst bei gleichen Randbedingungen kann in einem üblichen Intelligenztest der gleiche Skalenwert i. allg. verschieden erreicht werden. Eine Testperson hat z. B. alle Rechenaufgaben richtig gelöst, eine andere alle Aufgaben zum geometrischen Vorstellungsvermögen. Der Intelligenz-Skalenwert ist also ein Mischwert, zusammengesetzt aus den Werten der verschiedenen Dimensionen der Intelligenz. Ob nun ein Phänomen-Bereich 1-dimensional skalierbar ist, ist eine Frage, mit der sich die *Skalen-Analyse* beschäftigt.

Man kommt so vom Bild des Thermometers zum mehr-dimensionalen Messen mit mehreren Thermometern gleichzeitig. Das Bild sagt, daß schon vorher klar ist, welches Thermometer welche Dimension mißt. So lange dies gilt, ist mehr-dimensionales Skalieren lediglich eine Verallgemeinerung des älteren 1-dimensionalen Skalierens.

Nun liegt aber offensichtlich ein Problem darin, daß nicht klar zu sein braucht, welche Dimensionen ein empirisches Phänomen (wie etwa das Lösen gegebener Testaufgaben) bestimmen. Die den Beobachtungen zugrunde liegenden Dimensionen müssen erst aus empirischen Beobachtungen wie z. B. der Ähnlichkeit von Testaufgaben erschlossen werden. Derartige dimensionsanalytische Verfahren (wie z. B. die Faktorenanalyse) fallen ebenfalls in das Gebiet der Skalierung.

Historisch betrachtet zeigte sich jedoch, daß solche Skalierungsverfahren nicht notwendigerweise nur Systeme aufdecken, die *dimensionaler* Art sind. Vielmehr erwiesen sich dimensionale Strukturen als Spezialfälle viel allgemeinerer Organisationsprinzipien. Exploriert oder testet man solche Strukturen in den Daten, dann geschieht dies zwar oft mittels des Verfahrens der *multidimensionalen Skalierung*, die dabei aber nicht im Sinn ihres Namens, sondern als viel allgemeinere Datenanalyse-Methode verwendet wird. Man könnte diese Methoden aus Gründen der Begriffs-Hygiene aus dem Gebiet der Skalierung ausgrenzen. Das hätte aber vor allem den Nachteil, daß sich der übliche Sprachgebrauch nicht an solche Hygienevorschriften hält, weil sich mittlerweile eine recht unscharfe Abgrenzung von Skalierung und Datenanalyse eingebürgert hat. Es wäre naiv, wenn man glaubte, an dieser Praxis jetzt noch etwas ändern zu können.

## 1.2 Zum Skalenniveau: Formal betrachtet

Zu den Aspekten der Skalierung, mit denen der Leser schon im Rahmen der Statistik in Kontakt getreten ist, gehört die Unterscheidung verschiedener *Skalenniveaus*. Wir wiederholen diese Konzepte an dieser Stelle nochmals der Vollständigkeit halber.

Das Skalenniveau bezeichnet die Transformierbarkeit der Skala. Hat man z. B. Temperaturwerte mit der Celsiusskala gemessen, dann ist klar, daß man sie ebenso gut auch in Fahrenheit ausdrücken könnte, *ohne daß dadurch irgend etwas von Bedeutung verloren ginge*. Was genau ist aber hierbei "von Bedeutung"? Die Antwort ist: Genau die Relationen der Meßwerte, die auf verschiedenen Temperaturskalen gleich bleiben. Messen wir also z. B. heute 20 Grad in Celsius, während es vor einem Jahr nur 15 Grad waren, dann könnten wir fragen, ob z. B. die Relation 20:15=4/3=1.33 gleich bleibt (*invariant bleibt*), wenn wir die Meßwerte in die Fahrenheitskala überführen (*transformieren*). Die Transformation lautet allgemein: x Grad Celsius entsprechen $32 + 1.8 \cdot x = y$ Grad Fahrenheit. Also: 20 Grad Celsius = 68 Grad Fahrenheit; 15 Grad Celsius = 59 Grad Fahrenheit. Ausgedrückt in Fahrenheit-Werten lautet die obige Relation der beiden Temperaturen somit 68/59. Dieses Verhältnis ist nicht mehr gleich 1.33. Somit ist eine solche Verhältnisbildung empirisch bedeutungslos, weil die Messung eines gegebenen physikalischen Temperaturverhältnisses ja nicht eine Funktion der willkürlich gewählten Skala werden soll, auf der es einmal als 1.33, ein andermal als 1.15 erscheint. Verhältnisbildungen auf Skalen, wie wir sie hier vorliegen haben, sind also nicht sinnvoll. Hierzu sind vielmehr andere Skalen (*Verhältnis-Skalen*) erforderlich.

Die Temperatur-Skalen erlauben dagegen sinnvolle Aussagen über das Verhältnis von Temperatur-Unterschieden ("Intervallen") oder über die Ordnung von zwei Skalenwerten ("ist wärmer als").

Tabelle 1.1 gibt eine Übersicht der "üblichen" Skalenniveaus. Die zulässigen Transformationen bezeichnen die Möglichkeiten, gegebene Skalenwerte durch andere zu ersetzen, die die wichtigen Informationen in glei-

**Tabelle 1.1.** Einige gebräuchliche Skalentypen und ihre Eigenschaften.

| Skalentyp | grundlegende empirische Tests der Skalenwerte | zulässige Transformationen |
|---|---|---|
| Nominal-Skala | "Transitivität" der Äquivalenzrelation: Wenn x und y empirisch äquivalent sind und auch y und z, sind dann auch x und z äquivalent? | Jede Transformation, die die Verschiedenheit und Gleichheit der Daten erhält. |
| Ordinal-Skala | Transitivität der Ordnungsrelation: Wenn x über y dominiert und y über z, dominiert dann auch x über z? | Jede ordnungserhaltende Transformation, also jede T., die zu Werten führt, die wie die ursprünglichen Daten geordnet sind. |
| Intervall-Skala | Gleichheit von gerichteten Unterschieden: Ist der Unterschied von x und y gleich dem von v und w, in Größe und Richtung? | Jede lineare Transformation, also jede T. $s'(x)=k \cdot s(x)+c$, wobei k und c reelle Zahlen sind und k>0 ist. Bsp.: $s'(x)=7 \cdot s(x)-1.25$ |
| Verhältnis-Skala | Gleichheit von Verhältnissen: Dominiert x über y genauso stark wie v über w? Proportionen von Dominanzstärken: Erscheint x doppelt so groß wie y? | Jede Streckung oder Schrumpfung, also jede T. $s'(x)=k \cdot s(x)$, wobei k eine positive reelle Zahl ist. Bsp.: $s'(x)=0.23 \cdot s(x)$ |

cher Weise ausdrücken. Bei ordinalen Daten ist z. B. jede Rekodierung zulässig, die zu neuen Werten führt, die genauso geordnet sind wie die Ausgangswerte. Wenn also die Skalenwerte für x und y auf der Skala s gleich $s(x)=1$ und $s(y)=3$ sind, dann könnten sie auf einer neuen, *gleich guten* Ordinal-Skala s' z. B. $s'(x)=1.14$ und $s'(y)=1.87$ sein. Viele andere s' sind möglich, so lange gilt: Wenn $s(x)<s(y)$, dann auch $s'(x)<s'(y)$ und wenn $s(x)=s(y)$, dann auch $s'(x)=s'(y)$, für alle x, y.

Woher weiß man aber, welches Skalenniveau gegebene Daten haben? Die Antwort findet man dadurch, daß man die Eigenschaften, die die Skalenwerte auf dem vermuteten Skalenniveau haben, empirisch überprüft oder zumindest plausibel macht, daß dies möglich wäre. Dabei wird getestet, ob die *Relationen der Zahlen* gewisse *empirische Relationen* getreulich darstellen. Nehmen wir z. B. an, wir hätten eine Person gebeten, die verschiedenen

Speisen eines Imbißstandes auf einer Skala von 0="mag ich nicht", 1="mag ich" bis 2="mag ich sehr" einzustufen. Dabei seien x="Käsebrötchen", y= "Schinkenbrötchen" und z="Fischbrötchen", und s(x), s(y) und s(z) die Werte, die die Person diesen Brötchen auf der 3-stufigen Beurteilungsskala gegeben hat. Wenn nun z. B. s(x)=1, s(y)=1 und s(z)=2 ist, dann sollte daraus folgen, daß die Person Käse- und Schinkenbrötchen im direkten Vergleich als "gleich lieb" beurteilt, oder daß sie Fischbrötchen bei einer Wertigkeitsreihung an erste Stelle setzt. Ob das so ist oder nicht, kann man empirisch testen. Gelten solche Beziehungen, dann kann man begründet argumentieren, daß zumindest die ordinalen Implikationen der Skalenwerte für bestimmte empirische Relationen gelten.

Eine naheliegende Frage bei solchen Prüfungen ist die nach einem Entscheidungskriterium: Wie viele Tests dürfen negativ ausfallen, bevor man die Skalen-Hypothese verwerfen muß. Hierauf gibt es keine allgemeine Antwort. Die Bewertung von Widersprüchen zwischen Skalenwerten und empirischen Relationen hängt vielmehr vom Kontext ab, insbesondere davon, was mit den Skalenwerten gemacht werden soll.

Die in Tabelle 1.1 gezeigten empirischen Tests können also in Fragen umgesetzt werden, mit deren Hilfe man das angenommene Skalenniveau zu begründen versucht. Beobachtet man im obigen Beispiel, daß der Person Käsebrötchen und Schinkenbrötchen gleich lieb sind, dann haben wir einen Fall empirischer Äquivalenz. Sagt sie, daß ihr z. B. Käsebrötchen lieber ist, dann einen empirischer Ordnung. Man beachte, daß diese Tests rein *qualitativ* sind, d. h. sich auf Relationen im Bereich der Beobachtungen beziehen, in denen keine Zahlen auftauchen.

Die Skalenniveaus in Tabelle. 1.1 sind geordnet. Die Nominal-Skala ist der schwächste Typ, die Verhältnis-Skala der stärkste. Auf der stärkeren Skala liegen die Skalenwerte viel weitgehender fest, d. h. sie sind nur eingeschränkter transformierbar. Sie geben mehr Informationen her, weil auf ihnen mehr Rechenoperationen (wie Rangordnungen, Differenzen-Bildung, Verhältnis-Bildung von Skalenwerten) sinnvoll sind und damit präzisere Zusammenhänge (z. B. bestimmte Funktionen) zu anderen Variablen untersucht werden können. Alle Transformationen, die für einen bestimmten Skalentyp zulässig sind, sind auch für alle schwächeren Skalentypen zulässig.

## 1.3 Skalenniveaus in der empirischen Forschung

Eine formale Betrachtungsweise des Skalenniveaus gegebener Datenwerte ist eher verwirrend oder sogar irreführend. Das wird deutlich, wenn man inhaltliche Illustrationen etwas genauer durchdenkt. Die obigen Käse-, Schinken- und Fischbrötchen "haben" nämlich nicht, wie man meinen könnte, ein bestimmtes ("wahres") Skalenniveau. Vielmehr kann man das Skalenniveau als *Rollenzuweisung* (Velleman & Wilkinson, im Druck) verstehen, die aufgrund von *Hypothesen* darüber gemacht wird, wie die Werte mit anderen Beobachtungen zusammenhängen (Guttman, 1972). Eine solche Hypothese könnte z. B. lauten, daß die per Beurteilungsskala direkt und sequentiell erhobenen Skalenwerte der Brötchen das Wahlverhalten der Person am Imbißstand vorherzusagen erlauben. Also etwa: Die Person wählt das Brötchen mit Wahrscheinlichkeit 1, das den größten Skalenwert hat (also z); gibt es dieses Brötchen nicht mehr, dann wählt sie mit Wahrscheinlichkeit 0.5 eines der beiden anderen (x oder y).

Betrachten wir ein anderes Beispiel. Die Skala der Farben 1="Rot", 2="Gelb", 3="Grün", 4="Blau" und 5="Purpur" würde man wohl spontan als rein qualitativ oder *nominal* bezeichnen. Andererseits hat man im Zusammenhang mit Ähnlichkeitsurteilen über Farben gefunden, daß die Farben in solchen Urteilen entsprechend den hier gewählten Skalenwerten geordnet erscheinen und zwar in kreisförmiger Weise (Indow, 1974). Im Hinblick auf ihre physikalischen Wellenlängen sind die Skalenwerte der Farben dagegen linear geordnet. Man sieht also, daß der Beobachtungszusammenhang bei solchen Betrachtungen über das Skalenniveau nicht einfach vernachlässigt werden kann. Den Farben wird vielmehr ein Skalenniveau zugewiesen auf Grund einer Hypothese, die die gewählten Skalenwerte mit anderen Beobachtungswerten in Beziehung setzt.

Anwender fragen bisweilen, ob man mit gegebenen Daten bestimmte Verfahren rechnen "könne" oder "dürfe". Beide Fragen zielen auf das Skalenniveau ab. Zur "kann"-Frage ist festzuhalten, daß der Computer nichts über die Daten "weiß"; er rechnet mit den eingegebenen Zahlen als Zahlen. Zur "darf"-Frage sollte der Forscher klären, welche Hypothese er für den Zusammenhang der gegebenen Skalenwerte mit bestimmten anderen Beobachtungen hat. Wenn er meint, daß die Rückennummern von Fußballspielern mit der Zahl der geschossenen Tore linear korrelieren, dann "darf" er diese Variablen korrelieren. Die vermutlich deutlich positive Korrelation verweist darauf, daß die Rückennummern nicht zufällig verteilt werden. (Der Torwart hat meist die "1", der Linksaußen die "11".) Wenn der Methodiker keine Erlaubnis erteilt zur Berechnung der Korrelation, weil diese "eigentlich" Intervallskalenniveau erfordert, wäre diese Gesetzmäßigkeit so nicht zu finden gewesen.

# 2 Historischer Hintergrund: Grundfragen der Psychophysik

Die ursprünglichen Entwicklungen der Skalierung waren eng mit der Psychophysik verbunden, die in der zweiten Hälfte des letzten Jahrhunderts in der empirischen Psychologie eine zentrale Stellung hatte. Heute ist die Psychophysik viel unbedeutender, aber viele der von ihr entwickelten Fragestellungen und Methoden sind zu einem festen Bestandteil anderer inhaltlicher Forschungsbereiche -- wie etwa der Einstellungsmessung -- geworden. Ihre ursprünglichen Grundgedanken sind dabei weitgehend verlorengegangen oder zumindest nur noch schwer zu erkennen. Eine kurze Rückbesinnung auf die Psychophysik kann deshalb nützlich sein für ein besseres Verständnis vieler Skalierungsverfahren.

## 2.1 Psychophysische Fragen

Die Psychophysik beschäftigt sich damit, ob und wie sich physikalisch exakt meßbare Phänomene (wie z. B. die Lautstärke einer Tonquelle, gemessen in Schalldruck $N/m^2$) in subjektiven Empfindungen widerspiegeln. Am einfachsten ist dies, wenn dem physikalischen Kontinuum (z. B. Schalldruck) eine entsprechende psychologische Dimension (hier: Lautheit) zugeordnet werden kann.

Dabei kommt es vor allem zu den folgenden Fragen, die wir hier jeweils mit einem Beispiel illustrieren:
(1) *Absolute Schwelle.* Welcher Schalldruck ist so gering, daß ein Ton gerade nicht mehr gehört wird?
(2) *Unterschiedsschwelle* (eben-merklicher Unterschied, just noticeable difference, JND). Gegeben der Ton x, um wieviel lauter als x muß der Ton x' sein, damit die Vp gerade noch einen Unterschied hört?
(3) *Äquivalente.* Erscheint der Ton x z. B. aus verschiedenen Richtungen gleich laut?
(4) *Sensorische Differenzen.* Ist der Unterschied in der Lautheit zwischen x und x' genauso groß wie der zwischen x" und x'"?
(5) *Sensorische Verhältnisse.* Wie laut muß x' sein, damit er als doppelt so laut empfunden wird wie x? Oder: In welchem Verhältnis erscheint die Lautheit von x und x'?

Mehrdimensionale Fragestellungen sind natürlich auch möglich. Z. B. kann man bei der absoluten Schwelle neben dem Schalldruck auch noch gleichzeitig die Frequenz der Töne variieren. Zudem kann man auch über verschiedene Sinne gehen und z. B. fragen, ob irgendein Gewicht y genauso schwer erscheint, wie ein Ton x laut ist (*cross-modality matching*).

## 2.2 Psychophysische Methoden

Zur Beantwortung derartiger Fragen hat die Psychophysik eine Reihe von Methoden entwickelt:

(1) *Grenzwert-Methode*. Zur Bestimmung der absoluten Schwelle macht man hier einen Reiz x in dem interessierenden physikalischen Merkmal f so lange größer, bis er wahrgenommen wird. Wenn f(x) z. B. der Schalldruck der Tonquelle x in $N/m^2$ ist, dann erhöht man f(x) bis die Vp schließlich sagt, sie höre den Ton. In analoger Weise kann man auch von einem sehr großen f(x) ausgehen und dieses so lange kleiner machen, bis f(x) subliminal wird. Wiederholt man die Prozedur ein paarmal, dann zeigt sich, daß die absolute Schwelle nicht immer am selben Punkt liegt. Vielmehr entsteht ein Unsicherheitsintervall, das von dem f(x) reicht, unterhalb dessen der Reiz nie, bis zu dem f(x), oberhalb dessen er immer wahrgenommen wird. Entsprechendes gilt für Unterschiedsschwellen.

(2) *Herstellungsmethode*. Hier "dreht" die Vp selbst -- z. B. über einen Lautstärkeregler wie am Radio -- an f(x) und verändert den Reiz so, daß er eine bestimmte Bedingung erfüllt. Die Bedingung ist in der Regel die, daß x einem festen Vergleichsreiz x' gleich erscheinen soll. Macht die Vp dies ein paar Mal (für x von "oben" und "unten" kommend), dann ergibt sich als Mittelwert ihrer Endeinstellungen der "PSE" (=point of subjective equality). Die Standardabweichung der Endeinstellungen um den PSE zeigt die Sensitivität des untersuchten Sinnesbereichs für diese Person an. Per definitionem (!) wird die Standardabweichung auch als Maß für die Unterschiedsschwelle genommen.

(3) *Methode der konstanten Reize*. Gegeben ist ein Standardreiz y und eine Reihe von festen Vergleichsreizen, $x_1$, ..., $x_n$. Zur Bestimmung der Unterschiedsschwelle (nach unten) präsentieren wir der Vp jeweils einen der Vergleichsreize $x_i$ zusammen mit y und fragen sie, ob ihr $x_i$ kleiner oder größer erscheint als y (*forced-choice* Antwort). Per definitionem gilt als Unterschiedsschwelle (nach unten) der Punkt $f(x_i)$, an dem die Vp in 75% der Fälle sagt, daß $x_i$ kleiner ist als y. Für die Unterschiedsschwelle nach oben gilt Analoges. Eine Variante der Methode verwendet drei Antwortkategorien: kleiner, größer und gleich. Dann gilt als Unterschiedsschwelle der Punkt, an dem in 50% der Fälle ein "gleich"-Urteil erfolgt. Die genauen $f(x_i)$-Schwellenwerte muß man in der Regel durch Interpolation finden.

(4) *Methode der Paarvergleiche*. Diese Methode kann man als eine Erweiterung der Methode der konstanten Reize auffassen. Hier wird aber nicht

jeder der Reize $x_1, ..., x_n$ mit einem festen Standardreiz verglichen, sondern jeder Reiz wird mit allen anderen verglichen. Die beobachteten relativen Häufigkeiten für die größer/kleiner-Urteile werden zur Bestimmung der sensorischen Differenzen der Reize verwendet.

(5) *Halbierungsmethode.* Diese Methode dient ebenfalls der Bestimmung sensorischer Differenzen. Die Vp bekommt hier die Aufgabe, ausgehend von zwei Reizen, $x_i$ und $x_j$, einen dritten, $x_k$, so herzustellen, daß er subjektiv genau "in der Mitte" zwischen den ersten beiden liegt, z. B. einen Grau-Ton zu malen, der genau zwischen Schwarz und Weiß liegt.

(6) *Magnitude-Skalierung.* Sie ist das Gegenstück zur Halbierungsmethode: Gegeben $x_i$, finde $x_j$ derart, daß $x_j$ doppelt so groß erscheint wie $x_i$. Oder: Gegeben $x_i$ und $x_j$, um wieviel größer/kleiner ist $x_j$ als $x_i$?

(7) *Bildung von Rangordnungen.* Die Vp soll hier eine Menge von Reizen, $x_1, ..., x_n$, bezüglich eines vorgegebenen Kriteriums ordnen, z. B. eine Menge von Gegenständen nach ihrem Gewicht. Ist die Menge umfangreich, so fällt dies oft recht schwer. Es gibt daher verschiedene unvollständige Versionen nach dem Schema "ordne-m-von-n" oder "wähle-m-von-n". Im ersten Fall könnte man die Vp bitten, die "größten" m=5 Reize auszuwählen und dann zu ordnen. Man könnte die Vp auch bitten, die Reize in beliebig viele Kategorien einzuordnen, z. B. in "kleine", "mittlere" und "große".

(8) *Kategorien-Skalierung (Ratings).* Die Vp geht die Reize $x_1, ..., x_n$ in einer vorgegebenen Reihenfolge durch und stuft sie dabei jeweils in eine Kategorie einer Rating-Skala wie z. B. "sehr klein", "klein", "mittel", "groß", "sehr groß" ein »in a quasi-absolute sense« (Woodworth & Schlosberg, 1954, S. 217). Diese auch als "Methode des absoluten Urteils" bezeichnete Vorgehensweise ist vergleichbar der Methode der konstanten Reize mit mehreren Kategorien, aber ohne einen vorgegebenen Standardreiz. Dieser wird vielmehr in der Vp vermutet, z. B. als subjektiver Durchschnittswert des Reizbereiches oder als erster Eindruck (Haubensak, 1985). Bisweilen wird bei der Methode noch zusätzlich gefordert, daß alle Ratings gleich häufig benutzt werden sollen oder daß die Unterschiede der Reize zwischen benachbarten Rating-Kategorien subjektiv möglichst gleich groß sein sollen. Solche Zusatzbedingungen sollen vor allem bewirken, daß die Vp nicht einfach sequentiell vorgehen kann, sondern ständig alle Reize berücksichtigen muß.

# 3 Triviale Skalierung

## 3.1 Begriffe: Trivial versus nicht-trivial

Unter *trivialer* Skalierung verstehen wir eine Abbildung von Daten in eine andere Darstellungsform, die, ganz gleich wie die Daten beschaffen sind, *immer ohne Informationsverlust* möglich ist. Die Absicht dabei ist, dem Betrachter einen leichteren Zugang zum Datenmaterial zu ermöglichen. Hierfür eignen sich vor allem graphische Darstellungen gemäß dem Diktum: "Ein Bild sagt mehr als 1000 Worte".

Die Frage nach den Bedingungen, unter denen Daten in bestimmter Weise darstellbar sind, taucht bei der trivialen Skalierung also nicht auf. Darin unterscheiden sie sich von den Skalierungs-*Modellen*, in denen sich nur *bestimmte* Daten darstellen lassen. Nehmen wir an, wir wollten für eine Person eine Skala des subjektiven Wertes der verschiedenen Speisen eines Restaurants konstruieren. Wir könnten dazu die Präferenzen der Person über Paarvergleiche bestimmen. Wenn sie dabei sagt, daß sie a gegenüber b präferiert und b gegenüber c, dann muß a auf der Werte-Skala den größten, b einen mittleren und c den kleinsten Skalenwert haben. Das impliziert, daß die Person die Frage, ob ihr a besser gefällt als c, bejahen muß. Ist dies nicht der Fall, läßt sich aus diesen Präferenz-Daten keine Werte-Skala konstruieren. Man könnte dann Hypothesen aufstellen, woran dies liegt oder versuchen, die Daten in einem anderen Modell darzustellen. In jedem Fall ermöglicht schon die Darstellbarkeit als solche bzw. ihre Unmöglichkeit gewisse Einsichten in die Struktur der Daten.

Trivial bedeutet aber nicht nutzlos. Was gelten soll ist vor allem, daß die gewählte Darstellung leichter zu besseren Einsichten führt. Ob das so ist, hängt in großem Umfang von der Kunst des Skalierers ab und ist letztlich empirisch zu entscheiden.

## 3.2 Ikonen

**Panoramen, Schneeflocken, Sonnen, Schwingungen, Blumen**

Ein Beispiel: Mezzich & Worthington (1978) baten 11 Psychiater, sich jeweils einen typischen depressiven, einen manischen, einen schizophrenen und einen paranoiden Patienten vorzustellen. Für diese prototypischen Patienten sollten sie die Intensität von 17 Symptomen auf einer 6-stufigen Rating-Skala von 0="Symptom nicht vorhanden" bis 6="Symptom sehr stark ausgeprägt" angeben (Tabelle 3.1).

**Tabelle 3.1.** Einstufungen von 4 prototypischen psychiatrischen Patienten auf 17 Symptomen A-Q durch jeweils 11 Psychiater; 0="Symptom nicht vorhanden"; 6="Symptom sehr stark ausgeprägt".
Symptome: A=Krankheitsbefürchtungen; B=Angst; C=emotionale Zurückgezogenheit; D=formale Denkstörungen; E=Schuldgefühle; F=Anspannung; G=Manieriertheit; H=Größenideen; I=depressive Verstimmung; J= Feindseligkeit; K=Mißtrauen; L=Halluzinationen; M=psychomotorische Hemmung; N=autistisches Verhalten; O=inhaltliche Denkstörungen; P= affektive Verflachung; Q=Erregtheit.

|  | Profil | A | B | C | D | E | F | G | H | I | J | K | L | M | N | O | P | Q |
|---|---|---|---|---|---|---|---|---|---|---|---|---|---|---|---|---|---|---|
| Zyklothymie: Depression | 1 | 4 | 3 | 3 | 0 | 4 | 3 | 0 | 0 | 6 | 3 | 2 | 0 | 5 | 2 | 2 | 2 | 1 |
|  | 2 | 5 | 5 | 6 | 2 | 6 | 1 | 0 | 0 | 6 | 1 | 0 | 1 | 6 | 4 | 1 | 4 | 0 |
|  | 3 | 6 | 5 | 6 | 5 | 6 | 3 | 2 | 0 | 6 | 0 | 5 | 3 | 6 | 5 | 5 | 0 | 0 |
|  | 4 | 5 | 5 | 1 | 0 | 6 | 1 | 0 | 0 | 6 | 0 | 1 | 2 | 6 | 0 | 3 | 0 | 2 |
|  | 5 | 6 | 6 | 5 | 0 | 6 | 0 | 0 | 0 | 6 | 0 | 4 | 3 | 5 | 3 | 2 | 0 | 0 |
|  | 6 | 3 | 3 | 5 | 1 | 4 | 2 | 1 | 0 | 6 | 2 | 1 | 1 | 5 | 2 | 2 | 1 | 1 |
|  | 7 | 5 | 5 | 5 | 2 | 5 | 4 | 1 | 1 | 6 | 2 | 3 | 0 | 6 | 3 | 5 | 2 | 3 |
|  | 8 | 4 | 5 | 5 | 1 | 6 | 1 | 1 | 0 | 6 | 1 | 1 | 0 | 5 | 2 | 1 | 1 | 0 |
|  | 9 | 5 | 3 | 5 | 1 | 6 | 3 | 1 | 0 | 6 | 2 | 1 | 1 | 6 | 2 | 5 | 5 | 0 |
|  | 10 | 3 | 5 | 5 | 3 | 2 | 4 | 2 | 0 | 6 | 3 | 2 | 0 | 6 | 1 | 4 | 5 | 1 |
|  | 11 | 5 | 6 | 6 | 4 | 6 | 3 | 1 | 0 | 6 | 2 | 0 | 0 | 6 | 4 | 4 | 6 | 0 |
| Zyklothymie: Manie | 12 | 2 | 2 | 1 | 2 | 0 | 3 | 1 | 6 | 2 | 3 | 3 | 2 | 1 | 4 | 4 | 0 | 6 |
|  | 13 | 0 | 0 | 0 | 4 | 1 | 5 | 0 | 6 | 0 | 5 | 4 | 4 | 0 | 5 | 5 | 0 | 6 |
|  | 14 | 0 | 3 | 0 | 5 | 0 | 6 | 0 | 6 | 0 | 3 | 2 | 0 | 0 | 3 | 4 | 0 | 6 |
|  | 15 | 0 | 0 | 0 | 3 | 0 | 6 | 0 | 6 | 1 | 3 | 1 | 1 | 0 | 2 | 3 | 0 | 6 |
|  | 16 | 3 | 4 | 0 | 0 | 0 | 5 | 0 | 6 | 0 | 6 | 0 | 0 | 0 | 5 | 0 | 0 | 6 |
|  | 17 | 2 | 4 | 0 | 3 | 1 | 5 | 1 | 6 | 2 | 5 | 3 | 0 | 0 | 5 | 3 | 0 | 6 |
|  | 18 | 1 | 2 | 0 | 2 | 1 | 4 | 1 | 5 | 1 | 5 | 1 | 1 | 0 | 4 | 1 | 0 | 6 |
|  | 19 | 0 | 2 | 0 | 2 | 1 | 5 | 1 | 5 | 0 | 2 | 1 | 1 | 0 | 3 | 1 | 0 | 6 |
|  | 20 | 0 | 0 | 0 | 6 | 0 | 5 | 1 | 6 | 0 | 5 | 5 | 4 | 0 | 5 | 6 | 0 | 6 |
|  | 21 | 5 | 5 | 1 | 4 | 0 | 5 | 5 | 6 | 0 | 4 | 4 | 3 | 0 | 5 | 5 | 0 | 6 |
|  | 22 | 1 | 3 | 0 | 4 | 1 | 4 | 2 | 6 | 3 | 3 | 3 | 2 | 0 | 0 | 4 | 3 | 0 | 6 |
| Schizophrenia Simplex | 23 | 3 | 2 | 5 | 2 | 0 | 2 | 2 | 1 | 2 | 1 | 2 | 0 | 1 | 2 | 2 | 4 | 0 |
|  | 24 | 4 | 4 | 5 | 4 | 3 | 3 | 1 | 0 | 4 | 2 | 3 | 0 | 3 | 2 | 4 | 5 | 0 |
|  | 25 | 2 | 0 | 6 | 3 | 0 | 0 | 5 | 0 | 0 | 3 | 3 | 2 | 3 | 5 | 3 | 6 | 0 |
|  | 26 | 1 | 1 | 6 | 2 | 0 | 0 | 1 | 0 | 0 | 3 | 0 | 1 | 0 | 1 | 1 | 6 | 0 |
|  | 27 | 3 | 3 | 5 | 6 | 3 | 2 | 5 | 0 | 3 | 0 | 2 | 5 | 3 | 3 | 5 | 6 | 2 |
|  | 28 | 3 | 0 | 5 | 4 | 0 | 0 | 3 | 0 | 2 | 1 | 1 | 1 | 2 | 3 | 3 | 6 | 0 |
|  | 29 | 3 | 3 | 5 | 4 | 2 | 4 | 2 | 1 | 3 | 1 | 1 | 1 | 4 | 2 | 2 | 5 | 2 |
|  | 30 | 3 | 2 | 5 | 2 | 2 | 2 | 2 | 1 | 2 | 2 | 3 | 1 | 2 | 2 | 3 | 5 | 0 |
|  | 31 | 3 | 3 | 6 | 6 | 1 | 3 | 5 | 1 | 3 | 2 | 2 | 5 | 3 | 3 | 6 | 6 | 1 |
|  | 32 | 1 | 1 | 5 | 3 | 1 | 1 | 3 | 0 | 1 | 1 | 1 | 0 | 5 | 1 | 2 | 6 | 0 |
|  | 33 | 2 | 3 | 5 | 4 | 2 | 3 | 0 | 0 | 3 | 2 | 2 | 0 | 0 | 2 | 4 | 5 | 0 |
| paranoide Schizophrenie | 34 | 2 | 4 | 3 | 5 | 0 | 3 | 1 | 4 | 2 | 5 | 6 | 5 | 0 | 5 | 6 | 3 | 3 |
|  | 35 | 2 | 4 | 1 | 1 | 0 | 3 | 1 | 6 | 0 | 6 | 6 | 4 | 0 | 6 | 5 | 0 | 4 |
|  | 36 | 5 | 5 | 5 | 6 | 0 | 5 | 5 | 6 | 2 | 5 | 6 | 6 | 0 | 5 | 6 | 0 | 2 |
|  | 37 | 1 | 4 | 2 | 1 | 1 | 1 | 0 | 5 | 1 | 5 | 5 | 0 | 6 | 6 | 0 | 1 |
|  | 38 | 4 | 5 | 6 | 3 | 1 | 6 | 3 | 5 | 2 | 6 | 6 | 4 | 0 | 5 | 6 | 0 | 5 |
|  | 39 | 4 | 5 | 4 | 6 | 2 | 4 | 2 | 4 | 1 | 5 | 6 | 5 | 1 | 5 | 6 | 2 | 4 |
|  | 40 | 3 | 4 | 3 | 4 | 1 | 5 | 2 | 5 | 2 | 5 | 5 | 3 | 1 | 5 | 5 | 1 | 5 |
|  | 41 | 2 | 5 | 4 | 3 | 1 | 4 | 3 | 4 | 2 | 5 | 5 | 4 | 0 | 5 | 4 | 1 | 4 |
|  | 42 | 3 | 3 | 4 | 4 | 1 | 5 | 5 | 0 | 5 | 5 | 0 | 5 | 1 | 5 | 5 | 3 | 4 |
|  | 43 | 4 | 4 | 2 | 6 | 1 | 4 | 1 | 5 | 3 | 5 | 6 | 5 | 1 | 5 | 6 | 2 | 4 |
|  | 44 | 3 | 5 | 5 | 5 | 2 | 5 | 4 | 5 | 2 | 4 | 6 | 5 | 0 | 5 | 6 | 5 | 5 |

Aus Tabelle 3.1 ist unmittelbar kein Muster zu erkennen. Die vielen Zahlen sind einer zusammenfassenden Deutung nicht zugänglich. Es liegt daher nahe, sich andere Repräsentationen des Zahlenmaterials zu überlegen. Die einfachste Darstellung der Zahlen-Profile aus Tabelle 3.1 ist sicher das *Panorama* (auch: *lineares Profil*) in Abbildung 3.1. Ein Panorama ist eine Grafik (*Ikone*), die einer statistischen Verteilung ähnelt. Man konstruiert sie dadurch, daß man die Werte eines Zahlen-Profils auf nebeneinander stehenden Achsen in irgendeinem festen Maßstab abträgt. Die Endpunkte auf den Achsen werden dann durch gerade Linien miteinander verbunden. Für die Daten in Tabelle 3.1 reihen wir also 17 solcher Achsen nebeneinander auf und ordnen ihnen von links nach rechts die Variablen A, B, ..., Q zu. Das Panorama für Person 1 entsteht dann durch Abtragen des Wertes 4 auf A in, sagen wir, cm-Einheiten; durch Abtragen des Wertes 3 auf B in den gleichen Einheiten; usw. In Tabelle 3.1 haben wir die 44 Panoramen, nachdem wir die Endpunkte verbunden haben, zur besseren Unterscheidbarkeit zudem schwarz eingefärbt. Die Ikonen zeigen auf den ersten Blick eine deutliche Ähnlichkeit der Einschätzungen der Psychiater innerhalb der vier Patienten-Prototypen (jede Zeile repräsentiert einen Prototyp).

Dies gilt auch für eine Variante der Ikonen, die *Schneeflocken*, die dadurch entstehen, daß man die in Abbildung 3.1 nebeneinander angeordneten 17 Achsen von einem gemeinsamen Ursprung ausgehen läßt wie Speichen eines Rades (vgl. Abbildung 3.11a, links). Mathematiker sprechen hier von einer Darstellung in Polarkoordinaten. Dadurch wird das Panorama kreisförmig um einen Mittelpunkt gewickelt (Abbildung 3.2) und bildet so die typische kristallartige Gestalt. Die Schneeflocken führen hier zu einem klareren Eindruck als die Panoramen. Da sie zudem recht leicht zu konstruieren sind, findet man sie seit längerem auch in der Darstellung z. B. der Befunde von Intelligenztest, in denen dann die Gesamtgröße der Schneeflocke direkt die Gesamtintelligenz ausdrückt und ihre Form die besondere Intelligenzstruktur (Wewetzer, 1964, S. 220f.; Meili, 1971).

Neben Panoramen und Schneeflocken gibt es viele weitere Ikonen. Sehr einfach zu konstruieren sind dabei *Sonnen*, bei denen nur die verschiedenen "Strahlen" der Schneeflocken (ohne äußere Verbindungslinie) dargestellt werden. Zwei Versionen von Sonnen sind in Abbildung 3.11 gezeigt, auf die wir später noch eingehen.

Viel diskutiert und aus mathematischen Gründen sehr interessant sind auch *Schwingungen* (Andrews, 1972). Sie sind komplizierte Funktionen, die aus Sinus- und Kosinus-Schwingungen zusammengesetzt sind (Fourier-Kurven) nach der Formel

$$f(t) = x_1 / \sqrt{2} + x_2 \cdot \sin(t) + x_3 \cdot \cos(t) + x_4 \cdot \sin(2 \cdot t) + x_5 \cdot \cos(2 \cdot t) + ... ,$$

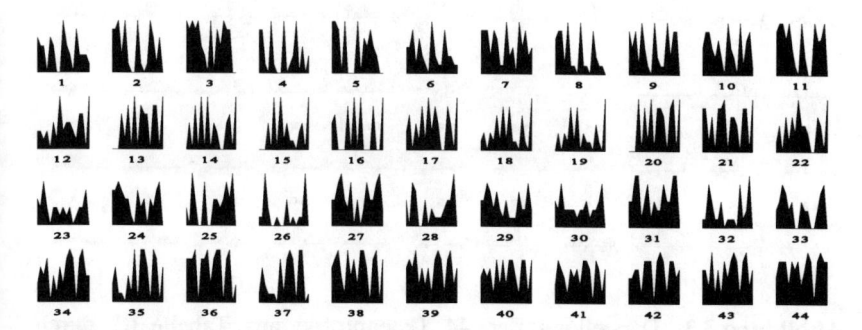

**Abbildung 3.1.** Darstellung der 44 Datenprofile aus Tabelle 3.1 durch Panoramen (lineare Profile).

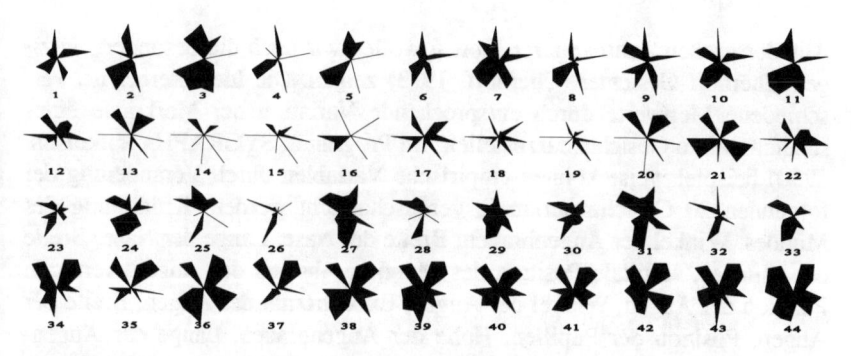

**Abbildung 3.2.** Darstellung der 44 Datenprofile aus Tabelle 3.1 durch Schneeflocken.

wobei t alle Grad-Werte zwischen $-180°$ und $+180°$ durchläuft. $x_1, x_2, x_3, ...$ sind die Werte eines Daten-Profils, also z. B. 4, 3, 3, ... für die Person 1 in Tabelle 3.1. Jeder Beobachtungswert $x_i$ erzeugt also eine Funktionskurve über dem Intervall $-180°$ bis $+180°$. Die Summierung dieser Kurven ergibt f(t). Für die Profile in Tabelle 3.1 entstehen so die Schwingungen in Abbildung 3.3. Auch hier erkennt man wieder deutlich vier Typen, wie zuvor bei den anderen Ikonen.

Schließlich kann man die Schwingungen ebenso wie die Schneeflocken in Polarkoordinaten darstellen. Dann ergeben sich *Blumen*.

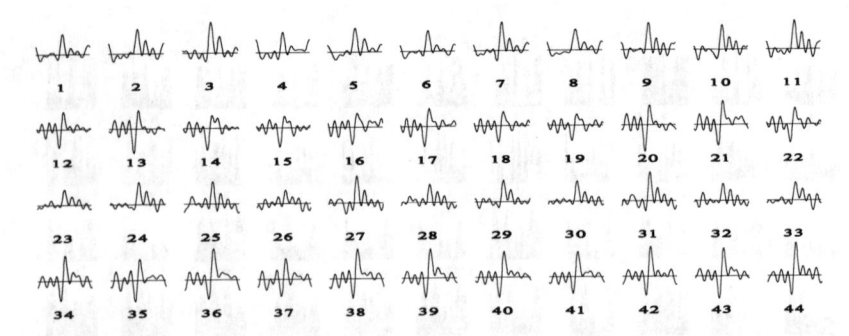

**Abbildung 3.3.** Darstellung der 44 Datenprofile aus Tabelle 3.1 durch Schwingungen (Fourier-Plots).

## Chernoff-Gesichter

Aus der großen Zahl weiterer Ikonen wollen wir noch die besonders witzigen Chernoff-Gesichter (Chernoff, 1973) zeigen. Die Idee hierbei ist, verschiedene Meßwerte durch entsprechende Variation der Merkmale eines schematischen Gesichts darzustellen. Im Programm SYGRAPH (Wilkinson, 1990) beispielsweise können empirische Variablen durch Veränderung der folgenden 20 Gesichtsmerkmale veranschaulicht werden: Krümmung des Mundes, Winkel der Augenbrauen, Breite der Nase, Länge der Nase, Breite des Mundes, vertikale Position des Mundes, Abstand der Augen, vertikale Position der Augen, Winkel der Augen, Exzentrizität der Augen, Breite der Augen, Position der Pupillen, Höhe der Augenbrauen, Länge der Augenbrauen, Höhe des Gesichtes, Exzentrizität der oberen Gesichtshälfte, Exzentrizität der unteren Gesichtshälfte, vertikale Position der Ohren, Größe der Ohren und Haarlänge. Jedes dieser Gesichtsmerkmale hat einen Bereich, innerhalb dessen es entsprechend einer Daten-Vorgabe variiert werden kann.

In Abbildung 3.4 sehen wir, daß sich die Nasen sehr in ihrer Länge unterscheiden. Die vier Gesichter sind Darstellungen der Personen 1, 12, 23 bzw. 34 aus Tabelle 3.1. Die Länge der Nasen entspricht hier die Variable D, auf der diese vier Personen die Werte 0, 2, 2 bzw. 5 haben. Gesicht 1 zeigt somit die kürzest-mögliche Nase, Gesicht 34 fast die längste. (Die längste repräsentiert den größten Beobachtungswert, also 6.) Inhaltlich werden also die Personen, die besonders starke formale Denkstörungen haben, durch besonders lange Nasen dargestellt.

Triviale Skalierung 15

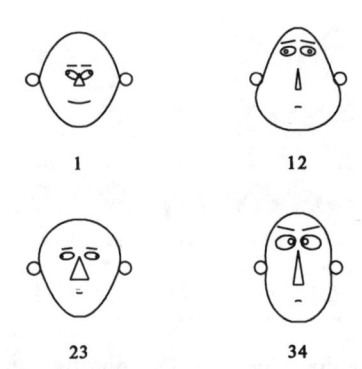

1        12

23       34

**Abbildung 3.4.** Durch SYGRAPH erstellte Chernoff-Gesichter für die Profile 1, 12, 23 und 34 aus Tabelle 3.1.

---

Natürlich wäre es auch möglich gewesen, sie durch besonders große Ohren oder durch besonders kurze Haare darzustellen. Solche Variationen führen meist zu ganz anders aussehenden Gesichtern, die für einem gegebenen Zweck sehr unterschiedlich gut geeignet sein können. Bei den Gesichtern in Abbildung 3.4 wurden die Beobachtungsvariablen den Gesichtsmerkmalen vom Computerprogramm SYGRAPH, also inhaltlich völlig blind, zugeordnet. Das ist i. allg. nicht optimal: Z. B. drückt hier ein lachender Mund hohe Werte auf der Variablen A und damit hohe Krankheitsbefürchtungen aus.

Abbildung 3.5 zeigt Chernoff-Gesichter, in denen wir die Beobachtungen den Gesichtsmerkmalen nach inhaltlichen Überlegungen zugeordnet haben, so daß -- soweit dies möglich ist -- die Gesichter beim Betrachter unmittelbar den "richtigen" Eindruck hervorrufen. Z. B. repräsentiert nun die Krümmung des Mundes die Variable I (depressive Verstimmung): Er ist extrem heruntergezogen für den Wert 6 und extrem lachend für den Wert 0. Weiter entspricht der Anstellwinkel der Augenbrauen der Variablen A (Krankheitsbefürchtungen), die Größe der Ohren repräsentiert Variable K (Mißtrauen). In jedem Fall erkennt man auf den ersten Blick, daß diese Gesichter vier Klassen bilden, die den Symptom-Gruppen entsprechen.

Chernoff-Gesichter sind im Prinzip für Kategorisierungen multivariater Daten in globale Ähnlichkeitsklassen geeignet. Allerdings hängt, wie bei allen graphischen Methoden, viel von der Kunst des Skalierers ab, die geeignetste Darstellung zu wählen. Als problematisch wird zuweilen angesehen, daß die Gesichter einen Ausdruck haben, und daß dieser von manchen Parametern (z. B. Mund und Augen) stärker bestimmt wird als von anderen.

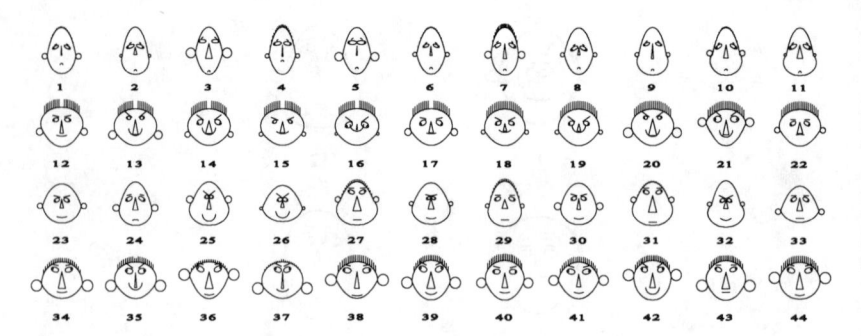

**Abbildung 3.5.** Darstellung der 44 Datenprofile aus Tabelle 3.1 durch Chernoff-Gesichter.

Die Variablen beeinflussen dadurch die Deutung der Daten unterschiedlich stark. Da man Ikonen aber nicht mit der Hand zeichnet, sondern vom Computer erstellen läßt, kann man es sich erlauben, mit der Zuordnung der Variablen zu den Gesichtsmerkmalen zu experimentieren und empirisch zu testen, was für den gegebenen Zweck am besten funktioniert. Mezzich & Worthington (1978) berichten, daß Vpn Chernoff-Gesichter als relativ einfach beurteilbar einstuften und sie mit weniger Fehlern in die vier Symptom-Gruppen sortieren konnten als entsprechende Profile bzw. Schneeflocken.

## 3.3 Clusteranalyse

Die Darstellung von Daten-Profilen durch Ikonen ist ein relativ neuartiger Ansatz der trivialen Skalierung, der erst durch die Entwicklungen im Computerbereich praktikabel geworden ist. Ohne Computergrafik sind dagegen *Clusteranalysen* zu erstellen.

Die Absicht einer Clusteranalyse können wir uns an Hand von Abbildung 3.6a klarmachen, einem Streudiagramm der Profile aus Tabelle 3.2. Die Punkte stellen Personen und den bei ihnen beobachteten Fernsehkonsum von Politik- bzw. Unterhaltungssendungen in Stunden pro Woche dar. Abbildung 3.6a zeigt, daß die Personen zwei Gruppen (*Cluster*) bilden: Die Punkte 1 und 2 sind sich recht nahe (*clustern*). Ähnliches gilt für 3, 4 und 5. Zwischen diesen beiden Clustern liegt eine größere Lücke ohne Punkte.

Nehmen wir nun an, wir hätten den Fernsehkonsum nach vielen weiteren Gesichtspunkten erfaßt (Sportsendungen, Nachrichten, Kinderprogramme, usw.). Dabei wäre es leicht möglich, statt auf zwei auf zehn oder zwanzig Konsumvariablen zu kommen. Eine graphische Darstellung dieser Profile durch Punkte analog Abbildung 3.6a würde dann entsprechend einen 10- oder 20-dimensionalen Raum erfordern. Das ist formal gesehen belanglos, verhindert aber natürlich eine anschauliche Betrachtung. Insbesondere kann man dann nicht mehr mit dem bloßen Auge nach Punkte-Clustern suchen.

In diesem für die angewandte Forschung typischen Fall *multi*variater Daten -- statt nur uni- oder bi-variater Daten wie in Tabelle 3.2 -- kann man aber ein rechnerisches Verfahren verwenden, das den multidimensionalen Raum nach Clustern absucht. Dies ist die Clusteranalyse.

Betrachten wir ihre Vorgehensweise anhand des Beispiels aus Tabelle 3.2 und Abbildung 3.6a. Die Clusteranalyse erfordert zunächst, daß wir für die gegebenen Profile *Unähnlichkeitsmaße* berechnen.

Es gibt viele Unähnlichkeitsmaße. Zu ihnen gehören z. B. Distanzen wie die *city-block Distanz*, die dadurch berechnet wird, daß man die absoluten Unterschiede zweier Profile auf allen Variablen aufsummiert. D. h. beispielsweise für die Personen 1 und 3 aus Tabelle 3.2, daß $d(1,3)=|1-8|+|1-2|$ $=7+1=8$. Häufiger verwendet wird allerdings die *euklidische Distanz*, bei der die Differenzen zunächst quadriert und dann aufsummiert werden, und schließlich aus der Quadratsumme die Wurzel gezogen wird. Das ergibt hier $d(1,3)=\sqrt{[(1-8)^2+(1-2)^2]}=7.07$. Denkbar wäre auch, zunächst die Korrelationen r der Profile zu berechnen und diese dann gleich $1-r$ zu setzen (damit z. B. aus $r=+1$ der Unähnlichkeitswert 0 und aus $r=-1$ der Wert 2 wird).

Im folgenden verwenden wir die euklidische Distanz, weil sie den Abstand von zwei Punkten so mißt, wie wir das anschaulich auch tun, nämlich als Länge der direkten Verbindungstrecke dieser Punkte (vgl. auch Abbildung 6.1). Tabelle 3.3 zeigt diese Distanzen für die Punkte aus Abbildung 3.6a. Ausschließlich aus diesen Werten wollen wir nun die Cluster-Struktur der Punkte erkennen. Wegen der besonders einfachen, lediglich bivariaten Daten können wir anschaulich mitverfolgen, was sich dabei geometrisch abspielt.

In der üblichen *hierarchischen* Clusteranalyse bezeichnet man zunächst alle Punkte als 1-Element Cluster und fragt dann, wie man sie nach und nach zu immer umfangreicheren Clustern zusammenfassen oder *agglomerieren* kann, bis schließlich alle Punkte in ein einziges Groß-Cluster fallen. Dazu sucht man zunächst die kleinste Distanz in Tabelle 3.3. Diese ist $d(1,2)=1.00$, also der Abstand der Punkte 1 und 2. Diese Punkte werden dann zum ersten Cluster zusammengefaßt, was in Abbildung 3.6b durch entsprechendes Einkreisen dieser Punkte dargestellt ist. Wir bezeichnen dieses Cluster im folgenden als (1|2).

Um fortfahren zu können, brauchen wir wieder eine Distanzmatrix wie Tabelle 3.3. Das Problem ist aber, daß wir jetzt nicht mehr nur Punkte, son-

**Tabelle 3.2.** Fernsehkonsum pro Woche in Stunden für fünf hypothetische Personen; Pol="politische Sendungen", Unt="Unterhaltungssendungen".

| Person | Pol | Unt |
|---|---|---|
| 1 | 1 | 1 |
| 2 | 1 | 2 |
| 3 | 8 | 2 |
| 4 | 6 | 3 |
| 5 | 8 | 0 |

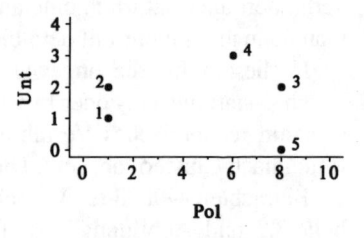

**Abbildung 3.6a.** Personen als Punkte im Streudiagramm mit den Variablen Pol und Unt als Achsen.

**Tabelle 3.3.** Euklidische Distanzen der Personen aus Tabelle 3.2.

|   | 1 | 2 | 3 | 4 | 5 |
|---|---|---|---|---|---|
| 1 | 0 | | | | |
| 2 | 1.00 | 0 | | | |
| 3 | 7.07 | 7.00 | 0 | | |
| 4 | 5.39 | 5.10 | 2.24 | 0 | |
| 5 | 7.07 | 7.28 | 2.00 | 3.61 | 0 |

dern die Punkte 3, 4, und 5 und das Cluster (1|2) haben. Wie sollen wir die Distanz zwischen (1|2) und 3, 4 und 5 bestimmen? Hierfür gibt es eine Reihe verschiedener Vorschläge. Zunächst zur *min*-Methode (Johnson, 1967), die besagt, daß der Abstand eines Punktes p von einem Cluster (u|v|w...) der kleinste aller Abstände von p zu den Punkten ist, die das Cluster enthält. Formal ausgedrückt also

d [p,(u|v|w...)] = min [d(p,u), d(p,v), d(p,w), ... ] .

Für den Abstand zweier Cluster, (a|b|c...) und (u|v|w...) gilt entsprechend

d [(a|b|c...),(u|v|w...)] = min [d(a,u), d(a,v), ..., d(b,u), ..., d(c,w), ... ] .

In unserem Fall ergibt dies somit z. B.

d [3,(1|2)] = min [d(3,1), d(3,2)] = min [ 7.07, 7.00 ] = 7.00 .

**Tabelle 3.4.** Euklidische Distanzen nach der ersten Agglomeration; (1|2) ist das Cluster der Punkte 1 und 2.

|       | (1|2) | 3    | 4    | 5    |
|-------|-------|------|------|------|
| (1|2) | 0.00  |      |      |      |
| 3     | 7.00  | 0.00 |      |      |
| 4     | 5.10  | 2.24 | 0.00 |      |
| 5     | 7.07  | 2.00 | 3.61 | 0.00 |

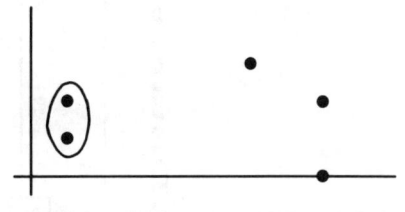

**Abbildung 3.6b.** Wie Abbildung 3.6a mit erstem Cluster.

**Tabelle 3.5.** Euklidische Distanzen nach der zweiten Agglomeration.

|       | (1|2) | 4    | (3|5) |
|-------|-------|------|-------|
| (1|2) | 0.00  |      |       |
| 4     | 5.10  | 0.00 |       |
| (3|5) | 7.00  | 2.24 | 0.00  |

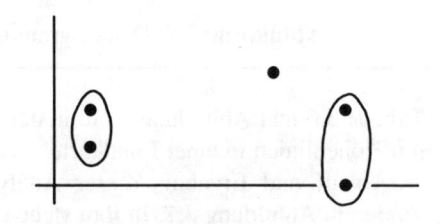

**Abbildung 3.6c.** Wie Abbildung 3.6b mit zweitem Cluster.

**Tabelle 3.6.** Euklidische Distanzen nach der dritten Agglomeration.

|         | (1|2) | (3|4|5) |
|---------|-------|---------|
| (1|2)   | 0.00  |         |
| (3|4|5) | 5.10  | 0.00    |

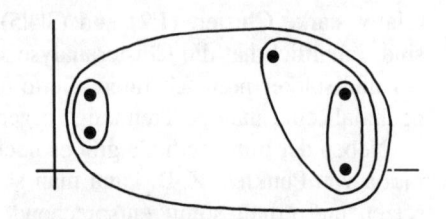

**Abbildung 3.6d.** Wie Abbildung 3.6a mit allen Clustern.

Wir gelangen so zu den Distanzen in Tabelle 3.4. In dieser Matrix suchen wir dann wieder den kleinsten Wert und fassen die entsprechenden Punkte wie zuvor zu einem Cluster oder, falls mehrere gleiche kleinste Werte vorliegen, evtl. auch zu mehreren Clustern zusammen. Aus Tabelle 3.4 sehen wir, daß nun 3 und 5 zu (3|5) geclustert werden, weil d(3,5)=2.00 die kleinste Distanz ist. Damit ergibt sich Tabelle 3.5 bzw., geometrisch betrachtet, Abbildung 3.6c. Den weiteren Verlauf der Clusteranalyse erkennt man aus

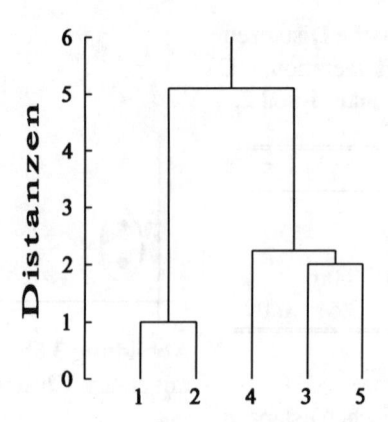

**Abbildung 3.7.** Dendrogramm für Daten aus Tabelle 3.2.

Tabelle 3.6 und Abbildung 3.6d, in der das gesamte System der Cluster wie mit Höhenlinien in einer Landkarte gezeigt ist.

Ablauf und Ergebnis dieser Analyse zeigt anschaulich das *Dendrogramm* in Abbildung 3.7. In ihm stehen unten die Punkte der Ausgangskonfiguration, die dann immer weiter schrittweise agglomeriert werden. Die an der Seite dargestellten Distanzen zeigen, bei welchem Abstand die Agglomerationen erfolgten. Sie drücken damit die "Stärke" (Kompaktheit) der jeweiligen Cluster aus. Wir haben hier, wie auch Abbildung 3.6d zeigt, zwei relativ starke Cluster, (1|2) und (3|4|5), die voneinander deutlich getrennt sind. Inhaltlich hat die Clusteranalyse somit die Fernsehzuschauer in weniger und stärker politisch Interessierte unterschieden und dann bei letzteren nochmals eine analoge Trennung vorgenommen.

Neben der min-Methode gibt es noch andere Kriterien für die Agglomeration von Punkten. Z. B. kann man statt des obigen min[...] auch max[...] setzen und erhält somit entsprechend die *max*-Methode (Johnson, 1967). Am häufigsten wird allerdings so verfahren, daß die Distanz zweier Cluster als der Mittelwert der Distanzen zwischen ihren jeweiligen Punkten definiert wird (*average*-Methode). Dieses Kriterium hat den Vorteil, daß es alle und nicht nur je zwei Randpunkte der Cluster berücksichtigt. Die min- und max-Methode haben dagegen den Vorteil, daß sie stets dasselbe Ergebnis liefern, solange die verwendeten Unähnlichkeitsmaße die gleiche Rangordnung haben. Es läßt sich also nicht allgemein entscheiden, welches Kriterium das "beste" ist. Das ist deshalb nachteilig, weil ihre Ergebnisse u. U. recht verschieden sein können (Gnanadesikan, 1977).

Wir wenden nun die Clusteranalyse auf die Daten aus Tabelle 3.1 an, und zwar ausgehend von euklidischen Distanzen der Profile und mit dem

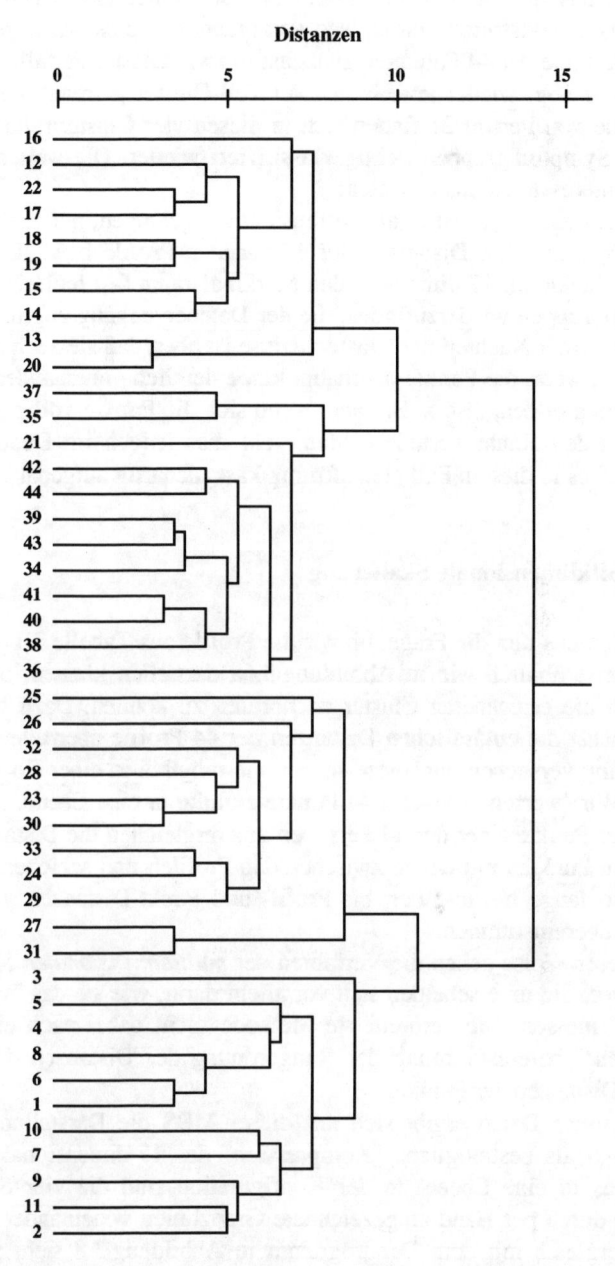

**Abbildung 3.8.** Dendrogramm für die 44 Datenprofile aus Tabelle 3.1.

Average-Agglomerationskriterium. Dies führt zum Dendrogramm in Abbildung 3.8, das hier seitlich dargestellt ist. Betrachtet man das Diagramm anders als es konstruiert wurde, also von rechts her, dann kann man sagen, daß die Gruppe der 44 Patienten zunächst in zwei Cluster zerfällt, die dann, fast gleichzeitig, wieder jeweils in zwei Teil-Cluster getrennt werden. Mit Ausnahme von Person 21 finden sich in diesen vier Clustern die Personen der vier Symptomgruppen richtig klassifiziert wieder. Die weiteren Zerlegungen interessieren uns hier nicht.

Der Clusteranalyse ist es also offensichtlich gelungen, auf rein rechnerischem Weg aus den Distanzen der 17-variaten Profile bzw. der entsprechenden Punkte im 17-dimensionalen Merkmalsraum fast fehlerfrei die vier Symptomgruppen wiederzufinden, die der Datenerzeugung zugrunde lagen. Ein allgemeiner Nachteil der Clusteranalyse ist aber, daß sie auch dann Cluster findet, wenn die Punkte überhaupt keine deutlich voneinander getrennten Gruppen bilden, also z. B. dann, wenn sich die Punkte völlig gleichmäßig durch den Raum verteilen. Man sieht dies jedoch im Dendrogramm daran, daß es in diesem Fall gleichförmig kaskadenartig aufgebaut ist.

### 3.4 Multidimensionale Skalierung

Wir stellen uns nun die Frage, ob wir die Profile aus Tabelle 3.1 in irgendeiner Weise ähnlich wie in Abbildung 3.6a darstellen können, um so anschaulich die errechneten Cluster nachprüfen zu können. Dazu berechnen wir zunächst die euklidischen Distanzen der 44 Profile über alle 17 Merkmale. Dann versuchen wir, diese so gut wie möglich in einer Ebene darzustellen: Wir "werfen" zunächst 44 Punkte zufällig in eine Ebene, ordnen jeden dieser Punkte einer der 44 Personen zu, vergleichen die Distanzen zwischen den Punkten mit denen zwischen den Profilen und schieben dann die Punkte so lange hin und her, bis Profil- und Punkt-Distanzen so gut wie möglich übereinstimmen.

In dieser Weise gehen die Verfahren der *multidimensionalen Skalierung* (MDS) vor. Sie unterscheiden sich vor allem darin, wie sie das "so gut wie möglich" messen. Die verbreitetste Methode sucht dabei nach einer bestmöglichen Übereinstimmung der Rangordnung der Distanzen der Profile und der Distanzen der Punkte.

Für unsere Daten ergibt sich mit dieser MDS die Darstellung in Abbildung 3.9 als bestmögliche "Kompression" des 17-dimensionalen Merkmalsraums in eine Ebene. In der Konfiguration sind die vier Symptom-Gruppen durch per Hand eingezeichnete Grenzlinien voneinander getrennt. Beim Vergleich mit dem Dendrogramm in Abbildung 3.8 sieht man, daß diese vier Gruppen fast genau denen entsprechen, die die Clusteranalyse

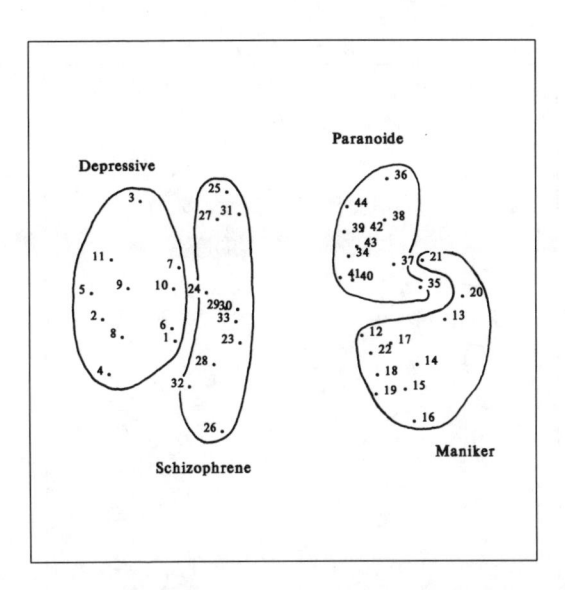

**Abbildung 3.9.** MDS-Darstellung der euklidischen Distanzen der 44 Datenprofile aus Tabelle 3.1.

identifiziert hat. Zudem bilden die Gruppen selbst wiederum zwei Cluster. Die MDS-Konfiguration zeigt darüber hinaus anschaulich, warum die Clusteranalyse Punkt 21 dem inhaltlich "falschen" Cluster zugeordnet hat. Weiterhin erkennt man, was man aus dem Dendrogramm nicht sieht, daß die vier Gruppen selbst wieder eine Struktur untereinander haben: So liegt z. B. die Gruppe der Schizophrenen zwischen den Depressiven und den Paranoiden bzw. Manikern; ob dies inhaltlich deutbar ist, wäre zu untersuchen.

Formal muß man zur MDS anmerken, daß gegebene Unähnlichkeitswerte *nicht* immer -- wie auch im gegebenen Fall -- exakt in einer Ebene darstellbar sind, nicht einmal nur im Sinne ihrer Rangordnung. (In den meisten Fällen gelingt aber eine 2-dimensionale Darstellung, die hinreichend genau ist.) Damit ist die MDS eigentlich kein Verfahren der trivialen Skalierung. Wir führen sie hier dennoch auf, weil sie oft mit trivialer Zielsetzung verwendet wird, nämlich lediglich ein einfaches Bild der empirischen Zusammenhänge liefern soll: Selbst wenn dieses nicht ganz exakt ist, so wird doch angenommen, daß es mehr sagt als Tausend Worte bzw. Zahlen.

Das Gütekriterium für diese Form der Skalierung ist also, wie stets bei der trivialen Skalierung, die Nützlichkeit der Darstellung für einen bestimmten Zweck wie z. B. dem, Strukturen in den Daten sichtbar zu machen, die sonst eher verborgen bleiben.

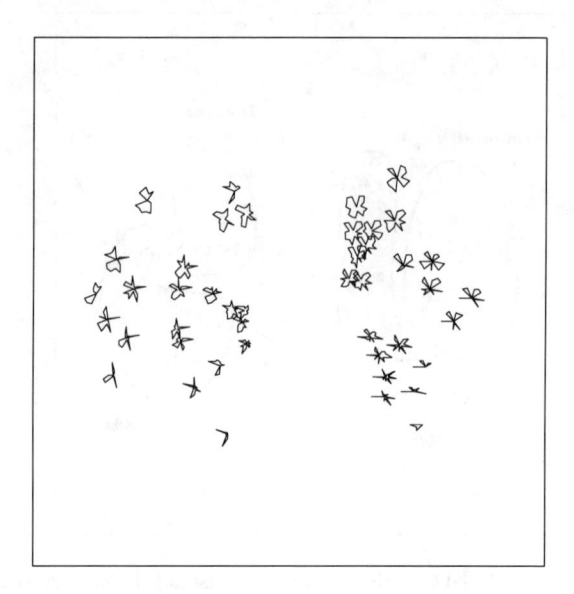

**Abbildung 3.10.** MDS-Darstellung wie Abbildung 3.9, aber mit Schneeflocken aus Abbildung 3.2 als Punkte.

## 3.5 Fortgeschrittene Methoden der trivialen Skalierung

Die Methoden der trivialen Skalierung eröffnen dem Anwender viele Möglichkeiten, selbst kreativ zu werden. Man muß dabei aber den Zweck der Darstellung im Auge behalten und nicht interessante und schöne Formen um ihrer selbst willen produzieren. Cleveland (1985) diskutiert eine Vielzahl von Grafiken dieser Art.

Nützlich könnte dagegen eine Kombination von Ikonen und MDS sein. Wir haben, um dies zu demonstrieren, die Konfiguration aus Abbildung 3.9 genommen und hierin die Punkte durch Schneeflocken wie in Abbildung 3.2 ersetzt. Die Schneeflocken wurden nur durch ihre Konturen dargestellt, damit man sie besser unterscheiden kann. Die so entstandene Abbildung 3.10 ist zwar auf Grund der hier gegebenen räumlichen Begrenztheit zu klein, um noch viele Details zu zeigen, aber das Prinzip sollte dennoch klar sein: Die Darstellung zeigt einerseits eine bestmögliche Approximation der globalen Ähnlichkeitsstruktur der 44 Profile und gleichzeitig alle Werte dieser Profile in Ikonen-Form. Man kann sich so einen Grobüberblick verschaffen und auch weiter ins Detail gehen.

**Abbildung 3.11a.** Konstruktions-Schema für "normale" Sonnen für die Daten aus Tabelle 3.1 (oben) und Sonne für Profil 1 aus Tabelle 3.1 (unten).

**Abbildung 3.11b.** Konstruktions-Schema für faktorielle Sonnen für die Daten aus Tabelle 3.1 (oben) und faktorielle Sonne für Profil 1 aus Tabelle 3.1 (unten).

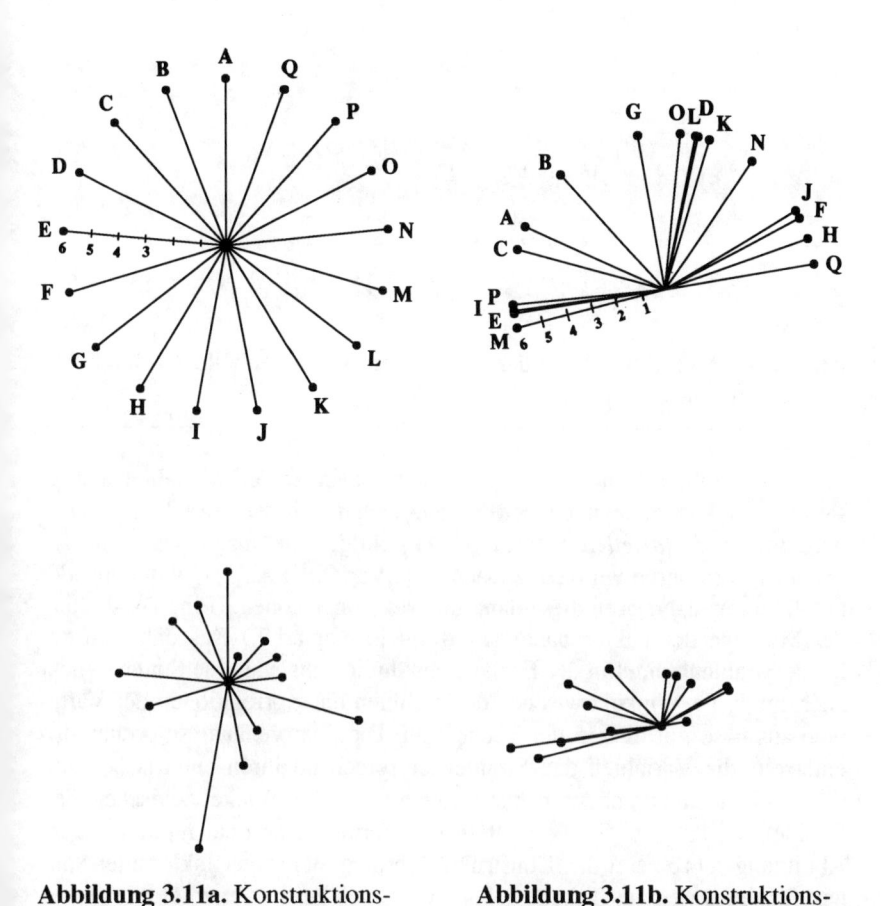

Die Schneeflocken selbst sind auch noch verbesserungsfähig. Im Gegensatz zu den Chernoff-Gesichtern haben wir die Zuordnung der 17 Variablen zu den Merkmalen der Ikonen einem Computerprogramm überlassen. Es liegt auf der Hand, daß die Schneeflocken ganz anders aussähen, wenn man diese Zuordnung variieren würde. Das ist für andere Ikonen ganz ähnlich und kann sich erheblich auf ihre Gestalt und damit ihre Unterscheidbarkeit auswirken.

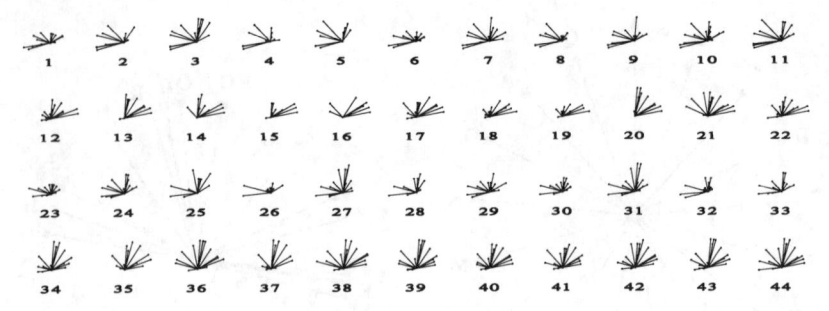

**Abbildung 3.12.** Darstellung der 44 Datenprofile aus Tabelle 3.1 durch faktorielle Sonnen.

Es ist sinnvoll, in den Ikonen nicht nur die einzelnen Variablen darzustellen, sondern auch noch den Zusammenhang dieser Variablen. Dieser wird in den *faktoriellen Sonnen* berücksichtigt. Für unsere Daten in Tabelle 3.1 korrelieren wir dazu zunächst die Variablen A, ..., Q untereinander und faktorenanalysieren diese dann in zwei Dimensionen. (Eine Darstellung der Methode der Faktorenanalyse erfolgt in Kapitel 7.) Das dabei entstehende Strahlenbündel in der Ebene sieht ähnlich aus wie eine Sonne, drückt aber durch die Winkel zwischen den Strahlen die Korrelationen der Variablen aus -- so gut dies in der Ebene geht. Die Faktorenanalyse ordnet also einerseits die Variablen den Strahlen entsprechend ihren empirischen Zusammenhängen zu; andererseits verändert sie die Winkel zwischen den Strahlen so, daß sie die Korrelation der Variablen optimal repräsentieren. Abbildung 3.11b zeigt das Konstruktionsprinzip derartiger faktorieller Sonnen für die Daten aus Tabelle 3.1 im Vergleich zu den "normalen" Sonnen (Abbildung 3.11a). Strahlen, die in der faktoriellen Sonne eng zusammen liegen, geben Variablen wieder, die hoch korreliert sind; Strahlen, die senkrecht aufeinander stehen, zeigen eine Null-Korrelation an; Strahlen, die entgegengesetzt orientiert sind, drücken eine hohe negative Korrelation aus. Faktorielle Sonnen enthalten also mehr Informationen, was empirisch zu deutlich weniger Beurteilungsfehlern führt (Borg & Staufenbiel, 1992). Dies erkennt man auch anschaulich an Abbildung 3.12.

# 4 Skalenkonstruktion

In diesem Kapitel betrachten wir, wie man bei Personen psychologische Merkmale wie z. B. "Intelligenz", "Ängstlichkeit" oder "Einstellung gegenüber der Kirche" messen kann. Wir nehmen dazu das in der Einleitung diskutierte Bild des Thermometers wieder auf und fragen, wie wir für das jeweilige Merkmal eine Skala konstruieren können.

Am einfachsten wäre es natürlich, die Personen direkt nach dem Merkmal zu fragen, an dem man interessiert ist. Also etwa: "Wie ist ihre Einstellung zur Politik der Bundesregierung?", mit den Antwortmöglichkeiten 1="positiv", 2="neutral" und 3="negativ". Dieses Vorgehen hat aber Nachteile. Zum einen ist die Frage so allgemein, daß es der Vp schwer fällt, hierauf eine simple Antwort zu geben. Zudem ist die Thematik so komplex, daß ein einziger Skalenwert die Einstellung einer Person nur sehr vereinfacht widergeben dürfte. Dies gilt z. B. auch für das Merkmal "Intelligenz". Welche Aufgabe sollte man zur Feststellung der Intelligenz einer Person stellen? Hier müssen offenbar viele Teilfähigkeiten erfaßt werden, wie z. B. Allgemeinwissen, rechnerisches Denken oder räumliches Vorstellungsvermögen. Ein weiterer Nachteil einer einzigen Frage besteht darin, daß sie nur eine sehr grobe Unterscheidung verschiedener Personen ermöglicht: Im obigen Politik-Beispiel wird die Gesamtheit aller Personen bei drei Antwortmöglichkeiten auch nur in drei Gruppen unterteilt. Schließlich würde eine einzelne Frage das gewünschte Merkmal i. allg. auch nicht sehr zuverlässig messen. Die befragte Person braucht z. B. während der Beantwortung der Frage nur einen kleinen Augenblick unaufmerksam sein, und schon wird das gesamte Ergebnis verfälscht.

Die im folgenden dargestellten Verfahren gehen deshalb alle so vor, daß sie mehrere Fragen oder Aufgaben (*Items*) zum interessierenden Merkmal stellen. In Tabelle 4.1 finden sich einige Beispiel-Items für Intelligenz und Ängstlichkeit. Man könnte den Intelligenz-Meßwert einer Person dann etwa als Summe der richtig beantworteten Items in der oberen Hälfte von Tabelle 4.1 festlegen und ihre Ausprägung im Merkmal Ängstlichkeit durch die Zahl der Antworten auf die Items 7 bis 9, in denen sich ängstliches Verhalten ausdrückt.

Hierzu ein weiteres Beispiel: Wir wollen feststellen, wie stark Personen an die Astrologie glauben. Dazu formulieren wir einige Items (Tabelle 4.2). Eine Person kann hier den Grad ihrer Zustimmung oder Ablehnung in je zwei Stufen ausdrücken oder angeben, daß sie unentschieden ist. Stimmt sie den Items 1, 2, 4 oder 5 zu, so entnehmen wir daraus eine positive Einstellung gegenüber der Astrologie. Das Gleiche gilt bei einer Ablehnung der Items 3 und 6, die Aussagen machen, die Skepsis gegenüber der Astrologie

Tabelle 4.1. Beispiele für Items.

| Beispiele für Intelligenz-Items |
| --- |
| (1) Wie heißt der Bundeskanzler? |
| (2) Diät verhält sich zu Gewicht wie Medikament zu ... <br> (a) Gesundheit  (b) Schmerzen  (c) Heilung  (d) Rezept |
| (3) In einer Minute laufen 5 Liter Wasser in eine 75 Liter fassende Badewanne. Nach wieviel Minuten läuft die Wanne über? |
| (4) Was sind Bakterien? |
| (5) Setzen Sie bitte folgende Zahlenreihe fort : 1 - 4 - 9 - 16 - ? |
| (6) Unten sehen Sie 5 Würfel, die mit den Buchstaben a bis e gekennzeichnet sind. Jeder Würfel hat sechs verschiedene Seiten. Drei davon kann man sehen. <br><br> Jeder der Würfel 1 bis 5 zeigt einen der Würfel a bis e in veränderter Lage. Sie sollen herausfinden, aus welchem der oberen Würfel der Würfel 1 entstanden ist, aus welchem 2, usw.. Der Würfel kann gedreht, gekippt, oder gedreht und gekippt worden sein. Dabei kann natürlich auch ein neues Zeichen sichtbar werden. <br><br> Kreuzen Sie den Lösungsbuchstaben in untenstehender Tabelle an (aus IST, Amthauer, 1953). |

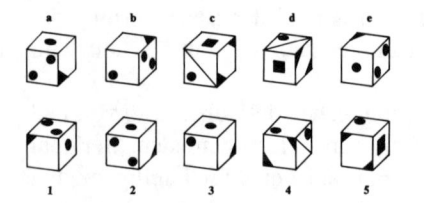

| Würfel | Antwort |
| --- | --- |
| 1 | a - b - c - d - e |
| 2 | a - b - c - d - e |
| 3 | a - b - c - d - e |
| 4 | a - b - c - d - e |
| 5 | a - b - c - d - e |

| Beispiele für Ängstlichkeit-Items |
| --- |
| (7) Ich muß oft daran denken, daß mir etwas zustoßen könnte. (stimmt) (stimmt nicht) |
| (8) Ich bin unbeschwert.   (nie) (selten) (oft) (fast immer) |
| (9) Haben Sie oft Angst, etwas falsch zu machen ?    (ja) (nein) |

**Tabelle 4.2.** Items zur Einstellung gegenüber der Astrologie.

|  | lehne stark ab | lehne ab | unent- schie- den | stimme zu | stimme stark zu |
|---|---|---|---|---|---|
| (1) Unser tägliches Leben wird von der Stellung der Sterne beeinflußt. | ☐ | ☐ | ☐ | ☒ | ☐ |
| (2) An Horoskopen ist durchaus etwas Wahres dran. | ☐ | ☐ | ☐ | ☐ | ☒ |
| (3) Es gibt keinen Zusammenhang zwischen dem menschlichen Schicksal und den Sternen. | ☐ | ☒ | ☐ | ☐ | ☐ |
| (4) Vor wichtigen Entscheidungen sollte man immer ein Horoskop zu Rate ziehen. | ☐ | ☐ | ☒ | ☐ | ☐ |
| (5) Die Stellung der Sterne bei der Geburt eines Menschen hat einen Einfluß auf seinen späteren Charakter. | ☐ | ☐ | ☐ | ☒ | ☐ |
| (6) Horoskope zu lesen ist reine Zeitverschwendung. | ☒ | ☐ | ☐ | ☐ | ☐ |

ausdrücken. Addiert man einfach die Anzahl der Items, in der die Person eine positive Einstellung geäußert hat, so ergibt sich ihr *Skalenwert* -- der von 0 bis 6 reichen kann -- dafür, wie positiv sie zur Astrologie steht.

Bei einem solchen Vorgehen ist es aber sinnvoll, zunächst sicherzustellen, daß die Items als die kleinsten Bausteine der Skala bestimmte Eigenschaften aufweisen. Wird ein Astrologie-Item etwa stets zustimmend oder ablehnend beantwortet, so ist es unbrauchbar, weil es keine Informationen über Unterschiede zwischen Personen liefert. (So ein Item könnte etwa sein: "Man sollte den Glauben an die Astrologie hart bestrafen.") Die Auswahl geeigneter Items wird vor der Anwendung der Skala durchgeführt und als *Itemanalyse* bezeichnet.

## 4.1 Ablauf der Konstruktionsverfahren

Der allen unten dargestellten Konstruktionsverfahren gemeinsame Ablauf läßt sich in folgende Schritte gliedern:

(1) Sammlung und Konstruktion von Items;
(2) Vorgabe der Items an eine Stichprobe von Personen;
(3) Itemanalyse;
(4) Skalierung des Merkmals bei Personen.

**Zu (1): Sammlung und Konstruktion von Items**

Was genau ist nun ein Item? Unter einem Item verstehen wir eine Frage an eine Person einschließlich der Antworten darauf, die wir als Daten registrieren wollen. Der Begriff Frage ist dabei ganz allgemein gemeint in dem Sinne, daß man von der befragten Person eine bestimmte Information erhalten will. An den Beispielen in Tabelle 4.1 sieht man, daß Items z. B. auch Feststellungen oder eine geometrisch gestellte Aufgabe sein können. Eine Menge von Items bezeichnen wir als *Test*. Ein Test kann also sowohl ein Leistungstest als auch ein Persönlichkeits-Fragebogen oder eine Einstellungsskala sein.

Bei der Testkonstruktion beginnt man mit der Sammlung einer großen Menge von Items (*Item-Pool*). Man kann für diese Sammlung alle verfügbaren Quellen nutzen wie bereits vorhandene ähnliche Tests, Befragung von Experten, Literatur zum Gegenstand oder eigene Überlegungen. Die gesammelten Items sollen das interessierende Merkmal möglichst genau abdecken. D. h. einerseits, daß die Items alle Aspekte des Merkmals enthalten. Ein Intelligenz-Test muß also Items zu allen möglichen Formen intelligenten Verhaltens enthalten. Möglichst genau bedeutet andersseits, daß alle Items das interessierende Merkmal und nicht ein anderes erfassen sollen. Items zur Erfassung des rechnerischen Denkens sollten beispielsweise nicht so kompliziert formulierte Textaufgaben enthalten, daß sie nur von Personen mit ausgezeichnetem Sprachverständnis bearbeitet werden können.

Man erkennt, daß der Auswahl der Items differenzierte inhaltliche Überlegungen über das betrachtete Merkmal vorangehen müssen. Nur so kann entschieden werden, welche Items in den Pool aufgenommen werden sollen. (Gehört z. B. die Frage "Wer war Carl-Friedrich Gauss?" in einen Mathematik-Kenntnistest?) Ein hervorragendes Hilfsmittel, das die systematische inhaltliche Abgrenzung des Gegenstandsbereichs und die Itemkonstruktion miteinander verzahnt, ist die Facettentheorie (Borg, 1986, 1992).

Wie viele Items man sammeln sollte, hängt zunächst davon ab, wie viele Items man letztendlich in der Test-Endform haben will. Hat man keinen komplizierter aufgebauten Test, der mehrere Teilaspekte des Merkmals voneinander unabhängig erhebt, so sind dies in der Regel zwischen 15 und 40 Items. Je heterogener das interessierende Merkmal ist, desto mehr Items sollte man aufnehmen. Zusätzlich muß man berücksichtigen, daß in der

Itemanalyse noch eine Reihe von Items eliminiert werden.

An den Beispielen in Tabelle 4.1 erkennt man, daß die Items unabhängig vom Inhalt eine ganz unterschiedliche Form aufweisen können. Die meisten Items geben der Person zwei oder mehrere verschiedene Antwortmöglichkeiten vor, von denen eine ausgewählt werden muß (*gebundene Antworten*). Seltener finden sich solche Items, die eine aktive Antwort-Produktion von der Person erfordern (*freie Antworten*). Persönlichkeitstests enthalten meist Items mit wenigen Antwortalternativen, sehr häufig nur zwei (*dichotome* Items). Bei Einstellungstests verwendet man neben dichotomen häufiger auch solche Items, bei denen die Person eine gestufte Antwort geben kann (z. B. "stimmt genau", "stimmt", "stimmt nicht", "stimmt überhaupt nicht"). Bei Leistungstests wiederum findet man häufig *Multiple Choice* Items, bei denen die Person die richtige Lösung aus einer Anzahl von Möglichkeiten heraussuchen muß (z. B. Item 2 in Tabelle 4.1). Über weitere Itemformen sowie deren Vor- und Nachteile für die verschiedenen Testzwecke informieren Lienert (1969) und Wesman (1971).

Liegt der Item-Pool vor und hat man sich für eine Itemform entschieden, kann man sich an den Feinschliff machen und die Items sprachlich überarbeiten. Dabei gibt es eine Reihe von Regeln, die man beachten sollte. Einige wichtige sind: Items sollten immer nur einen Sachverhalt abfragen (Gegenbeispiel: "Ich lese gerne Horoskope, aber ich glaube nicht, was dort steht.") Sie sollten verständlich formuliert sein, also z. B. keine Fremdworte enthalten; sollten nur geläufige und eindeutige Begriffe aufweisen; sollten einen einfachen Satzbau und keine doppelten Verneinungen haben. Sie sollten außerdem möglichst konkret formuliert sein. Weitere Hinweise dieser Art finden sich bei Edwards (1957) und Tränkle (1981).

Die so überarbeiteten Items werden nun in Zufallsreihenfolge angeordnet und bilden die Test-Vorform.

## Zu (2): Vorgabe der Items an eine Stichprobe von Personen

Die Test-Vorform wird idealerweise einer möglichst großen und für die spätere Zielgruppe des Tests repräsentativen Personen-Stichprobe zur Beantwortung vorgelegt (*Analysestichprobe*). Eine repräsentative Personen-Stichprobe ist eine, bei der die Verteilung der relevanten Merkmale der in der Population entspricht. Relevant sind solche Merkmale, bei denen man aus inhaltlichen Überlegungen einen Zusammenhang mit den Test-Antworten vermutet. Häufig werden dabei vor allem einfache soziodemographische Variablen wie Alter, Schulbildung oder Geschlecht kontrolliert.

Eine Technik zur Gewinnung einer repräsentativen Stichprobe ist die Zufallsauswahl. Bei der Zufallsauswahl muß jede Person aus der Population dieselbe Chance haben, in die Stichprobe aufgenommen zu werden. Hat man außerdem noch Informationen darüber, wie sich bestimmte Merkmale in der Population verteilen, kann man dies bei der Stichprobenziehung berücksichtigen. Wenn wir etwa vermuten, daß der Test geschlechtsspezifische Unterschiede aufweist, können wir festlegen, daß die Stichprobe im gleichen Verhältnis Männer und Frauen enthalten soll wie die Population. Wie man statistischen Tafeln entnehmen kann, ist dieses Verhältnis in der Bevölkerung der BRD über 16 Jahre ungefähr 46 zu 54. Zieht man 54% Frauen und 46% Männer in der Stichprobe zufällig, so spricht man von einer *geschichteten Zufallsauswahl*, wird nicht zufällig gezogen von einer *Quotenauswahl*. Natürlich können auch mehrere Variablen gleichzeitig kontrolliert werden. Über die Vorteile und Nachteile dieser Methoden sowie ihre praktischen Probleme informiert Scheuch (1974). In der Praxis wird die Analysestichprobe allerdings oft nicht nach diesen aufwendigen Methoden gezogen, sondern man untersucht *Gelegenheitsstichproben*, die leicht zugänglich sind (Schulklassen, Patienten eines Therapieprogramms, Erstsemester einer Studienrichtung, usw.). Das Risiko, nicht-repräsentative Stichproben zu bekommen, ist dabei wesentlich größer.

Die Testvorgabe soll aber nicht nur repräsentativ für die Personen sein, sondern auch für die Testsituationen, unter der der Test später angewendet werden soll. So sollte ein Berufseignungstest für Feinmechaniker nicht einer Stichprobe von Schulabgängern mit der Bitte vorgelegt werden, ihn für Normzwecke auszufüllen, sondern vielmehr in einer belastenden Auslesesituation, die der späteren Anwendungspraxis nahekommt.

Bezüglich des erforderlichen Stichprobenumfangs gibt es unterschiedliche Angaben. Nach Allen & Yen (1979) sollte die Stichprobe nicht kleiner als 50 sein, Lienert (1969) fordert selbst unter "günstigen" Umständen (z. B. einer sehr homogenen Population) mindestens 200 Personen.

**Zu (3): Itemanalyse**

Die resultierenden Daten werden dann durch die unten in Kapitel 4.3 näher beschriebenen Verfahren analysiert. Dabei werden die im Sinne dieser Verfahren unbrauchbaren Items eliminiert. Die übrigen Items bilden die Test-Endform.

**Zu (4): Skalierung des Merkmals bei Personen**

Die Test-Endform kann nun zur Skalierung von Personen eingesetzt werden. Meist ergibt sich die Merkmalsausprägung (*Personenscore*=Skalenwert der Person) einfach als Summe der positiv beantworteten Items (wie im obigen Astrologie-Beispiel). Seltener werden die Items noch unterschiedlich gewichtet, bevor sie summiert werden.

Bevor wir mit der detaillierteren Darstellung der Skalenkonstruktions-Verfahren beginnen, wollen wir noch kurz zwei Begriffe darstellen: die Lösung und die Itemcharakteristiken von Items.

### 4.2 Item-Lösung und Itemcharakteristiken

**Lösung eines Items**

Das Item "416–122=?" ist offensichtlich durch die Antwort "294" gelöst. Jede andere Antwort löst das Item nicht. Der Umgangssprache entspricht dagegen weniger, daß man auch die Reaktion "stimmt" auf die Aussage "Ich fühle mich morgens öfter niedergeschlagen." in einem Depressivitäts-Test als Lösung betrachtet. Beide Antworten haben gemeinsam, daß sie ein Mehr des angesprochenen Merkmals (Rechenfähigkeit, Depressivität) anzeigen, als dies bei einer Zahl, die nicht gleich 294 ist bzw. bei "stimmt nicht" der Fall ist. Hätte die Person die Möglichkeit, zwischen abgestuften Antwortmöglichkeiten zu wählen [wie z. B. bei Item (8) in Tabelle 4.1], dann würde man die Antwort "stimmt ganz genau" als stärkeren Lösungsgrad als die Antwort "stimmt" betrachten, wenn sich dadurch eine stärkere Merkmalsausprägung ausdrückt. Entsprechend wären dann "stimmt nicht" bzw. "stimmt überhaupt nicht" noch schwächere Lösungsgrade.

**Itemcharakteristiken**

Alle Skalierungsverfahren setzen bestimmte Typen von Items voraus. Die bedeutsamste Unterscheidung ist die von *monotonen* (auch: *kumulativen*) und *Punkt-* (auch: *eingipfligen*) Items.

Betrachten wir das erste Item im Astrologie-Beispiel (Tabelle 4.2). Je stärker jemand an die Astrologie glaubt, desto eher wird er dem Item zustimmen bzw. es lösen. Ein solches Item bezeichnet man als monotones Item. In Abbildung 4.1a sind für zwei monotone Items in einem Diagramm als Abszisse die Merkmalsausprägung der Personen und als Ordinate die Wahrscheinlichkeit aufgetragen, mit der sie das Item lösen. Diese Kurve bezeichnet man als *Itemcharakteristik* (IC) des Items. Bei monotonen ICs fällt die Kurve mit steigender Merkmalsausprägung nie ab oder anders ausgedrückt: Besitzt eine Person A das Merkmal stärker als eine Person B, so löst A das Item mit mindestens der gleichen Wahrscheinlichkeit wie B.

Betrachten wir jetzt aber das Item "Das Lesen von Horoskopen amüsiert mich" mit den möglichen Antworten "stimme zu" und "lehne ab". Hier könnte man sich vorstellen, daß es von Personen mit extrem positiver und extrem negativer Einstellung gleichermaßen abgelehnt wird (von der ersten Gruppe, weil sie Horoskope ernst nehmen, von der zweiten, weil sie sie uninteressant finden). Nur Personen mit einer neutralen Einstellung neigen dazu, dem Item zuzustimmen. Eine eingipflige IC wie in Abbildung 4.1b wäre die Folge. Bei Punkt-ICs fällt also die Lösungswahrscheinlichkeit immer von einem Maximum nach beiden Seiten des Merkmalskontinuums hin ab.

Die ICs in Abbildung 4.1 unterscheiden sich noch in einer weiteren Hinsicht. Wie man sieht, ist bei beiden (a)-Kurven die Lösungswahrscheinlichkeit für jede Merkmalsausprägung entweder 0 oder 1. Dies bedeutet, daß alle Personen mit einer bestimmten Merkmalsausprägung auf das Item gleich antworten, nämlich es lösen oder nicht. Diese ICs bezeichnet man als *deterministisch*. Die (b)-Kurven sind dagegen *probabilistische* ICs. Hier können bei jeder Merkmalsausprägung auch andere Wahrscheinlichkeiten als 0 oder 1 auftreten.

Woher weiß man, welchen IC-Typ ein Item hat? Wenden wir uns zunächst der ersten Unterscheidung monoton vs. eingipflig zu. Wie wir oben gesehen haben, kann man oft durch inhaltliche Überlegungen zu einer begründeten Annahme gelangen, welche IC sich bei einem Item ergeben wird. Letztendlich kann diese Frage jedoch nur empirisch entschieden werden. Man benötigt dazu eine große Zahl von Personen, die den Test bearbeitet haben. Um eine Lösungswahrscheinlichkeit zu bestimmen, teilt man die Skalenwerte der Personen in Klassen (z. B. von 0-2, 3-5, ...) ein. Für jede Klasse kann man die Wahrscheinlichkeit als relative Häufigkeit definieren, mit der das Item von den Personen dieser Klasse gelöst wurde. In Abbildung 4.2 sieht man dazu ein fiktives Beispiel für ein Item i. Dort traten in einem Test Skalenwerte von 0 bis 20 auf; das Merkmalskontinuum wurde in 2er-Schritte unterteilt. Von den 65 Personen mit einem Skalenwert von 0 oder 1 haben nur 3 Personen das Item gelöst. Es ergibt sich also eine Lösungswahrscheinlichkeit von 3/65=0.046. Von den 78 Personen mit dem Skalenwert 2 bzw. 3 haben 5 das Item gelöst, usw. Man sieht, daß es sich hier -- bis auf den Knick bei $x=4.5$ -- um ein monotones Item handelt.

Die zweite Unterscheidung in deterministische und probabilistische Items ist theoretischer Natur. Die verschiedenen Skalierungsverfahren erfordern jeweils den einen oder den anderen IC-Typ. So braucht man z. B. für Thurstones Methode der gleicherscheinenden Intervalle (Kapitel 4.3) und das Law of Comparative Judgment (Kapitel. 5.1) probabilistische Punktitems; für Guttmans Skalogramm-Analyse (Kapitel 8.1) hingegen deterministische, monotone Items. Entsprechen die empirisch gefundenen IC-Typen nicht den theoretisch erforderlichen, so verringert dies die Güte des Tests (siehe Gütekriterien).

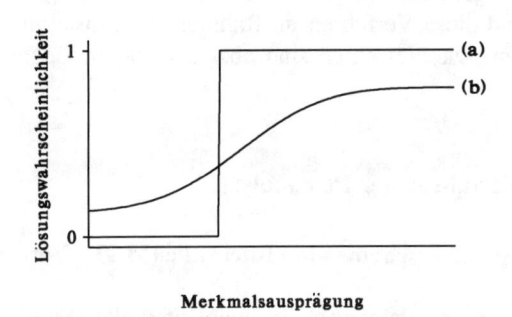

**Abbildung 4.1a.** Zwei monotone Itemcharakteristiken, (a) deterministisch, (b) probabilistisch.

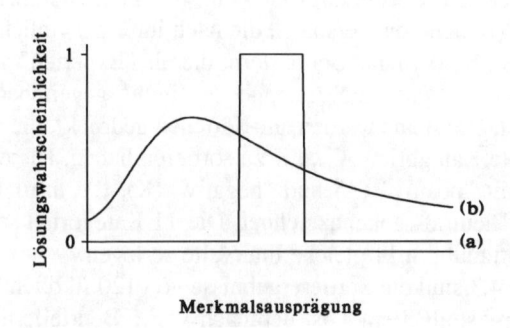

**Abbildung 4.1b.** Zwei eingipflige Itemcharakteristiken, (a) deterministisch, (b) probabilistisch.

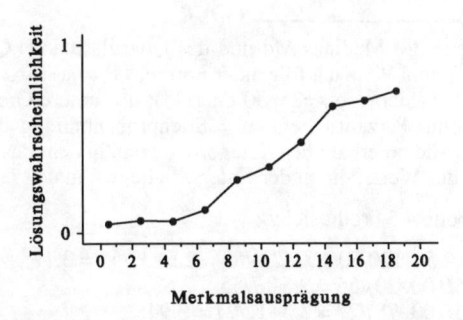

**Abbildung 4.2.** Empirische Itemcharakteristik.

Im folgenden werden die am weitesten verbreiteten Verfahren zur Skalenkonstruktion genauer dargestellt. Bis auf die Itemanalyse der klassischen Testtheorie sind diese Verfahren im Rahmen der Einstellungsmessung entwickelt worden. Die Verfahren sind aber auf andere Gegenstandsbereiche übertragbar.

### 4.3 Einige Verfahren der Itemanalyse

**Methode der gleicherscheinenden Intervalle (MGI): Verfahren**

Bei der Methode der gleicherscheinenden Intervalle (MGI) von Thurstone & Chave (1929) wird zunächst eine große Zahl von Punkt-Items gesammelt. Diese Items werden dann einer Gruppe von Beurteilern vorgelegt, die sie daraufhin einstufen sollen, wie stark sie eine positive oder negative Einstellung gegenüber dem Einstellungsobjekt ausdrücken. Die Analysestichprobe besteht hier also nicht aus Personen, die nach ihrer persönlichen Einstellung befragt werden, sondern aus Beurteilern, die als "Experten" angeben sollen, wie positiv oder negativ die Aussage des Items gegenüber dem Einstellungsobjekt ist. Die Items werden auf Kärtchen gedruckt, die diese Experten in 11 geordnete Kategorien A, ..., K zu sortieren haben. Die extremen Kategorien sind mit "positiv" (A) und "negativ" (K), die mittlere (F) mit der Bezeichnung "neutral" gekennzeichnet. Die 11 Kategorien sollen dabei das Merkmalskontinuum in 11 gleiche Intervalle zerlegen.

In Tabelle 4.3 sind die Sortierergebnisse von 120 fiktiven Beurteilern für drei Items dargestellt. Item 1 ist demnach von 6 Beurteilern in die extrem positive Kategorie A eingestuft worden, von 17 Beurteilern in B, usw. Den 11 Kategorien werden nun fortlaufend die Zahlen 1 bis 11 zugeordnet und mit diesen für jedes Item der Median sowie der Quartilabstand bestimmt[*].

---

[*] Zur Berechnung des Medians Md und des Quartilabstands Q benötigt man die Perzentile $P_{25}$ $P_{50}$ und $P_{75}$ nach folgender Formel: $P_x = u+(n \cdot x/100-c)/h$ wobei x = Index des Perzentils (hier also x=25, 50 oder 75); u = untere Grenze der Kategorie, in dem das gesuchte Perzentil liegt; n = Stichprobenumfang der Beurteiler; c = Anzahl der Werte, die unterhalb der Kategorie liegen, in dem das gesuchte Perzentil liegt; h = Anzahl der Werte, die in der Kategorie liegen, in der das Perzentil liegt.

Für Item 1 in Tabelle 4.3 ergibt sich:

$s(1) = Md = P_{50} = 2.5+(120 \cdot 50/100-23)/55 = 2.5+37/55 = 3.17$;
$P_{25} = 2.5+(120 \cdot 25/100-23)/55 = 2.5+ 7/55 = 2.63$;
$P_{75} = 3.5+(120 \cdot 75/100-78)/27 = 3.5+12/27 = 3.94$;
$Q = P_{75}-P_{25} = 3.94-2.63 = 1.32$.

**Tabelle 4.3.** Fiktive Experten-Urteile für 3 Items (h=Häufigkeiten, c=kumulierte Häufigkeiten, p=Wahrscheinlichkeiten, Q=Quartilabstand).

|      |      | positiv |      |      |      | neutral |      |      |      | negativ |      | Skalen- |      |
|------|------|---|---|---|---|---|---|---|---|---|---|---|---|
|      |      | A | B | C | D | E | F | G | H | I | J | K | werte |   |
| Item |      | 1 | 2 | 3 | 4 | 5 | 6 | 7 | 8 | 9 | 10 | 11 | s(i) | Q |
| 1 | h: | 6 | 17 | 55 | 27 | 9 | 5 | 1 | 0 | 0 | 0 | 0 | | |
|   | c: | 6 | 23 | 78 | 105 | 114 | 119 | 120 | 120 | 120 | 120 | 120 | | |
|   | p: | 0.05 | 0.19 | 0.65 | 0.88 | 0.95 | 0.99 | 1 | 1 | 1 | 1 | 1 | 3.17 | 1.32 |
| 2 | h: | 0 | 7 | 18 | 24 | 33 | 17 | 11 | 6 | 4 | 0 | 0 | 4.83 | 2.26 |
| 3 | h: | 0 | 1 | 0 | 0 | 5 | 4 | 12 | 43 | 37 | 16 | 2 | 8.38 | 1.49 |

Aufgrund dieser beiden Statistiken wählt man dann ca. 20 Items für die Test-Endform aus. Dazu definiert man zunächst die Mediane als Skalenwerte der Items und stellt den Test so zusammen, daß diese sich möglichst gleichmäßig über den gesamten Skalenbereich von 1 bis 11 verteilen (also etwa zwei Items mit Median von ungefähr 1, zwei mit Median 2, usw.). Um sich zwischen Items mit ähnlichen Skalenwerten zu entscheiden, zieht man den Quartilabstand als Streuungsmaß heran: Man wählt die Items aus, die den kleinsten Quartilabstand aufweisen, in denen die Beurteiler also die höchste Übereinstimmung zeigen.

## MGI: Ein Beispiel

In einer Studie zur Einstellung gegenüber der Kirche sammelten Thurstone & Chave (1929) 130 Items wie in Tabelle 4.4. Diese Items legten sie 341 Beurteilern vor. Von diesen Beurteilern wurden alle die eliminiert, die 30 oder mehr Items in eine Kategorie eingeordnet hatten. Thurstone & Chave hofften, damit die Personen ausgesondert zu haben, die ihre Aufgabe nicht zuverlässig erledigt hatten. Aus den Daten der verbleibenden 300 Beurteiler ergaben sich (graphisch interpolierte) Skalenwerte zwischen 0.2 und 11.0. 45 Items wurden schließlich für die Endform der Skala ausgewählt, 5 davon sind in Tabelle 4.4 zu sehen.

In der Endform ordnet man dann die Items in Zufallsreihenfolge an. Die Personen bekommen die Instruktion, die Items anzukreuzen, denen sie zustimmen. Der Skalenwert der Person ist der Median oder das arithmetische Mittel der Skalenwerte der Items, denen sie zugestimmt hat. Hätte eine Person den Items 2 und 3 aus Tabelle 4.4 zugestimmt (und bestünde der Test nur aus diesen 5 Items), so wäre ihr Skalenwert also (7.5+5.6)/2=6.55.

**Tabelle 4.4.** Fünf Items zur Einstellung gegenüber der Kirche aus Thurstone & Chave (1929).

| | Skalenwerte s(i) |
|---|---|
| 1. Ich glaube, daß die Kirche heute die bedeutendste Institution in ganz Amerika ist. | 0.2 |
| 2. Ich glaube, daß für die Kirche zu viel Geld ausgegeben wird im Vergleich zu dem Nutzen, den sie hervorbringt. | 7.5 |
| 3. Manchmal glaube ich, daß Kirche und Religion notwendig sind und manchmal bezweifle ich es. | 5.6 |
| 4. Ich bin der Überzeugung, daß sich Wirtschaft und Politik durch die Kirche auf einem höheren Wertniveau befinden. | 2.6 |
| 5. Ich glaube, die Kirche ist ein Parasit der Gesellschaft. | 11.0 |

Für dieses Verfahren gibt es einige Varianten. So konnte gezeigt werden, daß man auch mit weniger Beurteilern auskommt (nach Edwards, 1957, genügen 50). Manchmal verwendet man auch eine geringere Zahl von Kategorien oder statt der Sortieraufgabe Ratings oder Rangreihen. Beim Ratingverfahren bekommen die Beurteiler alle Items auf einer Liste vorgelegt und müssen für jedes Item z. B. auf einer 7-stufigen Skala von -3= "extrem negativ" bis +3="extrem positiv" ankreuzen, wo sie das Item einstufen. Das Rangreihen-Bilden ist etwas aufwendiger als das Rating-Verfahren. Dabei müssen die Beurteiler alle Items in eine vollständige Reihe bringen, wobei das Item auf Rangplatz 1 gesetzt werden soll, das gegenüber dem Einstellungsobjekt die "positivste" Aussage macht. Das Ergebnis eines Beurteilers könnte dann so aussehen: Am positivsten ist Item 23, dann folgt Item 9, dann Item 14, usw. Anschließend kann man für jedes Item einen mittleren Rangplatz und ein Streuungsmaß berechnen und wie oben geschildert fortfahren.

Die Attraktivität der MGI liegt in ihrer Ökonomie. Jeder Beurteiler muß bei n Items nur n Urteile abgeben. Andererseits ließ sich die Annahme, daß die Experten ihre Urteile unabhängig von ihrer eigenen Einstellung abgeben, nicht halten (Eiser & van der Pligt, 1984). Die Gleichabständigkeit der Kategorien, die im Modell nicht überprüft wird, stellt ein weiteres Problem dar. Diesen letzten Schwachpunkt des Verfahrens umgeht die im folgenden dargestellte Methode der sukzessiven Intervalle.

## Methode der sukzessiven Intervalle (MSI)

Die Methode der sukzessiven Intervalle (MSI) geht ebenfalls auf Thurstone zurück und wurde erstmalig von Saffir (1937) dargestellt. Die Erhebung der Expertenurteile erfolgt wie bei der Methode der gleicherscheinenden Intervalle. Die Annahme, daß die Kategorien, in die sortiert wird, Intervallen gleicher Länge auf dem Einstellungskontinuum entsprechen, wird hier jedoch fallengelassen. Die Kategorien müssen nur noch geordnet sein, die "Breite" der Kategorien wird durch das Verfahren bestimmt.

Bedienen wir uns eines fiktiven Beispiels mit 6 Items und 5 Kategorien (Tabelle 4.5). Ausgangsdaten sind die Häufigkeiten h(i→k), mit der 200 Beurteiler das Item i in die Kategorie k eingeordnet haben. Zuerst werden für jedes Item aus den einfachen Häufigkeiten kumulierte Häufigkeiten h(i→1..j), mit der die Beurteiler das Item in die Kategorie j oder eine niedrigere Kategorie eingeordnet haben, berechnet. Z. B. ist hier h(1→1..3)=56+66+43=165. Die letzte Kategorie (hier: 5) wird weggelassen, weil ihre kumulierte Häufigkeit immer gleich der Anzahl der Beobachter und damit ohne Informationsgehalt ist. Die kumulierten Häufigkeiten werden dann in Wahrscheinlichkeiten umgerechnet, indem sie durch die Anzahl der Beurteiler dividiert werden. Z. B. ist p(1→1..3)=165/200=0.825. Für jede Wahrscheinlichkeit p(i→1..j) wird dann in einer Tabelle für eine Normalverteilung der entsprechende z-Wert z(i→1..j) herausgesucht. Für p(1→1..3)=0.825 etwa findet man dort z(1→1..3)=0.935. Der Skalenwert jedes Items s(i) ergibt sich durch Mittelung aller seiner z-Werte, also für das erste Item $\bar{z}(1)$=(−0.583+0.279+0.935+1.476)/4=0.527. Als letztes "zentriert" man die Skala häufig noch, indem man jeden Skalenwert vom Mittelwert aller Skalenwerte abzieht, z. B. s(1)=0.311−0.527=−0.215.

Das geschilderte Vorgehen funktioniert allerdings nicht, wenn in einer Randkategorie Wahrscheinlichkeiten von 0 oder 1 auftreten. Hätte also z. B. der einzige Beurteiler, der Item 3 in Kategorie 5 eingeordnet hat, dieses Item anderswo zugeordnet, so wäre p(3→1..4)=1. Für diese Wahrscheinlichkeit gibt es aber keinen endlichen z-Wert, so daß der oben dargestellte Rechenweg an dieser Stelle nicht fortgeführt werden kann. Eine Lösung -- wenn auch keine optimale -- besteht darin, p-Werte von 0 z. B. durch 0.001 und p-Werte von 1 durch 0.999 zu ersetzen und damit weiterzurechnen (siehe auch Torgerson, 1958).

Das psychologische Modell, das hinter der MSI steht, wird hier nicht näher dargestellt. Die Logik entspricht der des Law of Comparative Judgment von Thurstone (Kapitel 5.1), mit dem Unterschied, daß die Personen dort jeweils zwei Reize untereinander und hier einen Reiz mit einer Kategoriengrenze vergleichen.

**Tabelle 4.5.** Fiktives Rechenbeispiel für Methode der sukzessiven Intervalle mit 6 Items (Zeilen) und 5 Kategorien (Spalten).

| | Häufigkeiten h(i→k) | | | | | | Kum. Häufigkeiten h(i→1..j) | | | |
|---|---|---|---|---|---|---|---|---|---|---|
| | 1 | 2 | 3 | 4 | 5 | | 1 | 2 | 3 | 4 |
| 1 | 56 | 66 | 43 | 21 | 14 | 1 | 56 | 122 | 165 | 186 |
| 2 | 22 | 38 | 78 | 51 | 11 | 2 | 22 | 60 | 138 | 189 |
| 3 | 100 | 64 | 30 | 5 | 1 | 3 | 100 | 164 | 194 | 199 |
| 4 | 71 | 18 | 31 | 52 | 28 | 4 | 71 | 89 | 120 | 172 |
| 5 | 5 | 11 | 58 | 89 | 37 | 5 | 5 | 16 | 74 | 163 |
| 6 | 57 | 63 | 31 | 28 | 21 | 6 | 57 | 120 | 151 | 179 |

| | Wahrscheinlichkeiten p(i→1..j) | | | | | z-Werte z(i→1..j) | | | |
|---|---|---|---|---|---|---|---|---|---|
| | 1 | 2 | 3 | 4 | | 1 | 2 | 3 | 4 |
| 1 | 0.280 | 0.610 | 0.825 | 0.930 | 1 | -0.583 | 0.279 | 0.935 | 1.476 |
| 2 | 0.110 | 0.300 | 0.690 | 0.945 | 2 | -1.227 | -0.524 | 0.496 | 1.598 |
| 3 | 0.500 | 0.820 | 0.970 | 0.995 | 3 | 0.000 | 0.915 | 1.881 | 2.576 |
| 4 | 0.355 | 0.445 | 0.600 | 0.860 | 4 | -0.372 | -0.138 | 0.253 | 1.080 |
| 5 | 0.025 | 0.080 | 0.370 | 0.815 | 5 | -1.960 | -1.405 | -0.332 | 0.896 |
| 6 | 0.285 | 0.600 | 0.755 | 0.895 | 6 | -0.568 | 0.253 | 0.690 | 1.254 |

| | Mittl. z-Werte $\bar{z}(i)$ | | Skalenwerte s(i) |
|---|---|---|---|
| 1 | 0.527 | 1 | -0.215 |
| 2 | 0.086 | 2 | 0.226 |
| 3 | 1.343 | 3 | -1.032 |
| 4 | 0.206 | 4 | 0.106 |
| 5 | -0.700 | 5 | 1.012 |
| 6 | 0.407 | 6 | -0.096 |

Man sieht, daß die theoretische Verbesserung, die die MSI gegenüber der MGI bringt, mit einem aufwendigeren rechnerischen Vorgehen erkauft wird. Im allgemeinen lohnt sich unter praktischen Gesichtspunkten dieser Mehraufwand nicht. Berechnet man z. B. für die Daten in Tabelle 4.5 die Skalenwerte nach der MGI, so korrelieren diese mit den nach der MSI bestimmten mit r=0.99.

**Methode der summierten Ratings**

Die Methode der summierten Ratings geht auf Likert (1932) zurück. Ausgangspunkt ist wieder die Sammlung einer Menge von Items. Der Itempool soll etwa zu gleichen Teilen positive und negative Aussagen über das Einstellungsobjekt enthalten; die Items sollen monoton sein. Als Antwortbereich werden meist die fünf Kategorien "lehne stark ab", ..., "stimme stark zu" (Tabelle 4.2) verwendet.

Die Test-Vorform wird einer Analysestichprobe von Personen vorgelegt, die zu jedem Item das Ausmaß ihrer Zustimmung oder Ablehnung gemäß ihrer eigenen Einstellung äußern sollen. Für die positiven Aussagen (Items 1, 2, 4, 5 in Tabelle 4.2) werden den 5 Kategorien die Werte von 0 für "lehne stark ab" bis 4 für "stimme stark zu" zugewiesen, bei den negativen Aussagen (Items 3 und 6) wird entgegengesetzt kodiert, d. h. eine 4 für "lehne stark ab", eine 3 für "lehne ab", usw. Der Skalenwert jeder Person ist die Summe der Skalenwerte der Kategorien, denen sie zugestimmt hat. Für die Antworten in Abbildung 4.2 ergibt sich folglich ein Skalenwert oder Personenscore von s=3+4+3+2+3+4=19. Die Antworten dieser Stichprobe bilden die Datenbasis für die anschließende Itemanalyse.

Likert hat zwei Methoden vorgeschlagen, wie man die besten 20 bis 25 Items für die Endform des Tests selegieren kann. Durchgesetzt hat sich das Verfahren, solche Items auszuwählen, die am höchsten mit den Summenwerten korrelieren. Dieses Kriterium wird auch bei der Itemanalyse im Rahmen der klassischen Testtheorie (KTT; Gulliksen, 1950) verwendet, deren Vorgehen im folgenden dargestellt wird. Man kann die Itemanalyse der KTT als eine Verallgemeinerung der Likert-Skalierung auffassen, bei der die inhaltliche Beschränkung auf Einstellungen und die formale auf den typischen 5-Kategorien-Antwortmodus entfällt.

**Itemanalyse in der klassischen Testtheorie (KTT)**

Im folgenden soll ein Verfahren der Itemanalyse im Rahmen der KTT dargestellt werden. Es beruht auf den beiden Itemindizes Schwierigkeit und Trennschärfe und ist relativ einfach. (Bei Tests, die sich aus mehreren Subtests zusammensetzen, verwendet man heute statt dessen meist die Methode der Faktorenanalyse, vgl. Kapitel 7.)

Beginnen wir mit Tabelle 4.6. Sie zeigt fiktive Ergebnisse einer Analysestichprobe von 15 Personen, die 20 Items vom Likert-Typ beantwortet haben. Die Tabelle mit den Personen als Zeilen und den Items als Spalten bezeichnet man als *Scorematrix*. Im vorliegenden Beispiel gilt, daß eine größere Zahl eine größere Merkmalsausprägung anzeigt. In der Spalte rechts neben der Matrix ist der Skalenwert jeder Person (Personenscore) notiert.

Als *Item-Schwierigkeit* bezeichnet man den Anteil der Personen, die das Item gelöst haben, an der Gesamtzahl der Personen, die das Item bearbeitet haben. Man beachte: Ein Item mit einem hohen Schwierigkeits-Index haben viele Personen gelöst. Es ist also umgangssprachlich einfach zu lösen. Wird die Merkmalsausprägung wie in unserem Beispiel abgestuft erfaßt, berechnet man statt dessen den Mittelwert als Schwierigkeitsindex. Die Schwierigkeit von Item 1 in Tabelle 4.6 ist also (0+0+1+2+...+1+2)/15=0.733 (Tabelle 4.7).

Der zweite wichtige Kennwert ist die *Item-Trennschärfe*. Sie gibt den Zusammenhang zwischen den Antworten auf das Item und den Skalenwerten der Personen wieder. Die Trennschärfe ist also umso höher, je ähnlicher das einzelne Item Personen so voneinander unterscheidet wie die Skalenwerte. Rechnerisch bestimmt man die Trennschärfe durch die Produkt-Moment-Korrelation der einzelnen Antworten und der Skalenwerte der Personen. Dieser Trennschärfe-Index überschätzt allerdings den Zusammenhang, da ja in den Skalenwert der Person auch der Wert des Items selbst miteingeht. Vor allem, wenn der Test nur aus wenigen Items besteht, berechnet man deshalb besser eine korrigierte Trennschärfe, indem man den Wert des Items nur mit dem Summenwert aus allen anderen Items korreliert (oder, was auf dasselbe hinausläuft, vom Skalenwert der Person zunächst den Wert des Items subtrahiert). Man korreliert also in Tabelle 4.6 für das erste Item die Itemwerte 0, 0, 1, 2, ..., 1, 2 statt mit den einfachen Summenwerten 32, 44, 39, 41, ..., 20, 25 mit dem um das Item bereinigten Summenwerten 32–0, 44–0, 39–1, 41–2, ..., 20–1, 25–2.

Als dritter Itemindex in Tabelle 4.7 ist die Varianz der Items aufgeführt. Sie wird unten in einer Formel zur Reliabilität benötigt und ist der Vollständigkeit halber hier mit aufgeführt.

## KTT-Itemanalyse nach Schwierigkeit und Trennschärfe

Hat man beide Itemindizes für alle Items berechnet, so kann man die Items als Punkte in ein Streudiagramm mit der Schwierigkeit als Abszisse und der Trennschärfe als Ordinate einzeichnen (Abbildung 4.3).

**Tabelle 4.6.** Scorematrix von 15 Personen und 20 Items (s=Personenscore).

| Person | 1 | 2 | 3 | 4 | 5 | 6 | 7 | 8 | 9 | 10 | 11 | 12 | 13 | 14 | 15 | 16 | 17 | 18 | 19 | 20 | s |
|---|---|---|---|---|---|---|---|---|---|---|---|---|---|---|---|---|---|---|---|---|---|
| 1  | 0 | 1 | 3 | 2 | 0 | 2 | 2 | 3 | 1 | 3 | 2 | 1 | 3 | 2 | 1 | 0 | 2 | 3 | 1 | 0 | 32 |
| 2  | 0 | 2 | 4 | 3 | 3 | 4 | 1 | 4 | 0 | 4 | 4 | 0 | 3 | 0 | 2 | 0 | 2 | 4 | 0 | 4 | 44 |
| 3  | 1 | 2 | 3 | 3 | 2 | 3 | 3 | 3 | 2 | 2 | 4 | 1 | 2 | 1 | 1 | 0 | 2 | 2 | 0 | 2 | 39 |
| 4  | 2 | 3 | 3 | 2 | 2 | 3 | 2 | 2 | 1 | 2 | 4 | 1 | 3 | 1 | 1 | 1 | 1 | 4 | 1 | 2 | 41 |
| 5  | 0 | 1 | 2 | 4 | 1 | 2 | 0 | 2 | 1 | 2 | 3 | 0 | 3 | 0 | 0 | 0 | 2 | 2 | 0 | 0 | 25 |
| 6  | 2 | 2 | 3 | 2 | 3 | 3 | 1 | 4 | 0 | 3 | 4 | 1 | 2 | 1 | 1 | 0 | 0 | 2 | 1 | 2 | 37 |
| 7  | 1 | 2 | 2 | 4 | 4 | 1 | 4 | 2 | 2 | 3 | 3 | 1 | 4 | 1 | 2 | 1 | 4 | 2 | 1 | 3 | 47 |
| 8  | 1 | 2 | 2 | 4 | 1 | 2 | 3 | 1 | 2 | 3 | 4 | 1 | 4 | 2 | 0 | 1 | 0 | 3 | 0 | 2 | 38 |
| 9  | 0 | 2 | 2 | 3 | 3 | 0 | 1 | 3 | 3 | 3 | 4 | 2 | 2 | 1 | 1 | 0 | 1 | 1 | 0 | 1 | 33 |
| 10 | 1 | 3 | 2 | 4 | 3 | 3 | 3 | 4 | 2 | 2 | 4 | 1 | 4 | 3 | 1 | 1 | 3 | 4 | 3 | 4 | 55 |
| 11 | 0 | 3 | 3 | 4 | 1 | 1 | 1 | 2 | 2 | 3 | 3 | 1 | 4 | 0 | 2 | 0 | 1 | 3 | 0 | 2 | 36 |
| 12 | 0 | 2 | 3 | 3 | 3 | 1 | 2 | 3 | 1 | 2 | 4 | 1 | 4 | 1 | 1 | 0 | 1 | 3 | 1 | 2 | 38 |
| 13 | 0 | 3 | 2 | 2 | 0 | 0 | 1 | 2 | 2 | 4 | 4 | 0 | 3 | 0 | 0 | 0 | 1 | 1 | 0 | 2 | 27 |
| 14 | 1 | 2 | 1 | 3 | 1 | 1 | 0 | 2 | 0 | 2 | 2 | 1 | 1 | 0 | 1 | 0 | 0 | 2 | 0 | 0 | 20 |
| 15 | 2 | 1 | 1 | 4 | 1 | 0 | 0 | 2 | 0 | 3 | 2 | 1 | 2 | 0 | 1 | 1 | 0 | 1 | 2 | 1 | 25 |

Mittelwert : 35.80
Varianz : 85.17

**Tabelle 4.7.** Itemindizes für Scorematrix aus Tabelle 4.6.

| Item | Schwierigkeit | Trennschärfe | Varianz | Item | Schwierigkeit | Trennschärfe | Varianz |
|---|---|---|---|---|---|---|---|
| 1  | 0.733 | 0.022  | 0.638 | 11 | 3.400 | 0.497 | 0.686 |
| 2  | 2.067 | 0.389  | 0.495 | 12 | 0.867 | 0.073 | 0.267 |
| 3  | 2.400 | 0.405  | 0.686 | 13 | 2.933 | 0.539 | 0.924 |
| 4  | 3.133 | 0.072  | 0.695 | 14 | 0.867 | 0.565 | 0.838 |
| 5  | 1.867 | 0.605  | 1.552 | 15 | 1.000 | 0.377 | 0.429 |
| 6  | 1.733 | 0.450  | 1.638 | 16 | 0.333 | 0.384 | 0.238 |
| 7  | 1.600 | 0.707  | 1.543 | 17 | 1.333 | 0.516 | 1.381 |
| 8  | 2.600 | 0.374  | 0.829 | 18 | 2.467 | 0.570 | 1.124 |
| 9  | 1.267 | 0.214  | 0.924 | 19 | 0.667 | 0.364 | 0.810 |
| 10 | 2.733 | -0.117 | 0.495 | 20 | 1.800 | 0.816 | 1.600 |

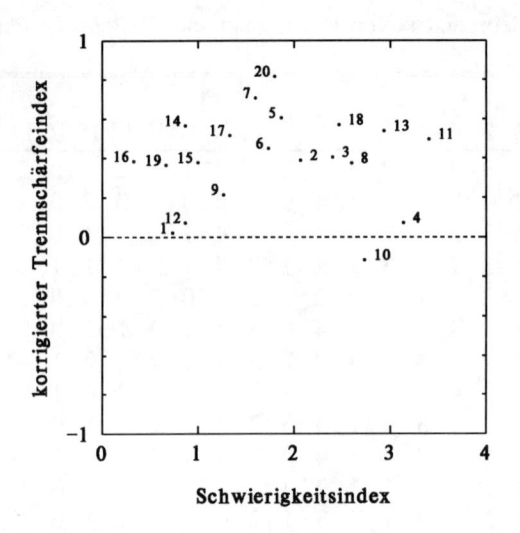

**Abbildung 4.3.** Streudiagramm mit Trennschärfe und Schwierigkeit für Daten aus Tabelle 4.6.

Der wichtigere Index von beiden ist die Trennschärfe. Sie soll möglichst hoch, auf keinen Fall aber negativ sein (vorausgesetzt, die Items sind inhaltlich alle gleich gepolt). Bei einer negativen Trennschärfe haben tendenziell die Personen mit hohen Merkmalsausprägungen das Item nicht gelöst und umgekehrt. Daraus schließt man, daß das Item etwas anderes als die übrigen Items mißt und eliminiert es folglich. Als unterste noch akzeptable Grenze legt man per Konvention meist eine Trennschärfe von 0.30 fest.

Items mit extremen Schwierigkeiten sind wenig geeignet, zwischen Personen zu unterscheiden. Items, die von keiner oder von allen Personen gelöst werden, erlauben überhaupt keine Differenzierung der Personen. Im allgemeinen ist daher eine mittlere Itemschwierigkeit wünschenswert (dies entspricht bei dichotomen Items einer Schwierigkeit von 0.5 und in unserem Beispiel einer Schwierigkeit von 2). Meist akzeptiert man Items, deren Schwierigkeitsindizes (bei dichotomen Items) zwischen 0.3 und 0.7 liegen. Es gibt aber eine Reihe von Bedingungen, unter denen man von dieser Regel abweichen sollte (Allen & Yen, 1979), etwa dann, wenn man mit dem Test auch Personen von Extremgruppen in Bezug auf das Merkmal differenzieren will.

In Tabelle 4.6 eliminieren wir Item 1, 4, 9 und 12 aufgrund zu niedriger (<0.30) und Item 10 aufgrund negativer Trennschärfe. Nehmen wir an, unser Test sei ein Eignungstest, der "sehr gute" Personen besonders differenzieren soll. Wir setzen deshalb die untere Schwierigkeitsgrenze auf 0.8 und die obere auf 2.8 fest (dies entspricht bei dichotomen Items 0.2 und 0.7). Dadurch fallen zusätzlich die Items 16, 19, 13 und 11 heraus. Da wir aus motivationalen Gründen ein einfach zu lösendes Item an den Anfang unseres Tests setzen wollen, behalten wir Item 11 doch bei. Es bleiben also die 12 Items 2, 3, 5, 6, 7, 8, 11, 14, 15, 17, 18 und 20 übrig. Für unsere Test-Endform setzen wir Item 11 an den Anfang, die anderen Items reihen wir per Zufall dahinter.

Es gibt also manchmal Gründe, Items, die eines oder beide der statistischen Kriterien nicht erfüllen, trotzdem beizubehalten. Dies kann auch dann der Fall sein, wenn nach der Itemanalyse zu wenig Items für die Endform übrigbleiben. Hier bietet sich die Möglichkeit an, die Anforderungen an die Itemindizes zu verringern, z. B. das Trennschärfe-Minimum auf 0.25 abzusenken. Andernfalls muß man im Testkonstruktionsprozeß wieder von vorne beginnen. Man ergänzt dann den Itempool durch neue oder modifizierte Items. Die revidierte Vorform wird erneut einer Analysestichprobe vorgelegt und eine Itemanalyse durchgeführt. Welche der beiden Alternativen man wählt, hängt vor allem vom Testzweck ab. So wird man einen Test, der später vielfach gebraucht werden soll oder von dem schwerwiegende Entscheidungen abhängen, eher revidieren, während sich das für eine einmal benötigte Skala in einer empirischen Studie vielleicht nicht lohnt.

Bei Tests, die später in der diagnostischen Praxis verwendet werden, will man schließlich wissen, wie ein bestimmter Skalenwert, z. B. ein Depressivitätsscore von s=23, zu beurteilen ist. Dazu legt man den Test einer möglichst großen *Eichstichprobe* vor und bestimmt für sie global oder nach bestimmten Personen-Merkmalen geschichtet (siehe Erläuterungen zur Analysestichprobe oben) Mittelwert und Streuung der Personenscores. Ergibt sich dabei z. B. ein Mittelwert von 20.3 und eine Streuung von 3.7, so weiß man, daß der obige Skalenwert als durchschnittlich zu bewerten ist. Aus Gründen einfacherer Interpretierbarkeit bringt man diese an der Eichstichprobe gewonnenen *Normen* noch auf einen vertrauteren Maßstab, z. B. häufig auf einen Mittelwert von 100 und eine Streuung von 10 oder 15. In Tabellen kann man dann für jeden Skalenwert den entsprechenden Normwert nachsehen. Die im folgenden näher erläuterten Gütekriterien lassen sich ebenfalls an dieser Stichprobe bestimmen.

## 4.4 Gütekriterien von Skalen

Hat man den Test erstellt, so stellt sich die Frage nach seiner Qualität. Von einem guten Test fordert man, daß er das betreffende Merkmal objektiv, reliabel und valide mißt. Was diese Gütekriterien bedeuten und wie man sie bestimmt, wird im folgenden dargestellt.

## Objektivität

Die Objektivität gibt an, in welchem Ausmaß die Testergebnisse unabhängig vom Untersucher sind. Sowohl bei der Testdurchführung als auch bei der Registrierung, der Auswertung und der Interpretation des Testverhaltens kann es zu Beeinflussungen der Testergebnisse durch den Untersucher kommen. Diese Einflüsse sind vor allem bei den weniger standardisierten Tests untersucht worden (z. B. dem Rorschach-Test, bei dem die Personen angeben sollen, was ihnen zu verschiedenen Klecksbildern einfällt). Bei der Testdurchführung sind eine Fülle von Einflußfaktoren auf die Testergebnisse empirisch belegt, z. B. Geschlecht des Testleiters oder Ermunterung/Tadel. Bei der Auswertung und Interpretation muß mit systematischen Bewertungstendenzen, wie z. B. dem Halo-Effekt, gerechnet werden. Einige Autoren (z. B. Michel & Conrad, 1982) fassen die Objektivität noch weiter und beziehen auch Störquellen ein, die nicht untersucherbedingt sind. Dies können etwa äußere Störquellen (Lärm, Vertrautheit mit örtlichen Gegebenheiten, Wetter) und innerpsychische Bedingungen (momentane Stimmung, Einstellungen, Erwartungen der Personen gegenüber dem Test und seinen Konsequenzen) sein. Alle diese Störquellen zu kontrollieren, ist unmöglich. Verglichen mit anderen Informationsquellen (wie z. B. Interview) ist die Objektivität von Tests, insbesondere bei solchen mit gebundenen Antworten, wegen ihrer weitgehenden Standardisierung jedoch relativ hoch.

## Reliabilität

Die Reliabilität eines Test gibt an, wie genau ein Test das mißt, was er faktisch mißt (ohne Rücksicht darauf, was das ist). Die Reliabilität kann, in verschiedener Bedeutung, durch drei Gruppen von Verfahren bestimmt werden.

Bei der ersten Methode geht man davon aus, daß ein Test, der genau mißt, bei der wiederholten Messung des unveränderten Merkmals wieder zu gleichen Ergebnissen führen müßte. Praktisch gibt man den Test einer Personen-Gruppe nach einiger Zeit (meist einigen Monaten) nochmals vor und korreliert dann die Ergebnisse der beiden Messungen. Die so bestimmte Reliabilität wird als *Retest*-Reliabilität bezeichnet.

Für die zweite Art der Reliabilitätsbestimmung, die *Paralleltest*-Methode, muß man sich die Mühe machen, einen zweiten, parallelen Test zu konstruieren. Beide Parallelformen sollen dasselbe Merkmal gleich gut messen. (Eine Bedingung dafür ist, daß bei beiden Tests die Mittelwerte und die Varianzen der Skalenwerte der Personen übereinstimmen). Zur Reliabilitätsbestimmung legt man dann einer Personen-Gruppe nacheinander die beiden parallelen Tests vor und korreliert wiederum die Ergebnisse aus beiden Messungen. Um systematische Reihenfolgeeffekte zu vermeiden, balanciert man die Reihenfolge in der Personen-Gruppe aus (d. h. eine Hälfte bekommt erst Paralleltest A, dann B und die andere Hälfte umgekehrt). Bei der letzten Gruppe, den *internen Konsistenzverfahren*, benötigt man nur eine einzige Messung. In der ersten Variante, dem *Split-Half* Verfahren, teilt man den Test, nachdem man die Personen damit untersucht hat, in zwei Hälften. Die Aufteilung der Items auf die Hälften kann z. B. per Zufall oder alternierend nach Itemnummern (odd-even) erfolgen, indem alle Items mit gerader Itemnummer der einen und alle mit ungerader Nummer der anderen Testhälfte zugeordnet werden. Für beide Testhälften kann man dann die Summenwerte der Personen bestimmen. Je höher diese Summenwerte korrelieren, desto höher die Reliabilität. Die zweite Variante der Interitem-Konsistenzverfahren stellen eine Verallgemeinerung der Split-Half Verfahren dar. Man kann sich diese Verallgemeinerung so vorstellen, daß der Test nicht nur in zwei, sondern in so viele Teile geteilt wird, wie er Items hat. Dieses Vorgehen hat gegenüber dem Split-Half Verfahren den Vorteil, die gesamte Information über die Konsistenz der Items auszuschöpfen und vermeidet die Frage, wie man den Test aufteilen soll. Der gebräuchlichste Interitem-Konsistenzkoeffizient ist Cronbachs $\alpha$:

$$\alpha = \frac{k}{k-1} \cdot \left( 1 - \frac{\sum_{i=1}^{k} s_i^2}{s^2} \right)$$

mit k als Anzahl der Items, $s^2$ als Varianz der Personenscores und $s_i^2$ als Varianz des i-ten Items. In unserem Beispiel resultiert für die Test-Vorform $\alpha = 20/(20-1) \cdot [1-(0.638+0.495+...+1.600)/85.171] = 20/19 \cdot (1-17.790/85.171) = 0.83$ und für die Endform $\alpha = 0.87$. Dieser Wert wäre, an einer größeren Stichprobe unabhängig erhoben, für einen Eignungstest durchaus befriedigend.

**Validität**

Bei der Validität interessiert uns der Grad an Genauigkeit, mit der ein Test das mißt, was er messen soll. Es geht also z. B. um die Frage, ob unser Astrologie-Fragebogen tatsächlich die Einstellung zur Astrologie mißt oder der Intelligenztest wirklich Personen bezüglich ihrer Intelligenz unterscheidet. Die naheliegendste Antwort wäre zunächst: Natürlich tun sie das, die

Items sind ja dementsprechend formuliert worden. Folgendes einfache Beispiel soll zeigen, daß dies jedoch keineswegs garantiert ist. Es gibt Konzentrationstests, bei denen Personen möglichst schnell Zahlen-Reihen addieren und subtrahieren müssen (Bsp.: 7+5–3+9–2+4+1–6=?). Die Konzentrationsleistung ist umso höher, je mehr solcher Aufgaben in einer vorgegebenen Zeit (z. B. 10 Minuten) richtig gelöst werden (*Speed-Test*). Man stelle sich vor, man wolle diesen Test bei Schülern der ersten Klasse verwenden. Hier mißt derselbe Test nicht mehr Konzentrationsleistung, sondern Rechenleistung. Kinder, die einen schlechten Wert erzielen und die zu einer hohen Testleistung motiviert sind, verfügen also möglicherweise gar nicht über eine geringe Konzentrationsfähigkeit, sie haben nur Schwierigkeiten mit den Berechnungen. Ein anderes Beispiel findet sich in der Literatur zu einem Untertest des Intelligenztests IST (Amthauer, 1953), der räumliches Vorstellungsvermögen messen soll. Einige Items daraus sind in Tabelle 4.1 dargestellt. Putz-Osterloh (1977) konnte zeigen, daß man einen Teil der Aufgaben richtig lösen kann und das Personen dies auch tun, indem sie einfach vergleichen, ob die Seitenflächen der Würfel a bis e mit denen des Zielwürfels übereinstimmen. Personen können also einen Teil der Würfelaufgaben ohne jegliches räumliche Vorstellungsvermögen lösen. Der Untertest ist somit, zumindest teilweise, invalide.

Im folgenden werden nun drei Vorgehensweisen dargestellt, wie man die Validität von Tests nachweisen kann.

Bei der *Kriteriumsvalidierung* wird bestimmt, wie gut man mit den Skalenwerten der Personen eine andere Variable (*Kriterium*) vorhersagen kann. Dieses Art der Validierung wendet man dann an, wenn man primär daran interessiert ist, durch den Test eine bestimmte Variable, die entweder zum Zeitpunkt der Messung noch nicht verfügbar ist oder mit größerem Aufwand zu erheben ist als der Test selbst, möglichst genau vorhersagen zu können. So ist z. B. der Hochschuleingangstest für Medizinstudenten dazu konstruiert worden, solche Studienbewerber auszuwählen, die mit einer hohen Wahrscheinlichkeit später das Studium erfolgreich absolvieren. Das Kriterium 'Abschlußnote im Studium' liegt hier zum Zeitpunkt der Messung noch nicht vor. Man spricht deshalb auch von *Vorhersagevalidität*. Validieren wir andererseits z. B. einen Test zur Bestimmung von hirnorganischen Schädigungen an gleichzeitig durchgeführten EEG-Befunden, so spricht man von *Übereinstimmungsvalidität*.

Zur Bestimmung der Kriteriumsvalidität geht man etwa im Mediziner-Eignungstest so vor, daß man die Studenten vor Beginn des Studiums testet, die Test-Besten auswählt und dann als Kriterium nach einigen Jahren deren Abschlußnoten erhebt. Die Korrelation zwischen den Skalenwerten und den Abschlußnoten der Medizin-Studenten ist der Validitätsindex. Je höher die Korrelation ist, desto valider ist der Test. Genau genommen hat man damit aber nicht die Kriteriumsvalidität des Tests schlechthin nachgewiesen, sondern nur in Bezug auf das Kriterium 'Abschlußnote im Studium'. Ob der Test eine ebenso valide Vorhersage anderer Kriterien des Berufserfolgs erlaubt, muß empirisch gezeigt werden. (Problematisch bleibt hier auch die Frage, wie die Kandidaten, die im Eignungstest durchgefallen sind, im Medizinstudium abgeschnitten hätten.) Es können also immer nur bestimmte Interpretationen der Testergebnisse validiert werden.

Die Kriteriumsvalidität behandelt eine gänzlich äußere Frage, nämlich wie gut die Skalenwerte die Vorhersage einer Kriteriumsvariablen ermöglichen. Ist die Korrelation hoch, so ist unerheblich, ob für diese Vorhersage eine inhaltliche Begründung vorliegt. Man kann diese Sichtweise als Ingenieur-Perspektive bezeichnen. Der Ingenieur setzt seine Meßwerte in gewisse Formeln ein, die er selbst nicht weiter zu verstehen braucht: So lange die Rahmen-Bedingungen gleich bleiben (ceteris paribus), funktioniert die Formel. Hier wird Personen der Test vorgelegt und ihre Skalenwerte zur Vorhersage ihrer Kriteriumswerte verwendet; warum dies funktioniert, interessiert nicht weiter.

Ein Hauptproblem bei dieser Art der Validierung liegt darin, ein seinerseits reliables und valides Kriterium zu finden. Wie soll man den Berufserfolg messen? Ist das EEG selbst ein zuverlässiges Meßinstrument für die Hirnschädigung oder sollte man stattdessen als Kriterium besser computertomographische Befunde verwenden? Für viele Tests, die Merkmale wie Angst, Intelligenz oder Depressivität erfassen sollen, lassen sich solche einfachen externen Validierungs-Kriterien grundsätzlich nicht finden. Diese Merkmale sind nicht direkt beobachtbare hypothetische Konzepte (*Konstrukte*), von denen man sich eine Beschreibung oder Erklärung menschlichen Verhaltens verspricht.

Bei der *Konstruktvalidierung* geht man nun so vor, daß man Hypothesen über den Zusammenhang des interessierenden Konstruktes (z. B. Depressivität) mit anderen Konstrukten und beobachtbaren Variablen aufstellt. Diese Hypothesen werden dann empirisch überprüft. Je mehr solcher Hypothesen bestätigt werden, je stärker das Konstrukt in ein *nomologisches Netzwerk* (Cronbach & Meehl, 1955) eingebunden ist, als desto valider wird der bei der Messung des Konstruktes verwendete Test betrachtet.

Nehmen wir an, wir wollten einen Depressivitäts-Test mit dieser Methode validieren. Wir könnten dazu das Merkmal an einer Gruppe von Personen durch andere Meßverfahren (z. B. strukturiertes Interview, Psychiater-Urteile oder Verhaltensbeobachtung) oder einem bereits vorhandenen anderen Depressivitäts-Test einerseits und unserem Test andererseits erheben und würden dann erwarten, daß die auf andere Weise erhobenen Depressivitätsmaße hoch mit unseren Skalenwerten korrelieren. Außerdem könnte sich aus theoretischen Überlegungen ergeben, daß depressive Personen z. B. eine geringere Lebenszufriedenheit und ein geringeres Selbstwertgefühl haben und unter Schlafstörungen leiden, daß aber kein systematischer Zusammenhang zur Intelligenz besteht. Solche Hypothesen kann man ebenfalls korrelativ (Zufriedenheits- und Depressivitäts-Scores sollten negativ korrelieren) oder auch über Gruppenvergleiche prüfen, indem man z. B. prüft, ob Personen mit hohen Depressivitäts-Scores im Durchschnitt geringere Selbstwert-Scores aufweisen.

Häufig gibt man noch eine "interne" Antwort auf die Frage nach der Konstruktvalidität. Dazu berechnet man die Korrelationen aller Items untereinander (z. B. in Tabelle 4.6 die Korrelationen aller Spalten) und prüft mittels der Faktorenanalyse (Kapitel 7), ob die Items alle deutlich auf nur einem "gemeinsamen Faktor laden". D. h. inhaltlich, daß jeder Test neben einer Reihe von höchst spezifischen Merkmalen -- die mit der speziellen Item-Formulierung oder auch Antwort-Fehlern zusammenhängen können -- jeweils nur eine gemeinsame Dimension erfaßt.

Jede bestätigte Hypothese stützt die Konstruktvalidierung unseres Tests oder stellt, anders ausgedrückt, eine weitere Verbindung im nomologischen Netzwerk her. Wird andererseits eine Hypothese widerlegt, so führt das nicht notwendigerweise zu einer Ablehnung des Tests. Insbesondere wenn der Test bereits durch andere Validierungsstudien gestützt ist, wird man eher das Konstrukt bzw. die damit verbundenen Aussagen modifizieren oder differenzieren. So könnte sich etwa zeigen, daß die Items des Tests in zwei Gruppen zerfallen, die jeweils auf einem Faktor hoch laden. Man würde das Konstrukt dann möglicherweise differenzieren und den Test in zwei Subtests unterteilen. Konstruktvalidierung ist also ein "Prozeß der sukzessiven Approximation" (Hörmann, 1961, S.48), bei dem man mit wachsenden Erkenntnissen über das Konstrukt auch immer mehr Einsichten in die Deutbarkeit der Testscores bekommt.

Zur Erläuterung der dritten Validierungsart, der *Inhaltsvalidierung* nehmen wir an, wir wollen die Fähigkeit, Schreibmaschine zu schreiben messen. Wir können dazu eine Reihe von Textpassagen als Items auswählen, die wir Personen mit der Instruktion vorlegen, diese möglichst schnell und fehlerfrei auf der Schreibmaschine zu schreiben. Als Testleistung wird die dazu benötigte Zeit gemessen. In diesem Fall wollen wir weder ein externes Kriterium vorhersagen noch auf ein hypothetisches Konstrukt schliessen. Das Testverhalten ist selbst das Merkmal, das man messen will. Andere Tests, für die das ebenfalls gelten kann, sind Fahr- oder Flugsimulatoren oder schulische Leistungstests.

Um die Inhaltsvalidität dieser Tests nachzuweisen, muß man zunächst die Gesamtheit aller Items abgrenzen, die zum betrachteten Gegenstandsbereich gehören. Diese Festlegung des *Universums* (Grundgesamtheit, Population) aller Items kann einerseits durch Aufzählung aller Items geschehen

(z. B. eine Vokabelliste). Da dies meist nicht möglich ist, grenzt man in der Regel das Universum durch Angabe der Eigenschaften ab, in denen alle Items übereinstimmen und in denen sie variieren sollen. So könnte man im obigen Beispiel festlegen, daß alle Texte eine Seite umfassen und in deutscher Sprache verfaßt sind. Variiert werden könnte der Schwierigkeitsgrad und die Art der Vorlage (schriftlich oder mündlich). Außerdem muß man festlegen, an welchen Reaktionen man interessiert ist. In diesem Beispiel könnte dies nicht nur die Geschwindigkeit sondern auch die Anzahl der Fehler sein.

Betrachten wir eine präzisere Definition für ein anderes Itemuniversum aus dem pädagogischen Bereich: "Ein Item ist ein Item aus dem Universum aller Grundrechenaufgaben mit natürlichen Zahlen genau dann, wenn es die allgemeine Form a $\{+,-,\cdot,/\}$ b = c aufweist, wobei a, b und c natürliche Zahlen sind, von denen eine durch den Probanden zu ersetzen ist und die Lösung des Probanden als {richtig, falsch} beurteilt wird". (Die in den geschweiften Klammern stehenden Ausdrücke sind immer alternativ zu lesen.) Anhand dieser Definition kann man für jedes beliebige Item entscheiden, ob es zu dem betrachteten Itemuniversum gehört oder nicht, z. B. gehört 15·?=105 dazu, die Aufgaben 6–48/12=? (zwei Operationen) und ?+12=10 (a keine natürliche Zahl) dagegen nicht.

Das Universum besteht in diesem Fall aus unendlich vielen Items. Selbst in endlichen Universa (wenn man z. B. zusätzlich a, b, c<100 festlegt) ist es meist unmöglich, alle Items in den Test aufzunehmen. Man muß dann Regeln angeben, nach denen Items für den Test ausgewählt werden sollen. Neben einer zufälligen Konstruktion von Items bietet sich häufiger eine nach bestimmten Merkmalen des Itemuniversums geschichtete Auswahl an. In den obigen Beispielen könnte man etwa festlegen, daß je zwei leichte und schwierige Texte diktiert und schriftlich vorgelegt werden bzw. gleich viele Aufgaben für alle vier Grundrechenarten.

Der Begriff der Inhaltsvalidität wird nun in diesem Kontext in zwei verschiedenen Bedeutungen gebraucht; einmal als Nachweis, daß die Items eine repräsentative Stichprobe aus dem definierten Universum darstellen, ein andermal, daß der Test repräsentativ für das zu messende Merkmal ist. Unserer Ansicht nach sollte man im ersten Fall besser von *Inhaltsrepräsentativität* sprechen (Messick, 1975), da es sich hier nicht um eine empirisch zu prüfende Frage der Bedeutung der Testscores handelt, sondern um eine, die "am Schreibtisch" durch Experten beantwortet werden kann. In der zweiten Bedeutung sollte der Begriff nur dann verwendet werden, wenn das Itemuniversum vollständig mit dem interessierenden Merkmal identisch ist. Dies wäre z. B. dann der Fall, wenn das interessierende Merkmal 'Kenntnis der Vokabeln a, b, ..., z' ist und der Vokabel-Test ausschließlich die Übersetzung der Vokabeln a, b, ..., z erfordert. In der Praxis dürfte eine solche

Konstellation allerdings äußerst selten sein. Ob dann der auf der Basis des Itemuniversums konstruierte Test einen gültigen Schluß auf das interessierende Merkmal erlaubt, muß empirisch durch Konstruktvalidierungen geprüft werden. Gegebenenfalls kann dabei die Definition des Itemuniversums modifiziert oder differenziert werden.

Die systematische Abgrenzung des Itemuniversums stellt also generell ein sehr nützliches Vorgehen dar (vgl. Facettentheorie; Borg, 1986, 1992). Sie expliziert bedeutende konstante und variable Bestimmungsstücke des betrachteten Gegenstandsbereichs und bietet eine rationale Basis für die Item-Konstruktion.

Betrachtet man unter dieser Perspektive das Vorgehen bei der Itemanalyse, so ergibt sich ein Widerspruch. Definiert man zunächst inhaltlich, was man skalieren will, dann liegt damit auch fest, welche Items zur Itempopulation gehören und welche nicht. Man kann also nicht so ohne weiteres Items eliminieren, weil sie z. B. mit anderen nicht korreliert sind. Derartige Korrelationen werden oft gedeutet als ein Hinweis darauf, daß das Item doch nicht wie vermutet in diesen Inhaltsbereich fällt. Dies ist die Umkehrung des verbreiteten Irrglaubens, daß Items, die hoch korrelieren, weitgehend "das Gleiche" messen. Wäre das so, dann sollte sich angeben lassen, was y ist, wenn man weiß, daß y mit x='Körpergröße' mit r=1 korreliert. Da dies offensichtlich nicht geht, folgt daraus, daß aus der Höhe einer Korrelation nicht auf den Inhalt geschlossen werden kann. Die Korrelation zeigt nur einen empirischen Zusammenhang gewisser Inhaltskategorien an. Meistens zeigt sich aus den korrelativen Zusammenhängen, daß das Konstrukt nicht 1-dimensional ist. Die Inhaltsbereiche, die man skalieren will, sind dann also mehr-dimensional und somit nicht adäquat durch nur eine Skala zu erfassen. Es ist wenig sinnvoll, sich die Realität zurechtzubiegen dadurch, daß man systematisch so lange immer wieder Items eliminiert, bis eine Skala entsteht, die 1-dimensional ist, weil dann nicht mehr klar ist, was hier eigentlich noch gemessen wird.

## 5 Fechner-Modelle

Nach der Betrachtung trivialer Verfahren und Methoden der Skalenkonstruktion, wenden wir uns nun nicht-trivialen Modellen zu, die streng genommen eher unter den Begriff Skalen-*Analyse* fallen, obwohl auch sie in der Praxis meist zur Skalen-*Konstruktion* eingesetzt werden.
Wir betrachten zunächst die Fechner-Modelle, die eng mit psychophysischen Vorstellungen zusammenhängen. Fechner postulierte, daß ein ebenmerklicher Unterschied zweier Reize (JND) stets der gleichen Empfindung entspricht. Wenn wir z. B. Gewichte vergleichen, so soll es unerheblich sein, ob wir mit sehr kleinen oder großen Gewichten experimentieren: In jedem Fall entspricht ein JND einem gleich erlebten Gewichtsunterschied. Da ein JND statistisch definiert wird als die Differenz der beiden physikalischen Reizgrößen x und y, für die die Wahrscheinlichkeit, daß x als schwerer empfunden wird als y, $p(x \succ y)$, gleich 0.75 ist, soll nach Fechner also gelten, daß diese Differenz stets der gleichen Differenz der Empfindungsstärken von x und y, $s(x)-s(y)$, entspricht. (Das $\succ$ in $x \succ y$ steht für *dominiert* und meint -- je nach betrachtetem Merkmal -- "schwerer", "heller", "verwerflicher", usw.)
Es liegt nahe, diesen Gedanken zu verallgemeinern. Zunächst erscheint es plausibel, daß dann, wenn sich x und y psychologisch immer weiter auf der betrachteten Merkmals-Dimension voneinander entfernen, auch die Wahrscheinlichkeit $p(x \succ y)$ immer extremer wird, also gegen 0 bzw. 1 geht. Nähern sich x und y einander an, dann sollte $p(x \succ y)$ gegen 0.5 gehen. Diese Vorstellung liegt allen Fechner-Modellen zugrunde. Betrachten wir zunächst Thurstones Modellvariante.

### 5.1 Thurstone-Skalierung (Law of Comparative Judgment)

**Diskriminierbarkeitsverteilung**

Thurstone (1927a) nimmt zunächst an, daß ein fester Reiz nicht immer gleich wahrgenommen wird. Anders ausgedrückt heißt das, daß der feste Reiz (auf der psychologischen Dimension) nicht zu jedem Zeitpunkt t zum gleichen Skalenwert führt. Der Skalenwert von x zum Zeitpunkt t, $s_t(x)$, weicht vom "wahren" Skalenwert, $s(x)$, infolge des Zusammenwirkens von vielen verstärkenden oder dämpfenden Zufallsfaktoren ab. Diese Zufallsfaktoren kann man z. B. mit den vielfältigen physiologischen Bedingungen des Wahrnehmungssystems in Verbindung bringen.
Abbildung 5.1 illustriert den Gedanken. Eine Kugel x (=Reiz) wird mit

einem gewissen Impuls (=physikalische Reizgröße) in ein Rohr (=Wahrnehmungssystem) geschleudert. Ohne weitere Einwirkungen würde sie stets in den mittleren Behälter (=Skalenwert von x auf der psychologischen Skala) fliegen. Nun gibt es aber noch 6 Rollen (=Zufallsfaktoren), die sich entweder nach rechts (verstärkend) oder nach links (dämpfend) drehen können. Wie weit x fliegt, hängt davon ab, wie sich diese Rollen zum Zeitpunkt t drehen. Drehen sie sich völlig unabhängig voneinander zufällig mal links, mal rechts herum, dann können sie entweder alle verstärkend sein, oder in fünf von sechs Fällen verstärkend, ..., oder in keinem Fall verstärkend.

Insgesamt gibt es 64 verschiedene Kombinationen der sechs Faktoren. Nur eine davon ist sechs Mal verstärkend (++++++), in sechs Fällen gibt es fünf Verstärkungen und eine Dämpfung (+++++−), usw. Abbildung 5.2 zeigt alle Kombinationen und ihre Häufigkeiten. Hätte man nun nicht nur sechs, sondern immer mehr Zufallsfaktoren, dann würde sich die treppenförmige binomiale *Diskriminierbarkeitsverteilung* sehr schnell einer glatten Normalverteilung annähern. Thurstone nimmt an, daß es unendlich viele solcher Zufallsfaktoren und somit eine Normalverteilung für die Wahrscheinlichkeiten gibt, mit denen der Reiz x an einem bestimmten Ort auf dem psychologischen Kontinuum landet. Am wahrscheinlichsten ist es, daß er in der Nähe von s(x), dem wahren Skalenwert, landet; daß er weit weg davon landet, wird mit wachsendem Abstand vom Ort s(x) sehr schnell recht unwahrscheinlich.

**Dominanzurteile bei zwei Reizen**

Betrachten wir nun nicht mehr nur einen Reiz, sondern geben wir der Vp zwei Reize vor und lassen sie beurteilen, ob der eine Reiz x den anderen Reiz y dominiert oder nicht (*forced choice*-Urteil). Entsprechend den obigen Überlegungen sollte die Vp zu diesem Zeitpunkt t genau dann urteilen, daß x über y dominiert, wenn $s_t(x) > s_t(y)$ gilt. Wenn x und y zwei Töne verschiedener Lautstärke sind, dann sagt die Person also nicht immer (deterministisch), daß z. B. x lauter ist als y ($x \succ y$). Vielmehr ist nicht vorhersagbar, ob sie zum Zeitpunkt t $x \succ y$ bejaht oder nicht ($x \not\succ y$). Dennoch besteht eine Gesetzmäßigkeit im Urteilsverhalten der Person: Das Urteil $x \succ y$ erfolgt mit einer gewissen Wahrscheinlichkeit, $p(x \succ y)$.

Wie bestimmen sich diese Wahrscheinlichkeiten? Unterstellen wir vereinfachend wie in Abbildung 5.3a, daß y nur die Werte 3 (mit p=0.016), 4 (mit p=0.094), 5 (mit p=0.234), ... und 9 (mit p=0.016) annimmt, und x entsprechend die Werte 1, ..., 7 (mit den gezeigten p's). Abbildung 5.3a zeigt dann die möglichen Kombinationen von x und y oder, wie man sagt, den Ereignisraum. Der Punkt d etwa ist das Ereignis "$s_t(x)=2$ und $s_t(y)=9$". Für

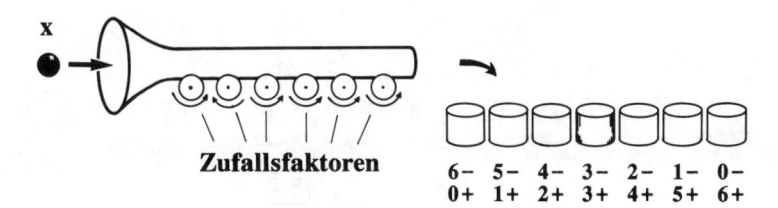

**Abbildung 5.1.** Ein mechanisches Modell zur Relation von physikalischer Reizgröße x und psychologischer Empfindung.

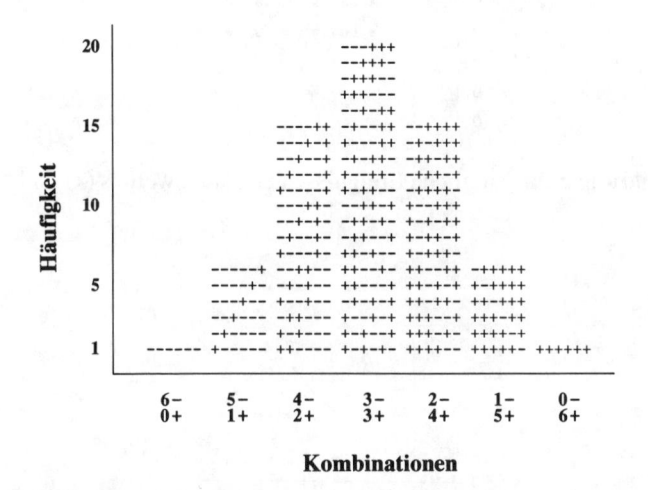

**Abbildung 5.2.** Häufigkeitsverteilung der Kombinationen von 6 Zufallsfaktoren (+ = verstärkend, − = dämpfend).

alle Ereignis-Punkte oberhalb der Linie b gilt, daß $s_t(y) > s_t(x)$, für die unterhalb von b, daß $s_t(y) < s_t(x)$, und für die auf der Linie b, daß $s_t(y) = s_t(x)$.

Jedem der Ereignisse in Abbildung 5.3a entspricht eine Differenz, $s_t(y) - s_t(x)$, und eine Wahrscheinlichkeit, wie in Abbildung 5.3b gezeigt. Zum Zeitpunkt t könnte y z. B. den Skalenwert 9 haben (mit p=0.016) und x den Skalenwert 7 (mit p=0.016). Die Wahrscheinlichkeit für diese Kombination der Skalenwerte von x und y ist (0.016)·(0.016)=0.000256, also recht klein. Tritt der Fall aber ein, dann lautet das Urteil x≯y. Insgesamt ist die Wahr-

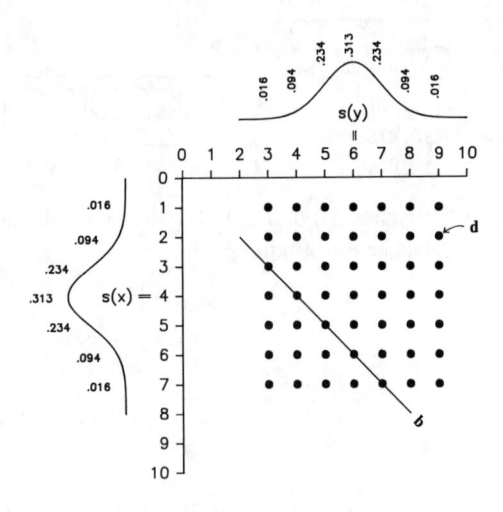

**Abbildung 5.3a.** Mögliche Ereignisse der Skalenwerte $s_t(x)$ und $s_t(y)$.

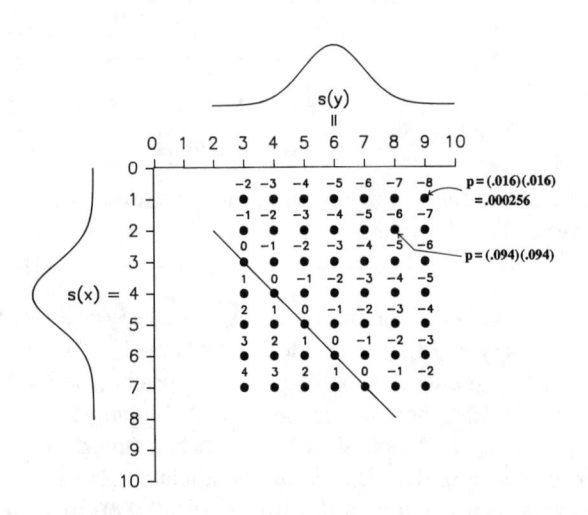

**Abbildung 5.3b.** Wie Abbildung 5.3a, aber Ereignisse gekennzeichnet durch ihre Differenzen $s_t(x)-s_t(y)$.

scheinlichkeit für x≻y gleich der Summe der Wahrscheinlichkeiten aller Ereignisse in der linken unteren Ecke, (0.016)·(0.313)+ ... +(0.313)·(0.016)= 0.07. Die Vp sagt demnach mit einer Wahrscheinlichkeit von 7%, daß x über y dominiert.

**Wahrscheinlichkeitsverteilung der subjektiven Differenzen**

Aus Abbildung 5.3b läßt sich die Wahrscheinlichkeitsverteilung für die Differenzen $-8$, $-7$, ..., $+4$ ableiten: Wir stellen fest, daß das Ereignis $-8$ mit p=0.000256 auftritt, daß die Differenz $-7$ zwei Mal mit jeweils p=(0.016)·(0.094)=0.001504, also insgesamt mit p=0.001504+0.001504=0.003008 auftritt, daß $-6$ drei Mal mit p=0.003744, p=0.008836 bzw. p=0.003744, also insgesamt mit p=0.016324 auftritt; usw. Dies führt zur Verteilung in Abbildung 5.4. Der Mittelwert der Verteilung liegt bei $-2$, d. h. er entspricht dem wahren Differenzwert $s(x)-s(y)$.

Die Verteilung sieht ziemlich "normal" aus und nähert sich der Gauss-Verteilung schnell an, wenn man mehr und mehr Zufallsfaktoren annimmt. Die Wahrscheinlichkeit für das Urteil x≻y (x⊁y) entspricht in den gezeigten Verteilungen immer der Summe der Wahrscheinlichkeiten für die positiven (nicht-positiven) Differenzen, die -- wie oben gezeigt -- 0.7 beträgt. Nähert sich diese Verteilung immer mehr einer Gauss-Verteilung an, werden die Säulen immer feiner. Schließlich kann man dann einfach sagen, daß p(x≻y) der Fläche unter der Verteilung rechts vom Skalenwert 0 entspricht und p(x⊁y) der entsprechenden Fläche links von 0 (Abbildung 5.5).

Je stärker x über y dominiert, desto weiter ist die gesamte Wahrscheinlichkeitsverteilung für die Differenzen von 0 weg nach rechts verschoben. Die Verschiebung muß so erfolgen, daß die Fläche unter der Verteilung am Wert 0 gerade so geteilt wird, daß die entstehenden beiden Teilflächen den gegebenen Wahrscheinlichkeiten p(x≻y) und p(x⊁y) entsprechen. Abbildung 5.6 zeigt dies für einige ausgewählte p(x≻y)-Werte.

Da p(x≻y)= 1−p(x⊁y), bestimmt also die Wahrscheinlichkeit, mit der x über y dominiert, eindeutig die Lage der Differenzen-Verteilung relativ zum Nullpunkt. Es muß daher auch möglich sein, ausgehend von diesen Wahrscheinlichkeiten den Skalenwert für den Mittelwert der Verteilung, $s(x)-s(y)$, zu berechnen. Die Formel hierfür ergibt sich wie folgt.

**Law of Comparative Judgment**

Geht man von der Annahme aus, daß die Diskriminierbarkeitsverteilungen für alle x und y normal sind, dann kann man beweisen, daß auch die Verteilung der Differenzen normal ist (wie wir oben schon intuitiv sahen) und den

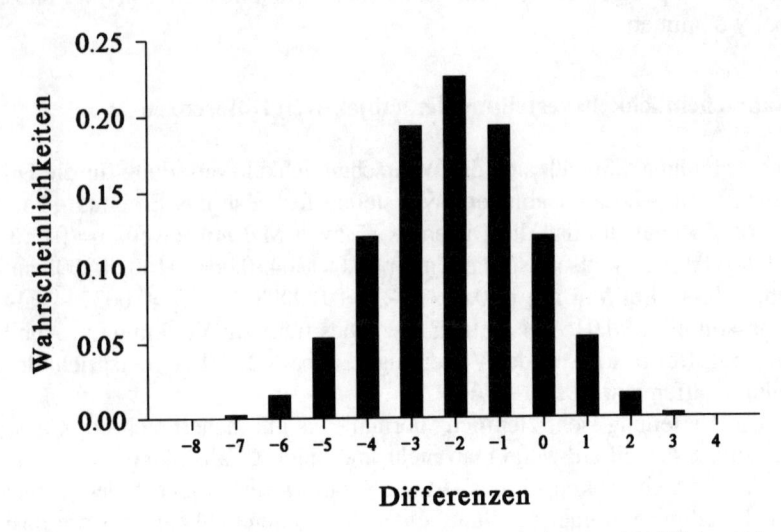

**Abbildung 5.4.** Verteilung der Differenzen $s_t(x)-s_t(y)$ aus Abbildung 5.3.

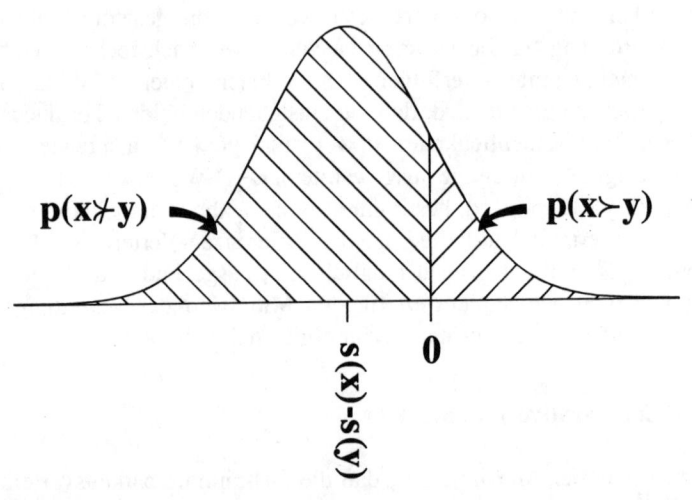

**Abbildung 5.5.** Differenzen-Verteilung für unendlich viele Zufallsfaktoren. $p(x \succ y)$ entspricht Fläche rechts von 0.

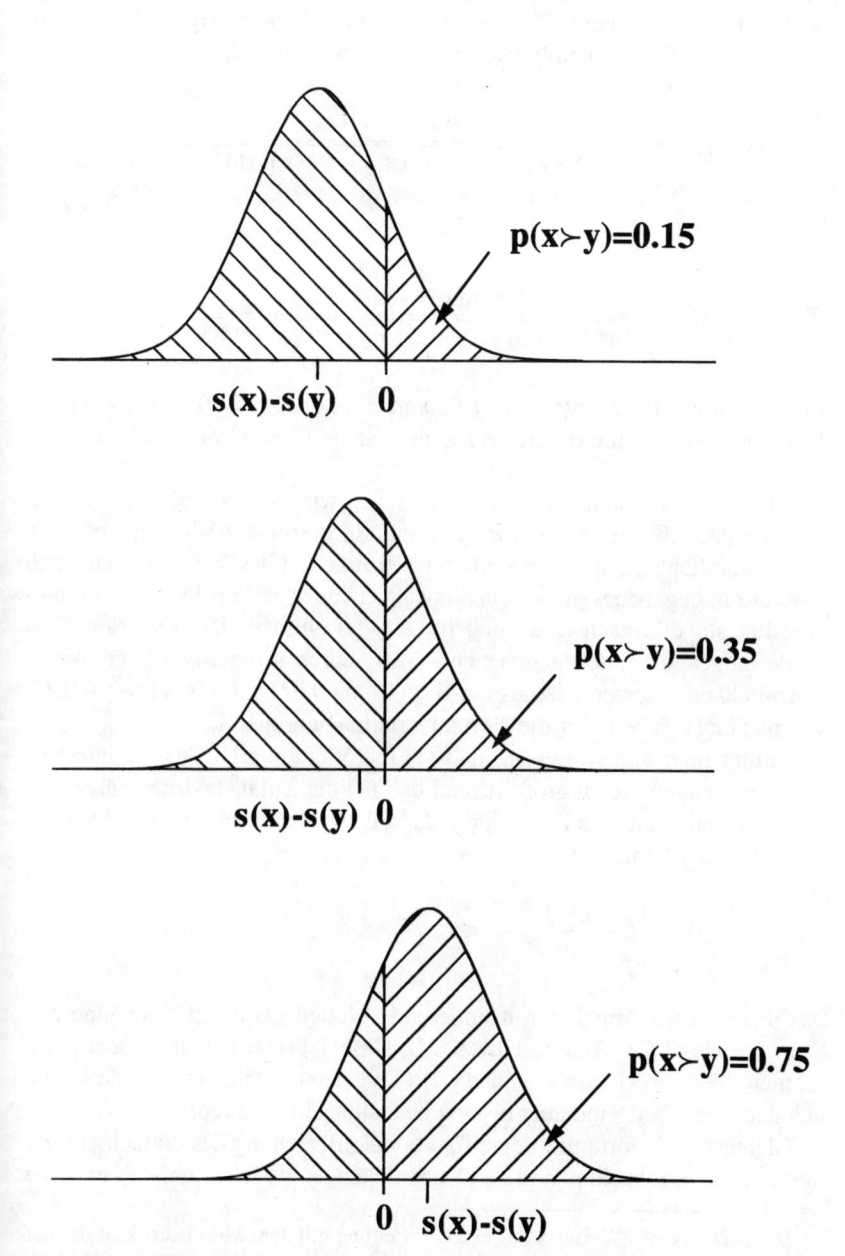

**Abbildung 5.6.** Lage der Differenzen-Verteilung relativ zu 0 für verschiedene $p(x \succ y)$-Werte.

Mittelwert s(x)–s(y) und die Varianz var(x)+var(y)–2·r(x,y)·std(x)·std(y) hat. Setzt man diese beide Terme in die z-Formel[*] ein, so ergibt sich für den zur gegebenen Wahrscheinlichkeit p(x≻y) gehörigen z-Wert

(1) $$z(x \succ y) = \frac{0 - [s(x) - s(y)]}{\sqrt{var(x) + var(y) - 2 \cdot r(x,y) \cdot std(x) \cdot std(y)}}$$

oder

(2) $$z(x \succ y) = \frac{s(y) - s(x)}{\sqrt{var(x) + var(y) - 2 \cdot r(x,y) \cdot std(x) \cdot std(y)}}$$

was Thurstone (1927a) als *Law of Comparative Judgment* (LCJ) bezeichnet. (In modernerer Terminologie würde man statt "Gesetz" eher "Modell" sagen.)

Für den Abweichungswert z(x≻y) können wir auch $N^{-1}[p(x \succ y)]$ setzen, d. h. die über die (inverse) Normalverteilung in einen z-Wert umgeformte Wahrscheinlichkeit, mit der x über y dominiert. [Das heißt schlicht, daß man für ein gegebenes p(x≻y) den entsprechenden z-Wert in einer Normalverteilungstabelle nachschaut und für z(x≻y) einsetzt. Die Funktion N(..) würde umgekehrt einen gegebenen z-Wert durch seine zugehörige Wahrscheinlichkeit ersetzen.] Ist also z. B. p(x≻y)=0.67, dann ist z(x≻y)=0.44, wie man einer Tabelle für die Normalverteilung entnimmt.

Nimmt man nun weiter an, daß (1) die Varianz aller Diskriminierbarkeitsverteilungen gleich groß ist, und daß (2) die Zufallsfaktoren für x völlig unabhängig sind von denen für y, dann ist stets var(x)=var(y)=VAR bzw. r(x,y)=0. Damit wird (2) zu

(3) $$z(x \succ y) = \frac{s(y) - s(x)}{\sqrt{2 \cdot VAR}}$$

Das unter diesen Annahmen resultierende Modell (3) nennt Thurstone den *Case 5* seines LCJ. Andere Fälle (z. B. Case 1 bis 4) machen andere Annahmen über var(x), var(y) und r(x,y) (Torgerson, 1958). Die Modelle, die sich damit ergeben, sind aber bislang bedeutungslos geblieben.

Gleichung (3) formuliert eine funktionale Beziehung des einfach aus der empirischen Beobachtung p(x≻y) abzuleitenden Wertes z(x≻y) und der

---

[*] Der z-Wert eines Wertes x aus einer Verteilung mit dem Mittelwert x̄ ist der auf die Streuung standardisierte Abweichungswert und ergibt sich als z(x)=(x–x̄)/std(x). Mit std(x) bzw. var(x) bezeichnen wir die Standardabweichung bzw. Varianz aller Werte x. Mit r(x,y) ist die lineare Korrelation von x und y gemeint.

wahren Differenz der Reize x und y auf dem psychologischen Kontinuum. Unklar bleibt noch, was man mit dem Faktor $\sqrt{(2 \cdot VAR)}$ machen soll. Da er sich als konstanter Faktor auf jeden Skalenwert auswirkt, verursacht er, geometrisch betrachtet, nichts anderes als eine konstante Streckung/Schrumpfung der resultierenden Skala. Deshalb ist es üblich, einfach $\sqrt{(2 \cdot VAR)}=1$ zu setzen. (Zu den hierbei auftretenden subtileren theoretischen Problemen, siehe unten den Abschnitt zum Skalenniveau der LCJ-Skalen.) Damit ergibt sich der in den meisten Lehrbüchern dargestellte, vereinfachte Case 5 des Law of Comparative Judgment,

(4) $\quad N^{-1}[p(x \succ y)] = z(x \succ y) = s(y) - s(x)$.

### Die LCJ-Skala: Ein Rechenbeispiel

Gesucht wurde eine Skala für die Schwere der Verbrechen Brandstiftung (Br), Einbruch (Ei), Diebstahl (Di) und Hehlerei (He). Die Vp ist hier "der Student", für den man, wie in der Einstellungsmessung üblich, das eigentlich für Einzelpersonen konzipierte Modell der Wahrnehmungsoszillationen einfach auf eine Gruppe von Personen überträgt.

26 Vpn wurden gebeten, für jedes Paar von Verbrechen [wie z. B. (Ei,Di) oder (Br,He)] anzugeben, welches der jeweiligen beiden Verbrechen schwerer sei. Die dabei erhobenen Dominanzhäufigkeiten zeigt die Tabelle oben links in Tabelle 5.1. Wir rechnen diese Werte dadurch in Dominanzwahrscheinlichkeiten um, daß wir alle Werte durch 26 dividieren.

Wir nehmen nun mit Thurstone (1927b) an, daß die Einstellungen der Vpn zu jedem Verbrechen um den Skalenwert "des" Studenten normalverteilt mit gleicher Varianz streuen. Schließlich gilt noch für jede Vp, daß die Abweichungen der x- und der y-Werte (für jedes x und y) von ihren jeweiligen wahren Werten unkorreliert sind.

Unter diesen Annahmen erhalten wir durch Umwandlung der $p(x \succ y)$-Werte in die entsprechenden z-Werte [z. B. $p(x \succ y)=0.5$ in $z(x \succ y)=0$; $p(x \succ y)=0.73$ in $z(x \succ y)=0.62$] die wahren Skalenwert-Differenzen "des" Studenten.

Man kann sich diese Differenzen wie eine Sammlung von Pfeilen verschiedener Länge vorstellen; Spitzen und Enden der Pfeile sind mit Etiketten versehen, die den Reizen x, y, ... entsprechen (Tabelle 5.1). Durch einfaches Hintereinander-Anlegen der drei Pfeile (4) bis (6) sehen wir, wie sich die Differenzen zu einer Skala zusammensetzen.

Bei der Konstruktion dieser Skala sind wir geometrisch vorgegangen. Statt dessen können wir auch rechnen und einfach die z-Werte für jede

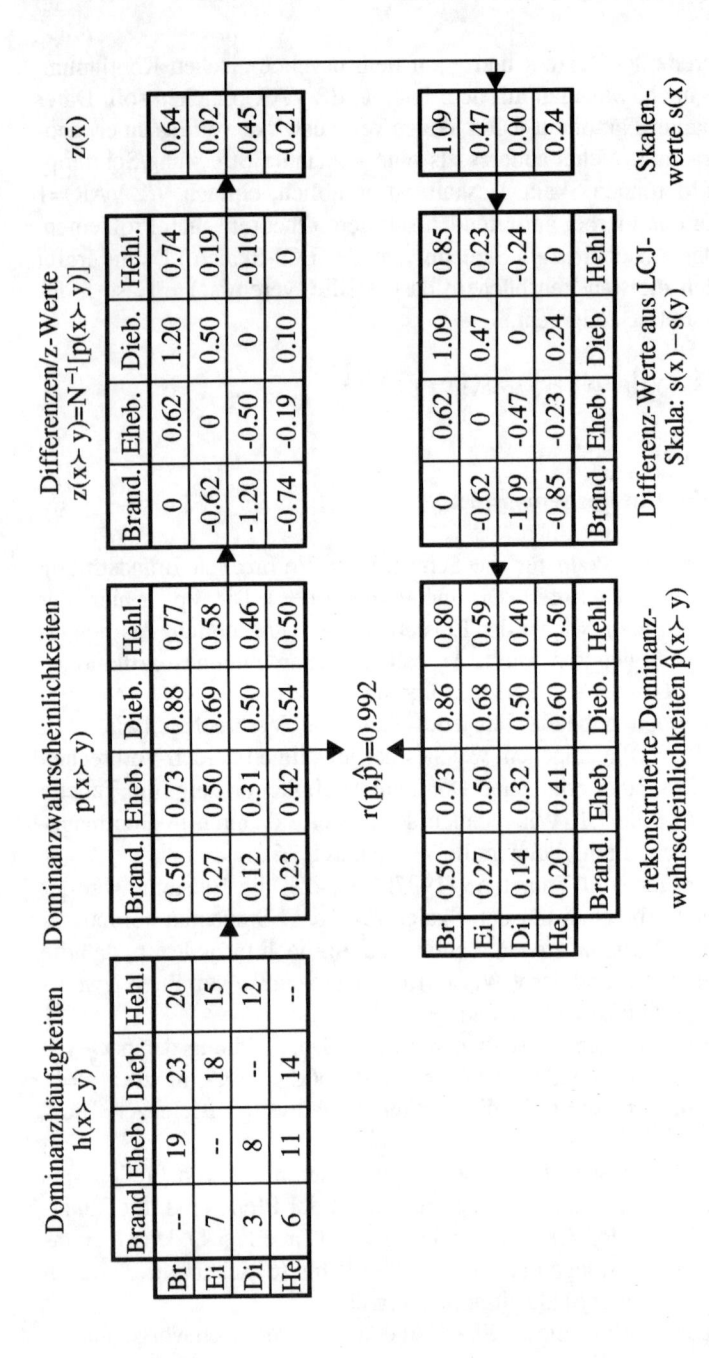

## Dominanzhäufigkeiten $h(x \succ y)$

|    | Brand. | Eheb. | Dieb. | Hehl. |
|----|--------|-------|-------|-------|
| Br | --     | 19    | 23    | 20    |
| Ei | 7      | --    | 18    | 15    |
| Di | 3      | 8     | --    | 12    |
| He | 6      | 11    | 14    | --    |

## Dominanzwahrscheinlichkeiten $p(x \succ y)$

|    | Brand. | Eheb. | Dieb. | Hehl. |
|----|--------|-------|-------|-------|
| Br | 0.50   | 0.73  | 0.88  | 0.77  |
| Ei | 0.27   | 0.50  | 0.69  | 0.58  |
| Di | 0.12   | 0.31  | 0.50  | 0.46  |
| He | 0.23   | 0.42  | 0.54  | 0.50  |

## Differenzen/z-Werte $z(x \succ y) = N^{-1}[p(x \succ y)]$

|    | Brand. | Eheb. | Dieb. | Hehl. |
|----|--------|-------|-------|-------|
| Br | 0      | 0.62  | 1.20  | 0.74  |
| Ei | -0.62  | 0     | 0.50  | 0.19  |
| Di | -1.20  | -0.50 | 0     | -0.10 |
| He | -0.74  | -0.19 | 0.10  | 0     |

Skalenwerte $z(\bar{x})$: 0.64, 0.02, -0.45, -0.21

$r(p,\hat{p}) = 0.992$

## rekonstruierte Dominanzwahrscheinlichkeiten $\hat{p}(x \succ y)$

|    | Brand. | Eheb. | Dieb. | Hehl. |
|----|--------|-------|-------|-------|
| Br | 0.50   | 0.73  | 0.86  | 0.80  |
| Ei | 0.27   | 0.50  | 0.68  | 0.59  |
| Di | 0.14   | 0.32  | 0.50  | 0.40  |
| He | 0.20   | 0.41  | 0.60  | 0.50  |

## Differenz-Werte aus LCJ-Skala: $s(x) - s(y)$

|       | Brand. | Eheb. | Dieb. | Hehl. |
|-------|--------|-------|-------|-------|
| Brand.| 0      | 0.62  | 1.09  | 0.85  |
| Eheb. | -0.62  | 0     | 0.47  | 0.23  |
| Dieb. | -1.09  | -0.47 | 0     | -0.24 |
| Hehl. | -0.85  | -0.23 | 0.24  | 0     |

Skalenwerte $s(x)$: 1.09, 0.47, 0.00, 0.24

Mosteller-Test: $\chi^2 = 0.66$, 3 Freiheitsgrade, $p = 0.88$

**Tabelle 5.1.** Ein Rechenbeispiel für die LCJ-Skalierung.

Zeile mitteln (siehe Tabelle 5.1). Für die erste Zeile bedeutet dies

[ z(Br≻Br) + z(Br≻Ei) + z(Br≻Di) + z(Br≻He) ] / 4
= { [s(Br) − s(Br)] + [s(Br) − s(Ei)] + [s(Br) − s(Di)] + [s(Br) − s(He)] } / 4
= s(Br) − [ s(Br) + s(Ei) + s(Di) + s(He)] / 4 = s(Br)−Konstante .

Der Zeilenmittelwert der z-Werte ergibt also direkt den Skalenwert für Br minus dem Mittel der Skalenwerte aller Reize, also minus einer Konstanten. Da Verschiebungen aller Skalenwerte aber die Differenzen nicht verändern, ist diese Konstante bedeutungslos. Es ist üblich, aus kosmetischen Gründen die Skala stets so zu verschieben, daß der kleinste Skalenwert gerade gleich Null wird (vgl. Skalenwerte in Tabelle 5.1).

Gehen wir nochmals zu unserer Konstruktion in Abbildung 5.7 zurück. Zur Ableitung der Skala hatten wir die Pfeile (4) bis (6) verwendet. Nun läßt sich fragen, ob denn die übriggebliebenen überhaupt in diese Skala passen. Z. B. müßte die Differenz s(Br)−s(Di) dem Pfeil von Di nach Br entsprechen bzw., anders ausgedrückt, dem z-Wert z(Br≻Di)=1.20. Ist das so? Aus der Skala erhalten wir für s(Br)−s(Di) aus den drei hintereinandergelegten Pfeilen nur 0.62+0.19+0.10=0.91. Die Pfeile -- und damit die Urteile, die sie repräsentieren -- passen also nicht perfekt (im Sinne unserer Modellvorstellungen) zusammen. Da nun aber jedes einzelne Datum einen gewissen Meßfehler aufweist, liegt es nahe, die Skala eben nicht, so wie wir es in Abbildung 5.7 getan haben, aus nur einigen wenigen Daten abzuleiten, sondern sich dabei auf *alle* Daten zu stützen. Man kann zeigen, daß die Rechenmethode der zeilenweisen Mittelung der z-Werte (wie in Tabelle 5.1 gezeigt) dazu führt, daß man eine Skala erhält, in der die einzelnen Pfeile bestmöglich (im Sinne kleinster quadratischer Abweichungen) dargestellt sind.

**Test des Modell-Fits**

Eine solche bestmögliche oder optimale Skala kann aber trotzdem "schlecht" sein, d. h. die Daten eben nicht gut repräsentieren. Wie gut das geht oder, wie man sagt, wie gut der *Modell-Fit* ist, sollte man daher messen. Der einfachste Index für den Modell-Fit ergibt sich dadurch, daß wir aus den Skalenwerten die Daten zu rekonstruieren versuchen und prüfen, wie gut das geht. Wir beginnen zunächst damit, aus den vier Skalenwerten für Br, Ei, Di bzw. He Skalenwert-Differenzen für alle Paare zu berechnen. Tabelle 5.1 zeigt, daß wir so z. B. für s(Br)−s(Ei)=1.09−0.47=0.62 erhalten, also den Wert in Zelle (Br,Ei) der rekonstruierten z-Werte Matrix. Den

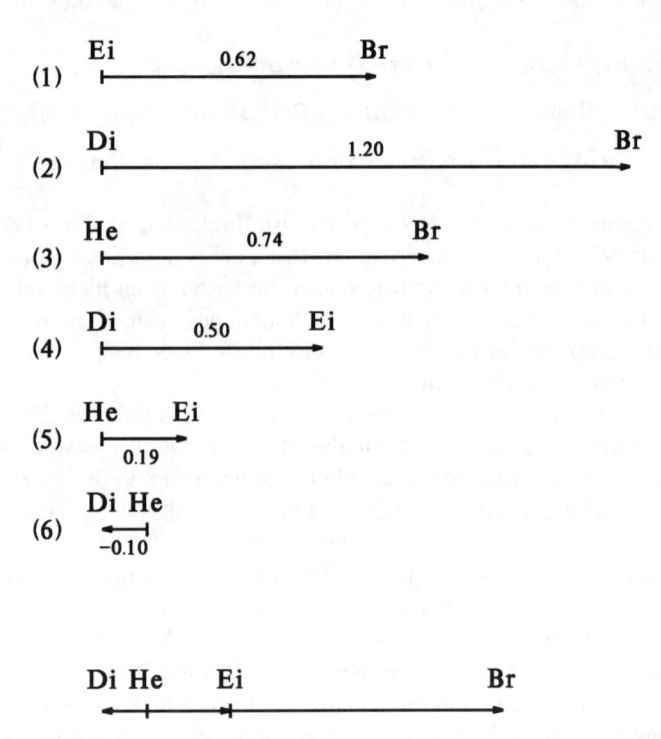

```
      Ei         0.62        Br
(1)   |─────────────────────▶

      Di                   1.20                Br
(2)   |──────────────────────────────────────▶

      He           0.74           Br
(3)   |───────────────────────────▶

      Di      0.50      Ei
(4)   |─────────────────▶

      He    Ei
(5)   |─────▶
        0.19

      Di He
(6)   ◀──|
       -0.10


      Di He    Ei                        Br
      ◀──|─────|─────────────────────────▶
```

**Abbildung 5.7.** Darstellung der Differenzwerte aus Tabelle 5.1 als Pfeile.

Wert für Zelle (Ei,Br) erhält man aus s(Ei)–s(Br)=0.47–1.09=–0.62, usw. Konvertiert man diese z-Werte in Wahrscheinlichkeitswerte, ergeben sich die rekonstruierten p(x≻y), bezeichnet als $\hat{p}$(x≻y), wie in Tabelle 5.1 zu sehen. Ein einfaches Übereinstimmungsmaß ist der Mittelwert der absoluten Differenzen der entsprechenden p(x≻y)- und der $\hat{p}$(x≻y)-Werte. Ein anderes Maß ist die Korrelation über alle entsprechenden Wertepaare. Sie beträgt für das Beispiel r(p,$\hat{p}$)=0.992.

Ob dieser Wert nun "gut" ist oder nicht läßt sich nicht absolut sagen. Ein mögliches Bewertungskriterium wäre ein statistisches: Ist r(p,$\hat{p}$)=0.992 bei einer 4 x 4 Matrix noch für rein zufällige Wahrscheinlichkeiten zu erwarten? Um dies beantworten zu können, haben wir 10000 4 x 4 Zufallsmatrizen [mit den Eigenschaften p(x≻x)=0.5, 0<p(x≻y)<1.0 und p(x≻y)=1–p(y≻x)] konstruiert und jeweils das r(p,$\hat{p}$) für die entsprechende LCJ-Skala berechnet. Dabei ergab sich im Durchschnitt ein r(p,$\hat{p}$) von 0.748, mit einer Standardabweichung von 0.147, einem Minimum von 0.061 und einem

Maximum von 0.978. Ein Modell-Fit von 0.992 ist also in jedem Fall besser als der, den man für Zufallsdaten erwarten kann. Statt einer solchen Computersimulation wird auch häufig ein Test von Mosteller (1951) angewendet, der als Nullhypothese annimmt, daß die LCJ-Skalierbarkeit gegeben ist. Der Test ist aber "schief" und führt fast immer dazu, daß diese Nullhypothese *nicht* verworfen wird.

## LCJ-Skala: Existenz und Skalenniveau

Aus dem obigen Beispiel sehen wir, daß die LCJ-Skala für Dominanzwahrscheinlichkeiten nicht trivial ist, also nicht zu existieren braucht. Die hinreichende und notwendige[*] Existenzbedingung für die LCJ-Skala ist, daß die Gleichung $N^{-1}[p(x \succ z)] = N^{-1}[p(x \succ y)] + N^{-1}[p(y \succ z)]$ für alle Tripel x, y, z stimmt. Das heißt nichts anderes, als daß sich die den empirischen Wahrscheinlichkeiten entsprechenden Differenzwerte tatsächlich wie gerichtete Abstände auf einer Geraden verhalten und sich somit der "Weg" von x nach z ergibt als Summe der Wege von x nach y und von y nach z.

Die Eindeutigkeit der LCJ-Skala wird manchmal mit Intervall-, manchmal mit Differenz-Skala angegeben. [Zur Erinnerung: Das Skalenniveau bezeichnet die Transformierbarkeit der Skalenwerte des Modells in andere, "gleich gute" Skalenwerte.] Was richtig ist, sieht man aus Gleichung (3) bzw. (4). Gegeben ist hierin in jedem Fall $p(x \succ y)$ und die feste Funktion $N^{-1}$. Erfüllen nun s(x) und s(y) die Gleichung (4), welche s'(x) und s'(y) erfüllen sie dann ebenfalls?

Für Gleichung (4) ist die Antwort einfach: s'(x)=s(x)+k und s'(y)=s(y)+k. Man kann alle Skalenpunkte beliebig verschieben, aber offenbar die Intervalle nicht größer machen. Da also die Differenzen konstant bleiben müssen, hat man eine *Differenz-Skala*.

Für Gleichung (3) ist die Sache verzwickter. Wählt man s'(x)=a·s(x)+b, a>0, und für s'(y) die gleichen multiplikativen bzw. additiven Konstanten a bzw. b, dann gilt die Gleichung nur, wenn man für VAR'=a·VAR setzt, also gewissermaßen die Annahme über die Streuung der Diskriminierbarkeitsverteilungen entsprechend korrigiert.

Man kann die Frage auch so stellen: Was kann man mit den s(x) und s(y) machen, damit man die Modellgleichung umkehren und aus den Ska-

---

[*] Anmerkung: *Notwendige* Voraussetzungen sind solche, die für eine perfekte Repräsentation der Daten im Modell in jedem Fall gelten müssen. Sie allein garantieren aber noch nicht die Existenz der Skala. Notwendig ist z. B., daß wenn p(x≻y)>0.5 und p(y≻z)>0.5, dann auch p(x≻z)>0.5 sein muß. *Hinreichende* Voraussetzungen sind solche, die, wenn sie erfüllt sind, eine Modell-Repräsentation garantieren; z. B. wenn alle p(x≻y)=0.5 sind, dann existiert auch eine LCJ-Skala; diese Voraussetzung ist aber nicht notwendig.

lenwerten wieder die ursprünglichen Daten rückrechnen kann? Aus dieser Fragestellung heraus sieht man sofort, daß man in (4) offensichtlich keine Intervall-Skala hat, denn wenn man im Beispiel in Tabelle 5.1 die Skalenwerte mit einer Konstanten wie etwa 2 *multipliziert*, dann ergeben sich bei der Rückrechnung doppelt so große z-Werte und damit ganz andere $\hat{p}(x \succ y)$. Konstanten können wir dagegen beliebig zu den Skalenwerten *addieren*: Sie verändern die Differenzen nicht und sind somit für die Rückrechnung völlig belanglos. Andererseits haben wir aber in Gleichung (3) die multiplikative Konstante $\sqrt{(2 \cdot \text{VAR})}$ gleich 1 gesetzt, um zur eigentlichen "Skalenberechnungs"-Gleichung (4) zu gelangen. Betrachten wir die Überlegungen bis zu Gleichung (3) mehr als historisch interessant und nehmen wir nur (4) als Modellhypothese ernst, dann ist die LCJ-Skala eine Differenz-Skala. Andernfalls gibt es noch etwas mehr zulässige Transformationen, aber nicht ganz die Freiheiten, die man auf der üblichen Intervall-Skala hat (Suppes & Zinnes, 1965; Schönemann & Borg, 1983).

Ob man eine Differenz- oder Intervall-Skala hat, spielt für die Interpretation einer einzelnen Skala keine Rolle. Wichtig wird es aber dann, wenn man mehrere Skalen vergleicht. In Abbildung 5.8, auf die wir hier vorgreifen, sieht man, daß die Skalen verschiedene Längen haben. Bei Differenzskalen ist dieser Unterschied bedeutsam. Er bedeutet hier, daß z. B. die Vpn der Stichprobe F die Reize "Mo" und "Vg" ähnlicher sehen als die der Stichprobe M. Auf einer Intervall-Skala könnte man diesen Unterschied in der Skalenlänge eliminieren durch entsprechende Streckung von F oder Schrumpfung von M. Allerdings muß man bei dieser Transformation -- und das ist der Unterschied zur "echten" Intervall-Skala -- eine zusätzliche (und reichlich obskure) Annahme machen, nämlich die, daß die M-Vpn stärker streuende Diskriminierbarkeitsverteilungen haben als die F-Vpn, und zwar genau um den Faktor stärker, um den man F streckt. Streckt man F, wie gesagt um a, dann muß man auch $a \cdot \sqrt{(2 \cdot \text{VAR})}$ annehmen, damit (3) noch stimmt.

**Ein Anwendungsbeispiel für die LCJ-Skalierung**

In einer Reihe typischer Anwendungen der Thurstone-Skalierung wurden 10 Verbrechen/Vergehen von verschiedenen Vpn-Stichproben beurteilt. Die Verbrechen/Vergehen waren Mord/Totschlag (Mo), Vergewaltigung (Vg), Körperverletzung (KV), Verführung Minderjähriger (VM), Brandstiftung (Br), Einbruch (Ei), Diebstahl (Di), Abtreibung (Ab), Hehlerei (He) und Ehebruch (Eh). Die Stichproben waren Studenten aus Gießen (Borg, 1985, 1987a; M=männlich, F=weiblich, MF=alle), Michigan (C=Coombs, 1967) bzw. Chicago (T=Thurstone, 1927b). Die Vpn hatten, für jedes mögliche

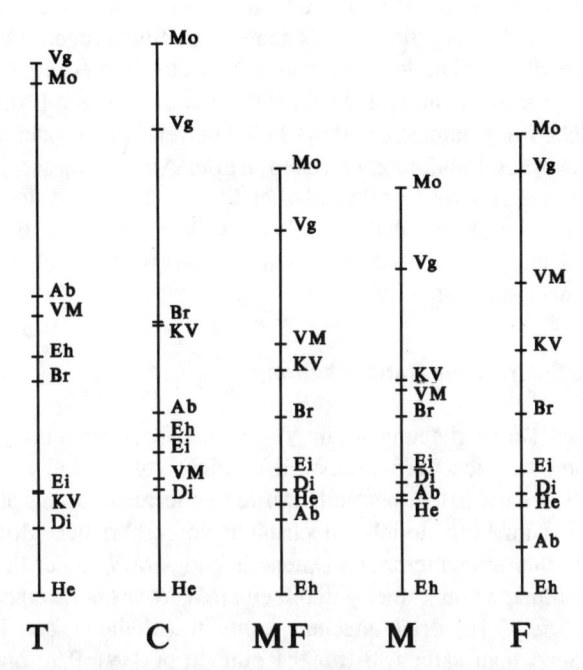

```
        Mo
  Vg    
  Mo    
        Vg                              Mo
                Mo              Mo      Vg
                Vg              
                        Mo      Vg      
                        Vg              VM
  Ab            
  VM    Br              VM              KV
  Eh    KV              KV      KV      
  Br                    Br      VM      Br
                Ab              Br      
                Eh      Ei      Ei      Ei
  Ei    VM      Di      Di      Di
  KV    Di      He      Ab      He
  Di            Ab      He      Ab
  He    He      Eh      Eh      Eh
  T     C       MF      M       F
```

**Abbildung 5.8.** LCJ-Skalen für die Verwerflichkeit von 10 Vergehen/Verbrechen. Stichproben Studenten Gießen 1984 (M=männlich, F=weiblich, MF=alle); Studenten Chicago 1927 (T); Studenten Michigan 1967 (C).

Paar, das "verwerflichere" von beiden anzugeben. Die relativen Häufigkeiten dieser Wahlen wurden als die $p(x \succ y)$ "des" Studenten definiert. Abbildung 5.8 zeigt für jede Stichprobe eine (die Daten sehr genau repräsentierende) Skala.

Für die Interpretation der LCJ-Skalen ist es nun -- gleichgültig, ob wir sie als Intervall-Skalen oder als Differenzskalen deuten -- unbegründet zu behaupten, daß etwa Mord für die Vpn der MF-Skala weniger schwerwiegend ist als für die der T-Skala; ebenso unbegründet ist der Schluß, daß Mord für die Coombs-Vpn doppelt so schwerwiegend ist wie Körperverletzung. Durch die zulässige Wahl anderer Nullpunkte für die Skala würden nämlich diese in der Abbildung zufällig geltenden Relationen verändert. Begründet kann man dagegen sagen, daß von Thurstones Vpn der Unterschied in der Schwere der Verbrechen Einbruch und Ehebruch als doppelt so groß gesehen wird wie der von Diebstahl und Hehlerei.

Wenn wir annehmen wollen, daß die Diskriminierbarkeitsverteilungen aller Stichproben die gleiche Varianz haben, dann sind die LCJ-Skalen Differenzskalen. Damit enthält auch ihre "Länge" noch empirische Bedeutsamkeit, d. h. hier z. B., daß die verschiedenen Vpn-Stichproben die Schwere-Unterschiede der extrem leichten und schweren Verbrechen verschieden groß sehen. (Auf einer Intervall-Skala sind solche Aussagen bedeutungslos, da man solche Längenunterschiede ja beliebig verkleinern oder vergrößern kann.) Wie wir aus Abbildung 5.8 sehen, ist der Abstand dieser Verbrechen z. B. bei der C-Stichprobe größer als bei M. Die M-Vpn beurteilen somit die Verbrechen insgesamt ähnlicher als die C-Vpn. Ob das z. B. heißt, daß sie alles viel leichter oder schwerer sehen, kann man jedoch einer Differenz-Skala nicht entnehmen.

**Alternative Formen der Datenerhebung**

In den obigen Datenerhebungen zur Verbrechensschwere murrten die Vpn über das forced-choice-Verfahren, weil es nicht zuläßt, daß zwei Verbrechen als gleich verwerflich beurteilt werden. Wie man zu den $p(x \succ y)$-Daten kommt, ist im LCJ-Modell jedoch nicht vorgeschrieben. Borg (1987a) verwendete daher eine alternative Datenerhebungsform, in der die Vpn den *Grad* der Dominanz von x über y durch einen Wert aus der Reihe 10:0, 9:1, 8:2, 7:3, ..., 5:5, ..., 1:9, 0:10 angeben konnten (Methode der konstanten Summen). Setzt man dann z. B. für 9:1 einfach $p(x \succ y)=0.90$ und entsprechend $p(x \not\succ y)=0.10$, und mittelt wie üblich über alle Vpn, so ergeben sich fast die gleichen Werte wie mit dem forced-choice Verfahren. Problematisch bleibt hierbei jedoch, daß die meisten Vpn auf Befragen angaben, daß sie einen Dominanzgrad von 9:1 als nur "etwas stärker" einschätzten als einen von 8:2, obwohl die Dominanz im ersten Fall rechnerisch 9-fach, im zweiten nur 4-fach ist.

**Probleme der LCJ-Skalierung**

Im Prinzip könnte man die direkt als Wahrscheinlichkeiten gedeuteten Verhältnis-Daten zur Skalierung jeder einzelnen Vp verwenden. Es zeigte sich aber hier empirisch häufig, daß die Vpn z. B. die Dominanzstärke von Mord über Ehebruch mit 10:0 beurteilten. Damit hätten wir $p(x \succ y)=1.0$, eine Wahrscheinlichkeit, der ein z-Wert von $+\infty$ entspricht, womit sich nicht mehr rechnen läßt. Man muß diesen Fall also ausschließen. In der Praxis setzt man dann, wenn solche *Randwahrscheinlichkeiten* auftreten, meist 0.99 oder 0.999 für 1 bzw. 0.01 oder 0.001 für 0, oder ähnliche Werte. Auch das ist nicht ganz befriedigend, da z. B. der z-Wert für 0.99 gleich 2.33 ist, der für 0.999 aber 3.09 (usw.!), so daß es hier ganz wesentlich darauf ankommt, wie viele Dezimalstellen man verwendet. (Thurstone und Coombs berichten übrigens Wahrscheinlichkeiten, wo der Fall von p(x≻y)=1 oder 0 nicht auftritt. Das bedeutet entweder, daß sie die Randwahrscheinlichkeiten in dieser Weise verändert haben, oder daß unter ihren Vpn auch solche waren, die z. B. Ehebruch als verwerflicher als Mord beurteilt haben.

Eine Alternative ist es, die Einsen und Nullen bei der Skalenberechnung einfach zu überspringen. Wenn dies nicht allzu viele sind (hinreichend ist z. B., daß mehr Zellen pro Zeile und Spalte "gefüllt" als "leer" sind; Schönemann, 1970), dann bekommt man auch mit dieser Teilinformation noch eine eindeutige LCJ-Skala (Gulliksen, 1956). Allerdings läßt man hierbei paradoxerweise gerade die Urteile, wo sich die Vpn ganz sicher sind, weg. Man könnte aber argumentieren, daß Thurstone ursprünglich wohl auch eher ein Modell vorgeschwebt hat, wo keine Reize verwendet werden, die zu solchen Randwahrscheinlichkeiten führen, weil Vergleiche extrem verschiedener Reize sowieso keine Abstufungen mehr erlauben. Das Modell würde dann über Reize aus jeweils relativ engen Nachbarschaften des psychologischen Kontinuums Informationen erheben, die zur Entfaltung der Global-Skala dienen, so lange diese "lokalen" Informationen hinreichend vernetzt sind. Das folgt aus dem im Grunde kuriosen Ansatz der Fechner-Modelle, eine Skala nicht auf direkten Abstandsbeurteilungen, sondern auf Informationen nicht-perfekter Unterscheidbarkeit zu errichten.

Das Problem der Randwahrscheinlichkeiten ist dabei eine Folge der vereinfachenden Normalverteilungsannahme für die Diskriminationsprozesse, die letztlich Absurdes impliziert, wie z. B., daß eine Vp in einem Gewichtsvergleichs-Experiment "irgendwann einmal" urteilen sollte, daß sie das x=10kg Gewicht als leichter empfindet als das y=1g Gewicht, weil eben p(x≻y)<1 gelten muß.

## 5.2 Direkte Fechner-Skalierung

Angesichts der Schwierigkeiten des Thurstone-Ansatzes sowohl in theoretischer wie in praktischer Hinsicht kann man sich fragen, ob die *allgemeinen* Bedingungen der Fechner-Skalierung nicht ausreichen, um eine Skala direkt aus Dominanzwahrscheinlichkeiten abzuleiten. Diese Bedingungen waren, daß wenn p(x≻y)=0.5, dann auch s(x)−s(y)=0; und daß wenn p(x≻y)> p(x'≻y'), dann auch s(x)−s(y)>s(x')−s(y'), für alle x, y, x', y' [*]. Die Fechner-

---

[*] Die Symbole x, y, x', y' sind Platzhalter; man kann für sie vier beliebige, nicht notwendigerweise verschiedene Reize einsetzen, wie z. B. im Kontext unseres obigen Beispiels, x="Diebstahl", y="Brandstiftung", x'="Hehlerei" und y'="Diebstahl". Gilt dann die Prämisse p(x≻y)>p(x'≻y'), dann muß auch die Implikation s(x)−s(y)>s(x')−s(y') gelten. Gilt die Prämisse nicht, wird nichts impliziert.

Modelle fordern also, daß die Dominanzwahrscheinlichkeit p(x≻y) umso stärker von 0.5 abweicht, je unähnlicher die Objekte x und y auf dem psychologischen Kontinuum sind. Je größer also d(x,y)=|s(x)–s(y)|, desto größer sollte u(x,y)=|p(x≻y)–0.5| sein. Damit lassen sich die Fechner-Modelle ausdrücken als d(x,y)=f[u(x,y)], wobei f *irgendeine* streng monoton anwachsende Funktion ist, d. h. wenn u(x,y) größer wird, dann wird auch d(x,y) größer. Thurstone (1927a) dagegen setzte für f die *besondere* monotone Funktion $N^{-1}$. Bei ihm ergibt sich die Festlegung von f aus weitergehenden theoretischen Überlegungen über das Zustandekommen der Dominanzwahrscheinlichkeiten. Bei der im folgenden dargestellten direkten Fechner-Skalierung fehlt eine solche theoretische Begründung für f. Es wird vielmehr versucht, unter den dargestellten Randbedingungen (und evtl. weiteren ad hoc-Restriktionen von f; siehe metrische Fechner-Modelle) die Daten *direkt* so gut wie möglich in Skalenwerte zu transformieren.

**Direktes Skalieren durch Probieren**

Wir wollen jetzt anhand eines einfachen Beispiels versuchen, gegebene Dominanz-Daten direkt zu skalieren. In Abbildung 5.9a sind dazu die Dominanzwahrscheinlichkeiten der vier Verbrechen aus Tabelle 5.1 nochmals aufgeführt. Diese Daten werden in einem ersten Schritt in Unähnlichkeiten umgerechnet, z. B. u(Ei,Br)=|0.73–0.5|=0.23=u(Br,Ei). Es soll jetzt versucht werden, die vier Verbrechen auf einer Skala so anzuordnen, daß ihre Distanzen möglichst genau den Unähnlichkeiten entsprechen. Mit "möglichst genau entsprechen" meinen wir zunächst einmal, daß für alle Daten gelten soll: Ist eine Unähnlichkeit größer als eine andere, so soll deren Distanz auf der Skala auch größer sein. Einen ersten Versuch, eine *Startkonfiguration*, zeigt Abbildung 5.9c. Um zu prüfen, wie gut diese Skala unsere Skalierungsabsicht erfüllt, messen wir alle Distanzen, z. B. d(Ei,Br)=3.5=d(Br,Ei) (Abbildung 5.9d). Die Distanzen weisen die Rangordnung

d(He,Br) > d(Di,Br) > d(Ei,Br) > d(He,Ei) > d(He,Di) > d(Di,Ei)

auf; die Abfolge der Unähnlichkeiten ist

u(Di,Br) > u(He,Br) > u(Ei,Br) > u(Di,Ei) > u(He,Ei) > u(He,Di) .

Man sieht, daß die Abbildungsabsicht in der Startkonfiguration nicht perfekt realisiert ist: Beide Rangreihen stimmen nicht völlig überein. So ist in den Daten etwa d(He,Br)>d(Di,Br), bei den Distanzen aber d(He,Br)< d(Di,Br).

a) empirische Dominanzwahrscheinlichkeiten, p(x≻y)

|     | Brand. | Einb. | Dieb. | Hehl. |
|-----|--------|-------|-------|-------|
| Br  | 0.50   | 0.73  | 0.88  | 0.77  |
| Ei  | 0.27   | 0.50  | 0.69  | 0.58  |
| Di  | 0.12   | 0.31  | 0.50  | 0.46  |
| He  | 0.23   | 0.42  | 0.54  | 0.50  |

b) empirische Unähnlichkeitswerte, u(x,y)

|     | Brand. | Einb. | Dieb. | Hehl. |
|-----|--------|-------|-------|-------|
| Br  | 0      | 0.23  | 0.38  | 0.27  |
| Ei  | 0.23   | 0     | 0.19  | 0.08  |
| Di  | 0.38   | 0.19  | 0     | 0.04  |
| He  | 0.27   | 0.08  | 0.04  | 0     |

c) Startkonfiguration

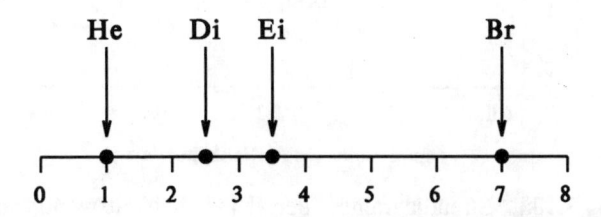

```
   He    Di  Ei                  Br
    ↓     ↓   ↓                   ↓
├───●─────●───●───┬───┬───┬───●───┤
0   1  2  3   4   5   6   7   8
```

d) Distanzen der Startkonfiguration, d(x,y)

|     | Brand. | Einb. | Dieb. | Hehl. |
|-----|--------|-------|-------|-------|
| Br  | 0      | 3.5   | 4.5   | 6.0   |
| Ei  | 3.5    | 0     | 1.0   | 2.5   |
| Di  | 4.5    | 1.0   | 0     | 1.5   |
| He  | 6.0    | 2.5   | 1.5   | 0     |

**Abbildung 5.9.** Ausgangsdaten, Unähnlichkeiten und Startkonfiguration einer direkten Fechner-Skalierung.

Statt die Rangreihen zu betrachten, kann man die Unähnlichkeiten und Distanzen auch in einem Streudiagramm, dem sog. *Shepard-Diagramm*, gegeneinander auftragen (Abbildung 5.10a). Im Shepard-Diagramm äußert sich eine perfekte Übereinstimmung beider Rangreihen darin, daß man die [u(x,y),d(x,y)]-Punkte durch eine monoton steigende Kurve verbinden kann. Bei unserer Startkonfiguration ist das nicht möglich (Abbildung 5.10b).

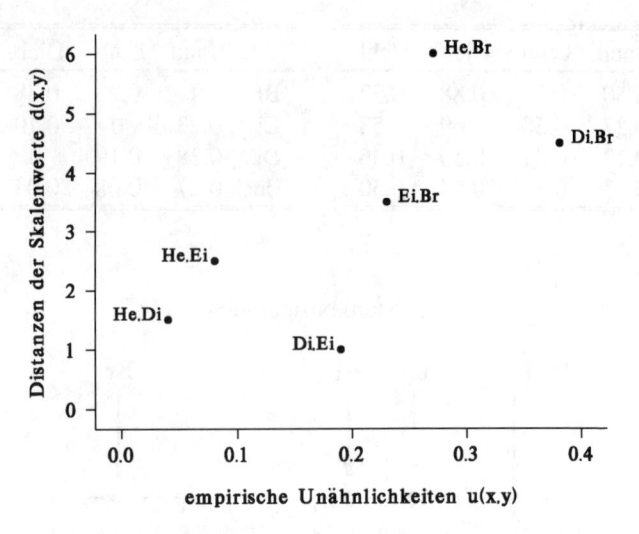

**Abbildung 5.10a.** Streudiagramm der Unähnlichkeitswerte aus Abbildung 5.9a und der Distanzen aus Abbildung 5.9d für die Startkonfiguration.

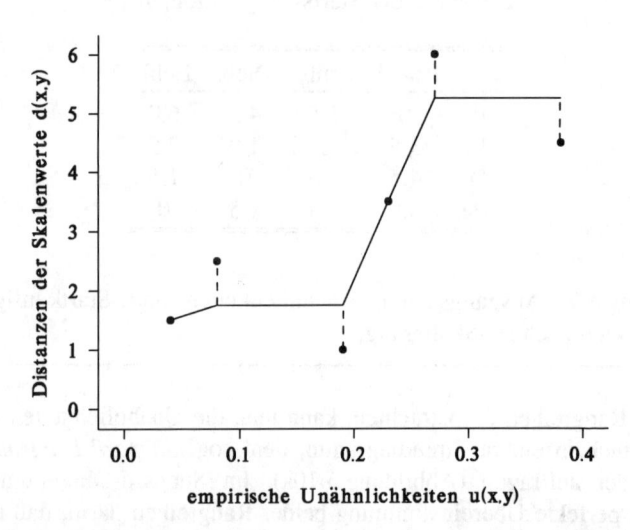

**Abbildung 5.10b.** Streudiagramm wie in Abbildung 5.10a, aber mit optimaler monoton-steigender Regressionslinie (Shepard-Diagramm).

Wie sollte man nun die Punkte verschieben, damit ihre Distanzen den Unähnlichkeiten besser entsprechen? Hierzu gibt das Shepard-Diagramm Hinweise. Wir müßten versuchen, die gestrichelten Linien zum Verschwinden zu bringen. Die erste, die beim Abszissenwert 0.08 liegt, gehört, wie wir Abbildung 5.9b entnehmen, zum Paar (He–Ei). Offenbar ist die Distanz zwischen He und Ei in der Startkonfiguration zu groß. Wir könnten daher die Punkte He und Ei etwas mehr zusammenschieben. Wenn wir das so machen, daß wir He in der Startkonfiguration nach rechts schieben, dann wird dabei auch gleichzeitig die andere Distanz, die offensichtlich zu groß ist, nämlich d(He,Br), kleiner. Zu klein sind hingegen d(Di,Ei) und d(Di,Br). Also sollte der Punkt Di etwas weiter links liegen.

Durch derartige kleine, aber vielfach wiederholte Verschiebungen der Punkte kommen wir tatsächlich zu einer Skala, in der die Abstände der Punkte so geordnet sind wie die Unähnlichkeiten (monotone Skala in Abbildung 5.12), wie man in Abbildung 5.10c sieht. In diesem Beispiel ist also eine perfekte Fechner-Skalierung der Daten möglich.

## Skalierungs-Kriterien

Im allgemeinen kann man nicht erwarten, die Unähnlichkeiten in der obigen Weise perfekt in Distanzen auf einer Skala abbilden zu können. Man muß dann festlegen, was die *bestmögliche* Abbildung ist. Ausgehend von der obigen Definition der Fechner-Modelle $d(x,y)=f[u(x,y)]$, mit f als nicht weiter eingeschränkter, streng monoton wachsender Funktion könnten wir als Optimierungskriterium für die Skalierung die Verlustfunktion L

(5) $\quad L = \sum_{x<y}^{n} \{d(x,y) - f[u(x,y)]\}^2$

festlegen. Wenn wir aus allen streng monoton wachsenden Funktionen f stets die Funktion wählen, die L (für gegebene Distanz- und Unähnlichkeitswerte) minimiert, dann entsprechen die Differenzterme in (5) den gestrichelt eingezeichneten Linien im Shepard-Diagramm (Abbildung 5.10b).

Als Index hat L jedoch noch einen Nachteil: Er ist nicht normiert. Der Wert von L hängt nämlich davon ab, welchen Maßstab man der Skala unterlegt. Wählt man z. B. Zentimeter-Einheiten dann sind die errechneten d(x,y) sicher größer, als wenn man mit einem Meter-Maßstab mißt. L ist daher zwischen verschiedenen Skalen nicht vergleichbar. Man eliminiert diesen Maßstabs-Effekt, wenn man Kruskals (1964) Kriterium

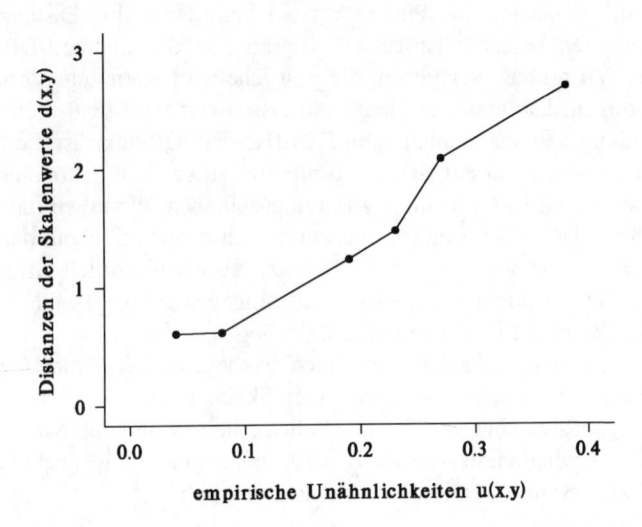

**Abbildung 5.10c.** Shepard-Diagramm für die Lösungskonfiguration der direkten, monotonen Fechner-Skalierung.

(6) $$S = \text{Stress} = \sqrt{L \Big/ \sum_{x<y}^{n} d^2(x,y)}$$

verwendet. (Das Wurzelzeichen ist irrelevant, aber Kruskal hat Stress eben so definiert. Da die Wurzel keine Nachteile hat, behalten wir sie bei.)

Für die Startkonfiguration aus obigem Beispiel (Abbildung 5.9) ergibt sich ein Stress von S=√{(3.5–3.5)$^2$+(4.5–5.25)$^2$+(6–5.25)$^2$+(1–1.75)$^2$+(2.5–1.75)$^2$+(1.5–1.5)$^2$]/[3.5$^2$+4.5$^2$+...+1.5$^2$]}=√(2.25/78)=0.17. Für die Endskala ist S=0, weil die Punkte alle auf einer monoton steigenden Regressionskurve liegen.

**Metrische Fechner-Modelle**

Für f in (5) kann man auch andere Funktionen als eine nicht weiter spezifizierte monoton steigende Funktion fordern. Insbesondere kann man f *einschränken* auf einen *bestimmten Typ* einer monoton anwachsenden Funktion. (Andere Funktionen sind zwar formal auch möglich, erscheinen aber psychologisch nicht plausibel.) Man gibt dann für f eine Formel an und spricht von *metrischen Funktionen*. Ein Spezialfall sind die linearen Funktionen vom *Intervall*-Typ mit f[u(x,y)]=a+b·u(x,y). Hier bestehen wesentlich weniger Freiheitsgrade, die Distanzen an die Daten anzupassen. Die Unähnlichkeiten dürfen nicht mehr beliebig monoton transformiert, sondern nur noch mit einer frei wählbaren Konstante b multipliziert und zu einer Konstante a addiert werden. Für die Startkonfiguration in Abbildung 5.9 lautet die Regressionsgleichung $\hat{d}(x,y)=f[u(x,y)]=1.10+10.43·u(x,y)$. (Die additiven und multiplikativen Parameter bestimmt man per linearer Regression.) Im Shepard-Diagramm in Abbildung 5.11a sieht man, daß die Abweichungen von dieser Regressionsgeraden größer sind, als dies bei der monotonen Regressionskurve in Abbildung 5.10b der Fall war. Dies drückt sich auch in einem deutlich erhöhten Stress von 0.35 aus. Durch Punkt-Verschiebungen gelingt es aber, zu einer Skala zu kommen, die nur noch einen Stress von S=0.09 aufweist (Abbildung 5.11b). Eine weitere Reduktion des Stress ist nicht mehr möglich. Die Daten können also im linearen Modell nicht fehlerfrei repräsentiert werden. Die optimale Skala, die wir hier finden, unterscheidet sich dennoch von der zuvor mit f=monoton gefundenen nur wenig (Abbildung 5.12).

Andere Spezialfälle monoton steigender Funktionen sind z. B. die von Thurstone postulierte kumulative Normalverteilung oder die lineare Funktion vom "Verhältnis"-Typ, f[u(x,y)]=b·u(x,y). Je nach Festlegung von f ergeben sich so die verschiedenartigsten Fechner-Modelle, wie z. B. die LCJ-Skala, die monotone Fechner-Skala, die intervall-lineare Fechner-Skala, die verhältnis-lineare Fechner-Skala, usw.

**Computerprogramme**

Es gibt Computerprogramme, in die man die u(x,y) eingeben kann und die dann durch *iterative* (d. h. in vielen kleinen Schritten wiederholte) Punkt-Verschiebungen eine optimale Fechner-Skala finden, für die der Stress minimal wird. In allen der für die *multidimensionale Skalierung* (MDS) entwickelten Programmen kann f=monoton gesetzt werden, in manchen lassen sich auch andere f-Typen wählen, wie z. B. f=linear (auf die MDS selbst kommen wir im Kapitel 6 noch zu sprechen).

Für die Daten, die der Skala MF in Abbildung 5.8 zugrundeliegen, errechnet die MDS für f=monoton eine Skala mit Stress=0.09. Im Shepard-Diagramm in Abbildung 5.14 sieht man, daß dabei die Punkte nur wenig um eine monoton steigende Regressionslinie streuen. Der Modell-Fit ist also recht gut. Jedenfalls ist er um viele Standardabweichungen kleiner als der für Zufallsdaten zu erwartende Fit, der im Mittel bei etwa bei S=0.37 (mit einer Standardabweichung von 0.03) liegt (Spence & Ogilvie, 1973).

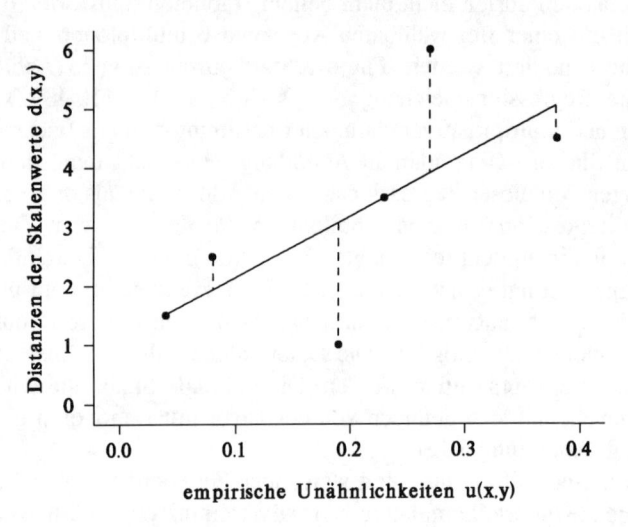

**Abbildung 5.11a.** Shepard-Diagramm entsprechend Abbildung 5.10b, aber mit linearer Regressionslinie.

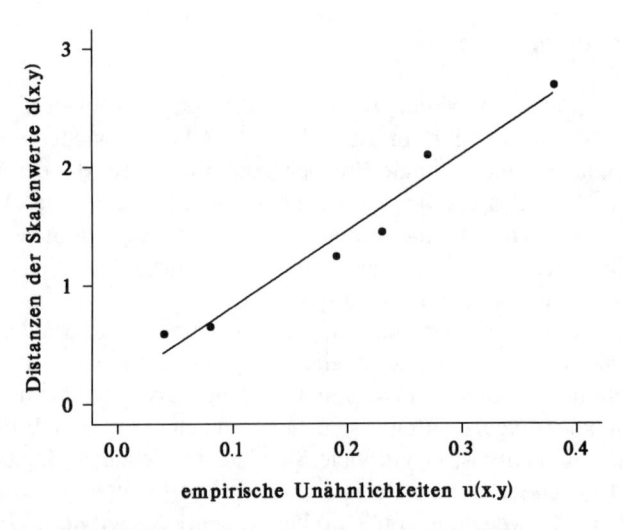

**Abbildung 5.11b.** Shepard-Diagramm für die Lösungskonfiguration der direkten, linearen Fechner-Skalierung.

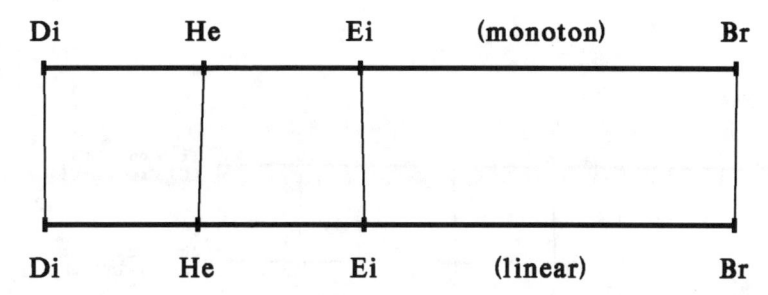

```
Di        He        Ei        (monoton)        Br
├─────────┼─────────┼──────────────────────────┤

├──────────────┼────────────┼──────────────────┤
Di             He           Ei    (linear)     Br
```
**Abbildung 5.12.** Skalen aus direkter, monotoner bzw. linearer Fechner-Skalierung.

## Direkte Skalen versus LCJ-Skalen

Wir fragen zunächst, wie die Fechner-Skalen der direkten monotonen bzw. intervall-linearen Fechner-Skalierung aussehen im Vergleich zur LCJ-Skala. Abbildung 5.13 zeigt, daß die Unterschiede minimal sind. Die Reihenfolge der Objekte ist auf allen Skalen gleich; die Abstände sind nur geringfügig verschieden.

Warum die Unterschiede so klein sind, sieht man aus Abbildung 5.14. Die Regressions-Linie zwischen den Daten, u(x,y), und den Skalendistanzen, d(x,y), verläuft hier zunächst fast linear und macht dann eine leichte Krümmung nach oben.

Offenbar ist es der direkten intervall-linearen Skalierung, bei der der Stress relativ zu einer linearen Regressionskurve (also einer Geraden) berechnet wird, nicht mehr möglich, die Punkte auf der Fechner-Skala noch weiter so zu verschieben, daß der Abbildungszusammenhang von u(x,y) und d(x,y) noch stärker linear wird. Daher ist der Stress unter der linearen Bedingung auch höher (S=0.15) als unter der monotonen (S=0.09).

Der leicht nicht-lineare Zusammenhang in Abbildung 5.10 hat sich letztlich aus den Daten heraus ergeben. Interessanterweise kommt er dem recht nahe, was Thurstone in seinem Modell von vornherein postuliert: Die Kurve entspricht weitgehend dem Verlauf der kumulativen Normalverteilung für Werte über bzw. unter p=0.5. "Entfalten" wir die u(x,y)-Achse in Abbildung 5.14 wieder dadurch, daß wir statt der u(x,y) die ursprünglichen Wahrscheinlichkeiten p(x≻y) und statt der Distanzen d(x,y) die Skalenwert-Differenzen s(x)−s(y) setzen, dann ergibt sich ein Diagramm, in dem die Punkte eine S-förmige Wolke bilden, also dem Trend nach wie in einer kumulativen Normalverteilung verteilt sind (Abbildung 5.15).

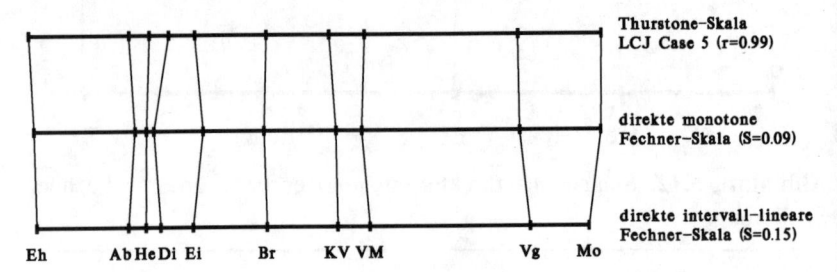

**Abbildung 5.13.** Drei Fechner-Skalen für die MF-Daten.

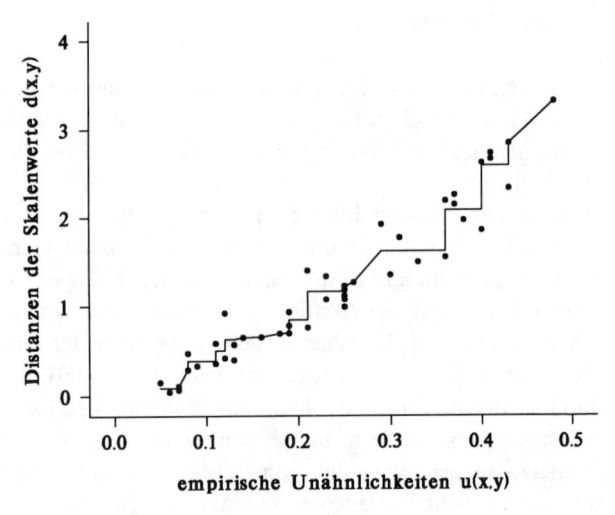

**Abbildung 5.14.** Shepard-Diagramm für Lösungs-Konfiguration einer direkten, monotonen Fechner-Skalierung der MF-Daten.

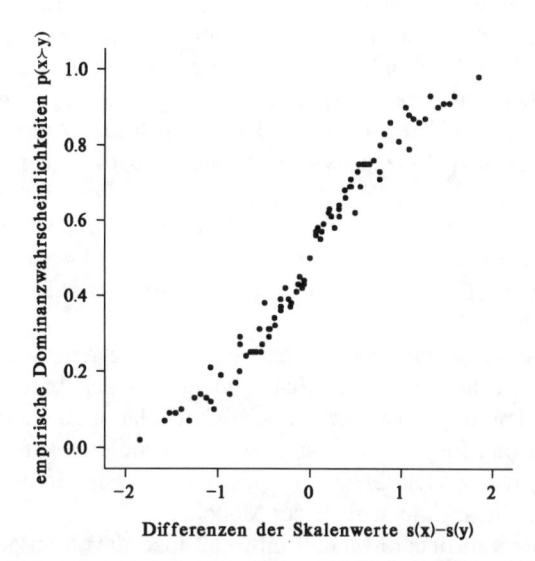

**Abbildung 5.15.** Streudiagramm der Fechner-Skalenwert Differenzen versus die empirischen p(x≻y)-Werten der MF-Stichprobe.

## Skalenniveaus der direkten Modelle

Inwieweit die so erzeugten Fechner-Skalen festliegen, hängt vom gewählten Modell ab. Nehmen wir an, daß die Skala die Daten perfekt repräsentiert und somit Stress=0 ist. Dann gilt die Modell-Gleichung d(x,y)=f[u(x,y)], für alle x, y. Da d(x,y)=|s(x)−s(y)|, fragen wir also, welche Werte s'(x) und s'(y) wir an Stelle von s(x) bzw. s(y) setzen können, ohne daß die Modell-Gleichung für irgendein Paar x, y verletzt wird.

Wir setzen einmal s'(x)=c+k·s(x), für alle x, mit k≠0. Berechnet man d(x,y) für diese neuen Werte, dann ist d(x,y)=|c+k·s(x)−c−k·s(y)|=|k·[s(x)−s(y)]|=|k|·|s(x)−s(y)|. Die additive Konstante c wirkt sich also auf die Distanzen überhaupt nicht aus und ist damit stets zulässig. Auch den Vergrößerungs- oder Verkleinerungsfaktor k kann man durch entsprechende Wahl der multiplikativen Konstante b bei der Skalierung in den linearen Modellen stets so "kompensieren", daß die Modellgleichung d(x,y)=f[u(x,y)] auch für die neuen Skalenwerte s'(x) und s'(y) stimmt. Damit ist das Skalenniveau der Fechner-Skala in beiden linearen Modellen das einer Intervall-Skala.

Für das monotone Modell sind sämtliche Transformationen erlaubt, die die Ordnung der Distanzen nicht verändern. Das hierdurch gekennzeichnete

Skalenniveau nennt man *ordered metric* (metric=Metrik=Distanz). Obwohl man meinen könnte, daß die ordered-metric-Skala viel schwächer ist als die Intervall-Skala, erlaubt sie in der Praxis überraschenderweise so gut wie keine Freiheiten in der Wahl der Skalenwerte, die über die, die man bei linearen Modellen hat, hinausgehen. Der Grund dafür liegt darin, daß das monotone Modell für jedes Paar von Distanzen festlegt, wie sie geordnet sein sollen. Bei n=10 Reizen (wie in Abbildung 5.14) haben wir z. B. 45 Distanzen und, da wir jede Distanz mit jeder anderen zu vergleichen haben, damit 990 Ordnungsrelationen, die die Punkte festlegen. Passen diese alle zusammen, dann kann man sich schon rein intuitiv vorstellen, daß bereits geringe Punktverschiebungen die Ordnung der Abstände dieses komplexen Gefüges zerstören.

Merkwürdig erscheint dennoch, daß sich die linearen Modelle im Skalenniveau der Fechner-Skala überhaupt nicht von den monotonen unterscheiden. Das Paradoxon ist aber nur scheinbar: Man muß vielmehr die *Daten* betrachten und fragen, wie man *diese* transformieren kann, ohne dabei die Gültigkeit der Modell-Gleichung zu zerstören. Hier ergeben sich dann allerdings erhebliche Unterschiede der Modelle.

Für das intervall-lineare Modell gilt, daß man davon ausgeht (per Annahme oder Definition), daß die u(x,y)-Daten bis auf lineare Transformationen festliegen. Man kann also zu jedem Wert u(x,y) die gleiche, beliebige Konstante c addieren und jedes u(x,y) mit einer Konstante k≠0 multiplizieren. Wie man auch c und k wählt, die optimale Fechner-Skala ist bei intervall-linearer Skalierung stets die gleiche, weil das Computerprogramm in f[u(x,y)]=a+b·d(x,y) entsprechend a und b wählt, um wieder zu minimalem Stress zu kommen. Gibt man dem Programm dagegen nur die Freiheiten des verhältnis-linearen Ansatzes, dann muß stets c=0 sein, weil dem Programm dann der Parameter a nicht zum Ausgleich zur Verfügung steht. Im monotonen Modell kann man dagegen die u(x,y)-Werte durch beliebige andere Werte ersetzen, so lange diese nur genauso geordnet sind. Z. B. könnte man die u(x,y)=|p(x≻y)–0.5| einfach durch ihre Ränge ersetzen: Das kleinste u(x,y) wird durch eine 1 ersetzt, das zweitkleinste durch eine 2, usw. Die aus diesen Zahlen errechnete Fechner-Skala ist exakt die gleiche wie die aus den Original-Daten. Die Bezeichnungen "intervall-linear", "monoton", usw. im Rahmen der direkten Fechner-Skalierung kennzeichnen also, wie man sieht, die zulässige Transformierbarkeit der *Daten*, nicht der Skalen.

**Einige Schlußbemerkungen zu Fechner-Modellen**

Jedes Modell, das die folgenden Bedingungen erfüllt, ist ein Fechner-Modell: (1) Wenn |s(x)–s(y)| größer wird, dann geht die Wahrscheinlichkeit

$p(x \succ y)$ bei $s(x)-s(y)<0$ gegen 0 und bei $s(x)-s(y)>0$ gegen 1; (2) geht $|s(x)-s(y)|$ gegen 0, dann geht $p(x \succ y)$ gegen 0.5; (3) $s(x)-s(y)$ ist eine monoton steigende Funktion f von $p(x \succ y)$. Der letzte Punkt besagt, daß dann, wenn $p(x \succ y)$ von 0.5 aus immer größer wird und sich 1 annähert, $s(x)-s(y)$ ebenfalls immer größer wird. Wird $p(x \succ y)$ von 0.5 aus immer kleiner und geht gegen 0, dann wird $s(x)-s(y)$ entsprechend immer negativer.

Diese drei Annahmen erscheinen bei erster Betrachtung fast zwingend. Man kann aber leicht zeigen, daß sie keineswegs immer gelten müssen. Ihre verborgene, starke Behauptung ist nämlich, daß $p(x \succ y)$ ausschließlich von $s(x)$ und $s(y)$ abhängt; alle übrigen Merkmale von x und y sind bedeutungslos. Betrachten wir jedoch folgendes Beispiel (nach Debreu, 1960): x sei ein Fahrrad, y das gleiche Fahrrad mit einem kleinen Extra, und z ein Computer. Ein Jugendlicher habe nun die Präferenzwahrscheinlichkeiten $p(z \succ x)=0.80$ und $p(z \succ y)=0.80$; damit sollte z auf der psychologischen Wert-Skala gleich weit über x und y liegen. Fragt man aber direkt, ob tatsächlich $p(x \succ y)=0.5$ gilt, so ist eher $p(x \succ y)=0$ zu erwarten, weil sich bei einer Wahl zwischen den beiden Fahrrädern nun das kleine Extra des einen entscheidend auswirkt. Ein solcher Kontext-Effekt ist vor allem dann zu erwarten, wenn die betrachtete Reizmenge wenig homogen ist, sondern in Klassen von Reizen zerfällt, die untereinander besonders ähnlich sind -- wie hier die beiden Fahrräder, die einerseits im Vergleich zum Computer als praktisch gleich, im Vergleich untereinander aber als deutlich verschieden erlebt werden (Tversky & Russo, 1969).

Nur wenn man glaubt annehmen zu können, daß solche Klassen in der Reizmenge nicht existieren oder zumindest nur schwach ausgeprägt sind, ist ein Fechner-Modell sinnvoll. Es verbleibt dann noch die Frage, wie man die Modell-Funktion f festlegen will. Hier sind eine ganze Reihe verschiedener Vorschläge gemacht worden. Auf Grund psychophysischer Überlegungen postuliert Thurstone (1927a), daß f die kumulative Normalfunktion ist. Luce (1959), ausgehend von einem gänzlich anderen Ansatz, leitet dagegen für f die logistische Funktion ab. Weitere Spezifikationen von f werden von Baird & Noma (1978) referiert.

Es liegt nahe zu versuchen, einfach empirisch zu testen, welches Fechner-Modell gegebene Daten am besten erklärt. Erstaunlicherweise führen jedoch die verschiedenen Varianten trotz verschiedener Fit-Werte zu praktisch ununterscheidbaren Skalen, wie wir oben schon sahen (vgl. Abbildung 5.13). Wenn sich die Daten z. B. mit Thurstones kumulativer Normalverteilungsfunktion f skalieren lassen, dann führt auch jede andere (einigermaßen glatte) Funktion f, die dem Fechner-Modell genügt, zu praktisch den gleichen Skalen (Noether, 1960; Burke & Zinnes, 1965; McClelland & Coombs, 1975; Davison, 1983).

## 6 Multidimensionale Skalierung

Die multidimensionale Skalierung (MDS) ist eine umfangreiche Gruppe von Skalierungsverfahren, die (1) davon ausgehen, daß auf der Datenseite Unähnlichkeitswerte für die Paare einer Reiz-Menge vorliegen, und die (2) diese Unähnlichkeitswerte dann durch die Distanzen zwischen den Punkten einer multidimensionalen Konfiguration repräsentieren.

Nehmen wir z. B. an, eine Vp habe jedes Paar einer Reihe verschieden farbiger Plättchen hinsichtlich ihrer Unähnlichkeit auf einer Rating-Skala mit den Polen 0="identisch" und 10="außerordentlich verschieden" eingestuft. Da man weiß, daß die Ähnlichkeit von Farben i. allg. nicht nur von einer, sondern von mehreren Dimensionen abhängt (Farbton, Sättigung und Helligkeit), erscheint es hier von vornherein wenig aussichtsreich, wenn man versucht, diese Unähnlichkeitswerte auf nur einer Dimension zu einer Skala zusammenzusetzen. Ganz ähnlich ist die Situation, wenn wir z. B. die Unähnlichkeit verschiedener Verbrechen erheben. Auch dann könnte man zumindest vermuten, daß die Urteile von mehreren Dimensionen abhängen (wie etwa: Ausmaß des angerichteten/möglichen Schadens, Grad der Vorsätzlichkeit, Niedrigkeit der Motive, u.ä.).

Der ursprüngliche Zweck der MDS (Torgerson, 1958) lag darin, mehrere, meist schon von vornherein bekannte Dimensionen (wie etwa die obigen Dimensionen der Farbwahrnehmung) gleichzeitig zu skalieren. Daraus wollte man entnehmen, wie sich diese nicht isoliert jede für sich, sondern im Verbund auf ein Unähnlichkeitsurteil auswirken. Eine andere Absicht (die eher dem Beispiel mit den Verbrechen entspricht) lag darin, solche den beobachteten (*manifesten*) Urteilen zugrunde liegenden (*latenten*) Dimensionen überhaupt erst aufzudecken.

### 6.1 Skalierungsprinzipien und MDS-Modelle

Wir gehen davon aus, daß für alle Paare i, j der Reize 1, ..., n Unähnlichkeitswerte u(i,j) vorliegen. Die u(i,j) sollen abgebildet werden in Distanzen d(i,j) zwischen den Punkten i und j. (Wir bezeichnen sowohl die Reize wie auch die sie repräsentierenden Punkte mit i und j.) Diese Distanzen werden gemessen in einem Raum der Dimensionalität m.

**Koordinaten und Distanzformel**

Abbildung 6.1 zeigt einen Raum der Dimensionalität m=2 (eine Ebene) mit einigen Punkten (*Konfiguration*). Die Distanzen (Abstände) der Punkte kann man direkt mit einem Maßstab abmessen, wie angedeutet. Man kann sie aber auch berechnen. Dazu führen wir ein Koordinatensystem ein, am besten das vertraute *kartesische*, dessen Koordinatenachsen senkrecht aufeinander stehen und alle mit dem gleichen Maßstab versehen sind (Abbildung 6.2). Dieses Koordinatensystem ermöglicht uns, die Geometrie aus Abbildung 6.1 zu "algebraisieren" und damit der Berechnung zugänglich zu machen: Ein Punkt wird jetzt zu einem Zahlenpaar oder *2-tupel*, definiert durch die Koordinaten des Punktes bezüglich der Koordinatenachsen.

Wir bezeichnen die Koordinate von Punkt i bezüglich der Achse a mit $x_{ia}$. Dann berechnet sich die Distanz in einer kartesischen Ebene wie in Abbildung 6.2 nach

(1) $\quad d(i,j) = \sqrt{(x_{i1} - x_{j1})^2 + (x_{i2} - x_{j2})^2}$ ,

d. h. einfach nach dem Lehrsatz des Pythagoras. Für die Punkte 4 und 8 in Abbildung 6.2 ergibt sich dementsprechend eine Distanz von $d(4,8)=d(8,4)=\sqrt{\{[1-(-1.5)]^2+[1-(-2)]^2\}}=\sqrt{(2.52+32)}=3.905$. Hat man nicht nur zwei, sondern drei oder allgemein m Achsen oder Dimensionen, dann lautet die Formel

(2) $\quad d(i,j) = \sqrt{\sum_{a=1}^{m}(x_{ia} - x_{ja})^2}$ ,

wobei über alle a=1, ..., m Dimensionen summiert wird. Unerheblich ist dabei, daß der Raum bei m>3 nicht mehr der Anschauung zugänglich ist: Die Formel funktioniert auch für m>3.

### Algorithmus

"Werfen" wir nun zufällig n Punkte für n Reize in den m-dimensionalen Raum (dadurch, daß wir zufällig Werte für alle $x_{ia}$, i=1, ..., n und a=1, ..., m, wählen). Wir können zunächst ihre Distanzen mittels Formel (2) berechnen, dann prüfen, wie gut diese mit den Unähnlichkeiten übereinstimmen, und schließlich die Punkte im Raum so verschieben, daß diese Übereinstimmung so gut wie möglich wird (*MDS-Lösung*). Eine ausführliche Darstellung dieses Vorgehens findet sich für m=1 im obigen Kapitel 5.2.

Den Grad der Übereinstimmung messen wir mit der Stress-Formel, also mittels

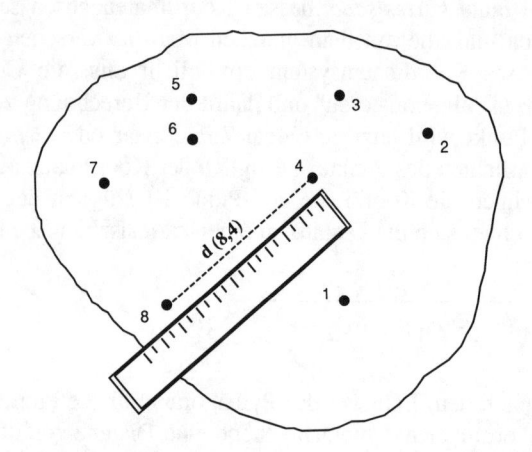

**Abbildung 6.1.** Eine Konfiguration von acht Punkten in der Ebene mit Messung der Distanz der Punkte 4 und 8.

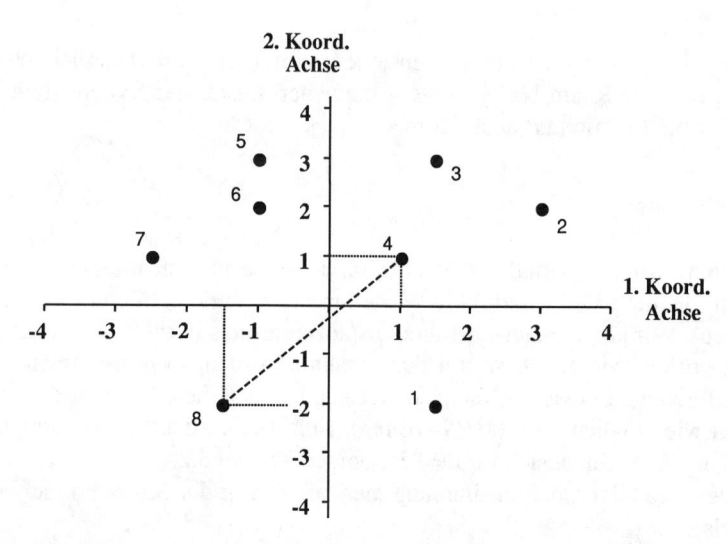

**Abbildung 6.2.** Konfiguration aus Abbildung 6.2 mit kartesischem Koordinatensystem.

(3)  $$\text{Stress} = \sqrt{\frac{\sum_{i<j}^{n}\{d(i,j)-f[u(i,j)]\}^2}{\sum_{i<j}^{n}d^2(i,j)}} \ .$$

**MDS-Modell**

In der Stress-Formel wird durch Festlegen der Funktion f auf einen bestimmten Funktionstyp auch das *MDS-Modell* spezifiziert. Üblich sind entweder die Festlegung auf die Familie "monoton steigender" f's oder auf lineare f's wie z. B. $f[u(i,j)]=a+b\cdot[u(i,j)]$. Im ersten Fall spricht man von *ordinaler* MDS, im zweiten haben wir einen Spezialfall einer *metrischen* MDS, nämlich eine intervall-lineare MDS. Um eine metrische MDS handelt es sich immer dann, wenn man eine explizite Formel für die Modell-Funktion f angeben kann.

Um den Stress eindeutig berechnen zu können, wird aus der Familie der durch das Modell festgelegten Funktionen für f stets diejenige ausgewählt, die den Stress -- für gegebene d(i,j) und u(i,j) -- minimiert. Man findet diese Funktion mittels entsprechender (monotoner, linearer, usw.) Regression der Daten auf die Distanzen.

Für f sind viele Funktionen denkbar. Shepard (1957) verwendet z. B. das MDS-Modell $d(i,j)=-\log[u(i,j)]$, Kruskal, Young & Seery (1978) die Polynomial-Funktion $a+b\cdot[u(i,j)]+c\cdot[u(i,j)]^2$, die auch einen nicht-monotonen Zusammenhang zwischen Unähnlichkeiten und Distanzen zuläßt. Sogar *Nominal*-MDS-Modelle sind möglich, in denen man nur fordert, daß gleiche/ungleiche u(i,j)-Daten in gleiche/ungleiche Distanzen abzubilden sind (Takane, Young & de Leeuw, 1977). Diese Modelle sind aber nur von geringer Bedeutung.

### 6.2 Zur Interpretation von MDS-Repräsentationen

**Explorative dimensionale Deutungen**

Der Sinn der MDS liegt letztlich in einer inhaltlichen Deutung der Repräsentation. Wir zeigen hierzu einige einfache Beispiele.

Wish (1971) berichtet eine kleine Datenerhebung, in der 18 Studenten 12 Länder bezüglich ihrer globalen Ähnlichkeit zu beurteilen hatten. Die

**Tabelle 6.1.** Matrix der mittleren Ähnlichkeitsratings für zwölf Nationen (Wish, 1971).

|  | Bra | Kon | Kub | Ägy | Fra | Ind | Isr | Jap | Chi | UdS | USA | Jug |
|---|---|---|---|---|---|---|---|---|---|---|---|---|
| Brasilien | -- | | | | | | | | | | | |
| Kongo | 4.83 | -- | | | | | | | | | | |
| Kuba | 5.28 | 4.56 | -- | | | | | | | | | |
| Ägypten | 3.44 | 5.00 | 5.17 | -- | | | | | | | | |
| Frankreich | 4.72 | 4.00 | 4.11 | 4.78 | -- | | | | | | | |
| Indien | 4.50 | 4.83 | 4.00 | 5.83 | 3.44 | -- | | | | | | |
| Israel | 3.83 | 3.33 | 3.61 | 4.67 | 4.00 | 4.11 | -- | | | | | |
| Japan | 3.50 | 3.39 | 2.94 | 3.83 | 4.22 | 4.50 | 4.83 | -- | | | | |
| China | 2.39 | 4.00 | 5.50 | 4.39 | 3.67 | 4.11 | 3.00 | 4.17 | -- | | | |
| UdSSR | 3.06 | 3.39 | 5.44 | 4.39 | 5.06 | 4.50 | 4.17 | 4.61 | 5.72 | -- | | |
| USA | 5.39 | 2.39 | 3.17 | 3.33 | 5.94 | 4.28 | 5.94 | 6.06 | 2.56 | 5.00 | -- | |
| Jugoslawien | 3.17 | 3.50 | 5.11 | 4.28 | 4.72 | 4.00 | 4.44 | 4.28 | 5.06 | 6.67 | 3.56 | -- |

Vpn hatten dazu eine Rating-Skala, die von 1="sehr unähnlich" bis 9="sehr ähnlich" reichte. Jedem Länder-Paar hatten sie einen Wert dieser Skala zuzuordnen. Die über die Vpn gemittelten Ähnlichkeitsratings zeigt Tabelle 6.1.

Wir wollen nun diese Daten per MDS skalieren, um *explorativ* aufzudecken, welche Dimensionen den Urteilen der Vpn zugrunde gelegen haben könnten. Wir wählen dazu -- wie in den meisten Anwendungen der MDS üblich -- das ordinale MDS-Modell. Dem MDS-Computerprogramm müssen wir noch angeben, daß die Abbildungsfunktion f in diesem Fall nicht monoton steigend, sondern monoton fallend sein soll, weil die Daten nicht Unähnlichkeits-, sondern Ähnlichkeitswerte sind (je größer die Zahlenwerte, desto größer die Ähnlichkeit).

Abbildung 6.3 zeigt die 2-dimensionale MDS-Repräsentation der Daten aus Tabelle 6.1. Die beiden eingezeichneten Dimensionen sind die Achsen, in der das MDS-Programm die gefundene Lösung darstellt (die beiden ersten Hauptachsen, vgl. Kapitel 7). Diese Achsen können -- sie müssen aber nicht -- zu einer inhaltlich sinnvollen Deutung führen. Jedes andere gegenüber diesem gedrehte Achsensystem führt zu den gleichen euklidischen Distanzen und beschreibt die Daten damit genauso gut.

Wie geht man nun vor, um inhaltlich bedeutsame Dimensionen zu identifizieren? Man versucht eine Achse so durch die Punkte zu legen, daß alle Länder, deren Koordinaten auf dieser Achse nah beieinander liegen auch

Multidimensionale Skalierung 87

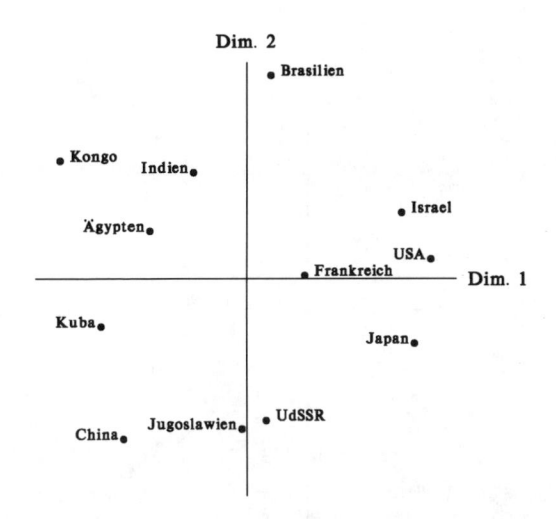

```
                    Dim. 2
                       • Brasilien


     • Kongo
              Indien•
    Ägypten•                     • Israel
                                USA•
                     • Frankreich          Dim. 1
    Kuba•
                           Japan•

       China•  Jugoslawien•  • UdSSR
```

**Abbildung 6.3.** MDS-Darstellung der Daten aus Tabelle 6.1.

inhaltlich "offensichtlich" etwas gemeinsam haben und sich gleichzeitig von den Ländern unterscheiden, deren Koordinaten davon weit weg liegen. In dieser Weise kommt Wish (1971) zu seiner Dimensionsdeutung in Abbildung 6.4: Auf der mit Dim 1' bezeichneten Achse/Skala/Dimension liegen am einen Ende China, Kuba, Jugoslawien und die UdSSR, am anderen Israel, USA und Brasilien. Die Bezeichnung dieser Dimension als 'pro-westlich' versus 'pro-kommunistisch' erscheint einleuchtend. Die zweite Dimension Dim 2', entwickelt-unterentwickelt, ist weniger deutlich, weil hier Japan noch stärker entwickelt erscheint als die USA, und diese wiederum mit der UdSSR gleichauf liegen. Andere Deutungen sind ebenfalls möglich, erschienen Wish aber offenbar weniger plausibel.

**Hypothesenprüfende (konfirmatorische) dimensionale Deutungen**

Statt rein explorativ vorzugehen, kann man im Rahmen der MDS auch vermutete Dimensionssysteme testen. Ein solches *konfirmatorisches* Vorgehen zeigen wir im folgenden.

Eine interessante Frage der Emotionspsychologie ist die, nach welchen Kriterien verschiedene Gesichtsausdrücke unterschieden werden. Engen, Levy & Schlosberg (1958) vermuten, daß der Betrachter hierbei aus dem Gesicht des Betrachteten drei Merkmale entnimmt: Der "Sender" bringt eine

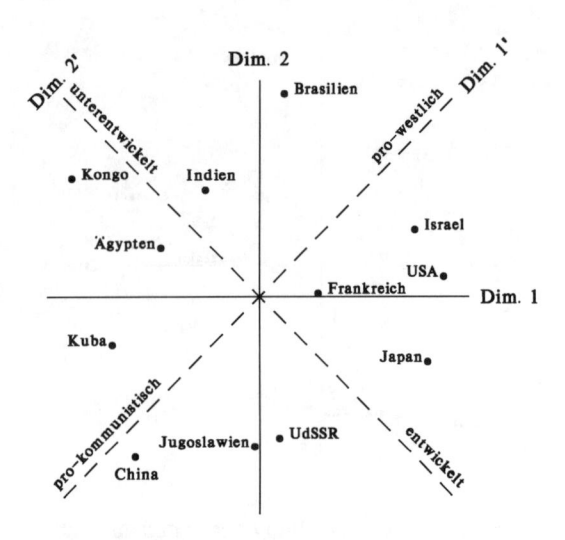

**Abbildung 6.4.** Dimensionale Interpretation der MDS-Darstellung der Nationen-Ähnlichkeiten, nach Wish (1971).

Emotion zum Ausdruck, die von positiv bis negativ reicht. Weiter zeigt er an, ob er sich der Situation zu- oder abwendet; und schließlich noch, ob er angespannt oder entspannt ist. Tabelle 6.2 zeigt die mittleren Ratings, die Vpn einer Reihe von Photographien, in denen eine Schauspielerin verschiedene Situationen darstellt, auf diesen drei Dimensionen zuweisen.

Die Ratings der Vpn wiesen relativ hohe Übereinstimmungen auf. Abelson & Sermat (1962) argumentieren jedoch, daß man hieraus nicht entnehmen kann, daß die Vpn dann, wenn man ihnen diese Dimensionen nicht wie hier vorgibt, auch genau diese Merkmale verwenden. Sie baten daher 30 Vpn, jedes Paar der 13 Photographien auf einer 9-Punkte-Skala nach ihrer Unähnlichkeit im Gesichtsausdruck einzustufen.

Die gemittelten Unähnlichkeitsdaten lassen sich mittels der ordinalen MDS recht präzise im 2-dimensionalen Raum repräsentieren (Stress=0.11). Abbildung 6.5 zeigt die MDS-Konfiguration. In dieser Konfiguration sieht man drei Achsen, die alle durch den Ursprung (hier gleichzeitig der Schwerpunkt der Punkte) des Koordinatensystems laufen. Diese Achsen sind ein Versuch, die MDS-Konfiguration durch Schlosbergs 3-Dimensionen-Hypothese zu "erklären".

Im folgenden stellen wir uns die Aufgabe, in der Konfiguration in Abbil-

**Tabelle 6.2.** Mittlere Ratings einer 9-Punkte Schlosberg-Skala von Photographien, in denen eine Schauspielerin verschiedene Situationen darstellt auf den Skalen 'positiv-negativ', 'zuwenden-abwenden' und 'angespannt-entspannt' (Engen et al., 1958).

|  | Szene | pos-neg | zu-ab | ang-ent |
|---|---|---|---|---|
| 1 | Schmerz über den Tod der Mutter | 3.8 | 4.2 | 4.1 |
| 2 | Eine Cola genießen | 5.9 | 5.4 | 4.8 |
| 3 | Sehr erfreuliche Überraschung | 8.8 | 7.8 | 7.1 |
| 4 | Mütterliche Liebe - Baby auf dem Arm | 7.0 | 5.9 | 4.0 |
| 5 | Physische Erschöpfung | 3.3 | 2.5 | 3.1 |
| 6 | Angst,Flugzeug nicht in Ordnung | 3.5 | 6.1 | 6.8 |
| 7 | Verärgerung über Schlagen eines Hundes | 2.1 | 8.0 | 8.2 |
| 8 | Sich heftig um einen Sitzplatz streiten | 6.7 | 4.2 | 6.6 |
| 9 | Unerwartet ehemaligen Freund treffen | 7.4 | 6.8 | 5.9 |
| 10 | Gefühlsumschwung | 2.9 | 3.0 | 5.1 |
| 11 | Extremer Schmerz | 2.2 | 2.2 | 6.4 |
| 12 | Flugzeugabsturz | 1.1 | 8.6 | 8.9 |
| 13 | Leichter Schlaf | 4.1 | 1.3 | 1.0 |

dung 6.5 eine Dimension (*interne Skala*) zu identifizieren, die mit der vorgegebenen (*externen*) Skala 'pos-neg' in Tabelle 6.2 maximal korreliert. Wir wählen dafür irgendeine Achse, die durch den Schwerpunkt (oder irgendeinen anderen Punkt) der Konfiguration läuft, legen auf dieser einen Maßstab fest (z. B. den der x- und y-Achsen) und ermitteln dann, welche Koordinaten die Punkte 1, ..., 13 auf dieser Achse haben. Diese Punkt-Koordinaten korrelieren wir dann mit den Werten der externen Skala. Wenn wir nun diese Achse um den Schwerpunkt drehen, dann verändern sich i. allg. die Punkt-Koordinaten und damit auch die Korrelationen. Abbildung 6.6 zeigt drei Orientierungen einer Achse und Tabelle 6.3 die zugehörigen Koordinaten der 13 Punkte.

Die Ausrichtung, bei der r maximal ist, behalten wir bei. Die Gerade, die die externe Skala optimal repräsentiert, läßt sich auch ohne Probieren direkt finden (Borg & Lingoes, 1987). Man zentriert dazu zunächst die Koordinatenachsen (d. h. man subtrahiert, falls dies nicht vom MDS-Programm sowieso schon gemacht wurde, den Mittelwert aus den Koordinaten jeder Achse) und erklärt dann per Regression die externe Skala durch die internen Skalen. Eine solche Regressionsgleichung ist z. B. 'pos-neg'= a+b·Dim(1)+ c·Dim(2)+Fehler, in der 'pos-neg' der Spalte aus Tabelle 6.2 entspricht und Dim(i) die Koordinaten der Punkte auf Dimension i der MDS-Konfiguration

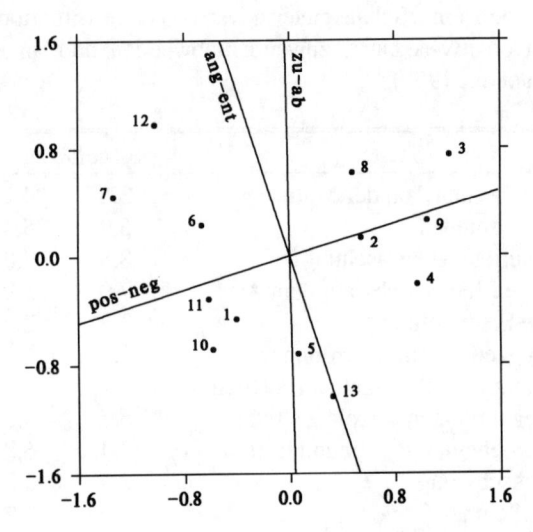

**Abbildung 6.5.** MDS-Darstellung der globalen Ähnlichkeit von 13 Photographien einer Person mit verschiedenem Gesichtsausdruck; Dimensionen 'zu-ab', 'ang-ent' bzw. 'pos-neg' entsprechen Rating-Skalen in Tabelle 6.2.

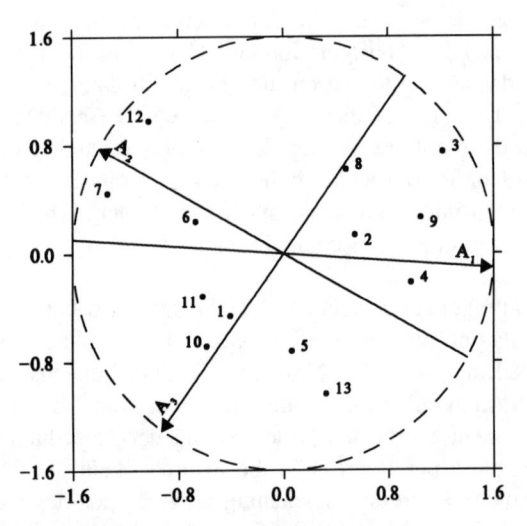

**Abbildung 6.6.** Demonstration des Problems, eine externe Skala in eine MDS-Konfiguration zu legen als Drehproblem.

**Tabelle 6.3.** Koordinaten der 13 Punkte in Abbildung 6.6 auf die Achsen $A_1$, $A_2$ bzw. $A_3$ und Korrelationen (=r) dieser Koordinaten mit den Werten der 'pos-neg' Skala in Tabelle 6.2.

|  | $A_1$ | $A_2$ | $A_3$ |
|---|---|---|---|
| 1 | -0.564 | 0.136 | 0.526 |
| 2 | 0.802 | -0.421 | -0.368 |
| 3 | 1.748 | -0.719 | -1.133 |
| 4 | 1.479 | -0.980 | -0.338 |
| 5 | 0.165 | -0.417 | 0.475 |
| 6 | -1.029 | 0.722 | 0.170 |
| 7 | -2.049 | 1.426 | 0.356 |
| 8 | 0.655 | -0.121 | -0.672 |
| 9 | 1.544 | -0.810 | -0.709 |
| 10 | -0.811 | 0.185 | 0.774 |
| 11 | -0.895 | 0.399 | 0.528 |
| 12 | -1.635 | 1.412 | -0.173 |
| 13 | 0.590 | -0.811 | 0.564 |
| r = | 0.92 | -0.78 | -0.80 |

enthält. Die Regressionsgewichte b und c sind die Koordinaten eines Punktes, durch den die gesuchte Gerade läuft. Sie läuft außerdem durch den Ursprung der zentrierten Konfiguration (=Schwerpunkt) und liegt damit fest.

Die Korrelationen der drei internen Skalen in Abbildung 6.5 mit den externen aus Tabelle 6.2 betragen r=0.96 für die 'positiv-negativ'-Skala, r=0.86 für die 'zuwenden-abwenden'-Skala bzw. r=0.95 für die 'angespannt-entspannt'-Skala. Die Schlosberg-Skalen eignen sich also tatsächlich zur Erklärung der Unähnlichkeitsurteile. Da diese in einem nur 2-dimensionalen Raum darstellbar sind, sieht man zudem, daß die Theorie unnötig komplex ist. Eine der Skalen ist überflüssig. Am einfachsten läßt man entweder die 'zuwenden-abwenden'- oder die 'angespannt-entspannt'-Skala weg, die geometrisch fast gleich gerichtet sind.

## Dimensionen und Regionen

Dimensionale Interpretationen von MDS-Konfigurationen entsprechen dem ursprünglichen Zweck der MDS als multidimensionaler Skalierung. Im folgenden sehen wir jedoch, daß solche Dimensionen nur höchst spezielle Fälle viel allgemeinerer Organisationsprinzipien sind.

Abbildung 6.7 zeigt die 2-dimensionale MDS-Repräsentation von Verwechslungshäufigkeiten von Morsecodes (Rothkopf, 1957), die hier als Ähnlichkeitsdaten gedeutet wurden. Die akustischen Signale sind als Punkt-Strich-Muster (Punkt für 'kurz' oder 'di', Strich für 'lang' oder 'da') dargestellt und mit den von ihnen symbolisierten Buchstaben oder Zahlen gekennzeichnet. Da wir etwas über den physikalischen Aufbau der Reize wissen, können wir fragen, ob dieser sich in der Struktur der Daten, die hier durch die MDS-Distanzen dargestellt ist, widerspiegelt.

Tatsächlich sehen wir in Abbildung 6.8, daß die MDS-Ebene gleich in mehrfacher Hinsicht die physikalischen Eigenschaften der Signale reflektiert. Das Organisationsprinzip ist dabei eine *Partitionierung* (Zerlegung, Zerschneidung) des Raums derart, daß in jede Region einer solchen Partitionierung nur Punkte fallen, die eine gemeinsame Eigenschaft besitzen. Eines der Partitionierungsprinzipien ist am rechten Rand der Abbildung angezeigt: Hier wird die Ebene derart zergliedert, daß alle Reize, deren Signal aus nur einem Ton besteht, in der Region unterhalb der dicken 1-er Linie liegen; daß alle, deren Signal aus zwei Tönen besteht, in der darüberliegenden und durch die 2-er Linie begrenzten Region liegen, usw. Ganz oben liegen die Signale, die aus 5 Tönen bestehen. Die schraffierten und mehr oder weniger horizontal verlaufenden Grenzlinien partitionieren die Ebene entsprechend der am linken Rand angezeigten Gesamtdauer der Signale in Sekunden. Das dritte System schließlich, welches im linken Bereich der Konfiguration mehr diagonal von links oben nach rechts unten verläuft, unterscheidet die Reize nach dem Anteil ihrer langen Elemente im Morsesignal. Alle drei Partitionierungen sind nicht völlig fehlerfrei, aber die entstehenden Fehlklassifikationen (z. B. liegt Punkt T "fälschlicherweise" in der Region der Reize, die kein langes Element haben) sind in dem Sinn klein, daß sie durch geringe Punktverschiebungen eliminierbar wären.

Die Regionen, die hier entstehen, sind alle in der zu erwartenden Weise geordnet. Man erkennt unschwer, daß z. B. das 'Zahl-der-Elemente'-System im Groben einer Dimension entspricht. Wären die Grenzlinien gerade und parallel, dann wäre das noch klarer. Eine echte dimensionale Deutung postuliert letztlich also eine unendlich feine Partitionierbarkeit der MDS-Konfiguration in geordnete, parallele Regionen.

Ein anderes Beispiel zeigt Abbildung 6.9, in der die Punkte verschiedenen Situationen entsprechen, die die Personen in Bezug auf ihre subjektive Dauer zu beurteilen hatten. Die Ähnlichkeitsdaten, die hier skaliert wurden, sind die Interkorrelationen der Dauer-Ratings über die Vpn (Galinat & Borg, 1986).

Es war vermutet worden, daß die Dauer-Ratings davon abhängen, ob die Situationen als positiv, neutral oder negativ erlebt werden, ob viel oder wenig passiert, ob die Ereignisse monoton oder variabel sind, und ob die An-

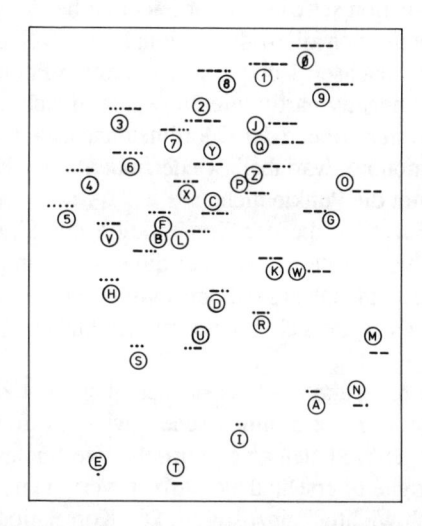

**Abbildung 6.7.** MDS-Konfiguration der Verwechslungshäufigkeit verschiedener Morsecodes.

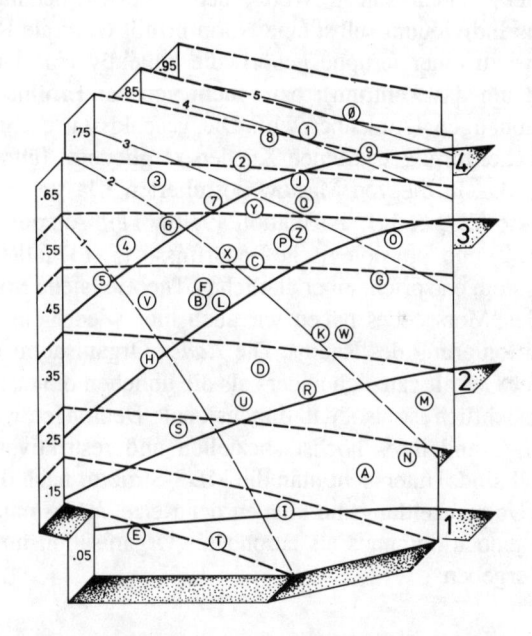

**Abbildung 6.8.** Drei Partitionierungen von Abbildung 6.7 durch drei physikalische Merkmale der Morsecodes.

forderungen der Situation schwierig oder leicht zu bewältigen sind. Wie Abbildung 6.9 zeigt, läßt sich die 4-dimensionale MDS-Konfiguration in der durch die Koordinatenachsen 1 und 2 aufgespannten Ebene in die Regionen positiv, neutral und negativ partitionieren, während sich in der davon unabhängigen (*orthogonalen*) Ebene der Koordinatenachsen 3 und 4 die Facetten 'viel/wenig' und 'monoton/variabel' wiederfinden. Die Facette 'schwierig/ leicht' dagegen trennt die Punkte nicht.

Drei der vier Facetten, die der Konstruktion der Situationen zugrunde lagen, zeigen sich hier wiederum in einer dimensions-ähnlichen Weise. Dabei haben wir aber ein solches Dimensionssystem nicht von vornherein postuliert, sondern es ergibt sich gewissermaßen aus der Struktur der Daten heraus.

Daß eine deutbare Struktur -- falls sie sich überhaupt zeigt -- nicht unbedingt dimensionaler Art sein muß, sehen wir aus folgendem. Lepsius, Scheuch & Ziegler (1982) baten eine repräsentative Stichprobe von Bundesbürgern, die Wichtigkeit verschiedener Arbeitswerte von "völlig unwichtig" bis "außerordentlich wichtig" einzustufen. Die Korrelationen dieser Ratings lassen sich durch die in Abbildung 6.10 gezeigte MDS-Konfiguration darstellen. In dieser Konfiguration sind verschiedene Partitionierungen gezeigt, die verschiedenen Theorien entsprechen. Die gestrichelten, konzentrischen Regionen unterscheiden solche Werte, deren Verwirklichung davon abhängt, daß das Individuum selbst eine Norm erfüllt (zentrale Region); bzw. davon, daß sie zu einer Gruppe gehört, die kollektiv eine Norm erbringt (Band-Region um das Zentrum); bzw. nicht von der Erfüllung einer Leistungsnorm abhängen (Außenbereich). Die geschlossenen Linien, die die Konfiguration keilförmig wie einen Kuchen zergliedern, führen zu Regionen, deren Punkte in die von Maslow postulierten Klassen 'Selbstverwirklichung' (Punkte 6, 7, 8, 12), 'Affiliation' (9, 10, 11), 'Anerkennung' (3, 4), 'Sicherheit' (1, 2) und 'physiologische Bedürfnisse' (5, 13) fallen. Das gestrichelte Keil-System entspricht einer ähnlichen Theorie (siehe Borg, 1987c).

Wie bei den Morsecodes haben wir auch hier wieder eine redundante, multiple Partitionierung des Raums. Die *Radex*-Organisation (Levy, 1981) ist aber in ihrer Gestalt gänzlich anders als die üblichen dimensionalen Deutungen. Offensichtlich ist also, daß dimensionale Deutungen weder notwendig, noch auf Grund ihres höchst speziellen und restriktiven Charakters immer sinnvoll sind. Untersucht man die MDS-Struktur nach den empirisch bedeutsamen Unterscheidungsmerkmalen der Reize, *können* sich dimensionale Systeme jedoch durchaus als besonderes Organisationsmuster aus den Daten heraus ergeben.

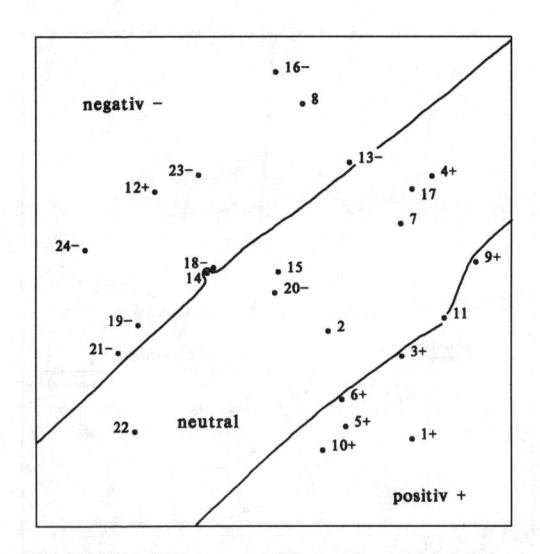

**Abbildung 6.9a.** Ebene der Achsen 1 und 2 einer 4-dimensionalen MDS-Konfiguration der subjektiven Ähnlichkeit der Dauer verschiedener Situationen mit Facette Positivität [positiv (+), neutral und negativ (−)].

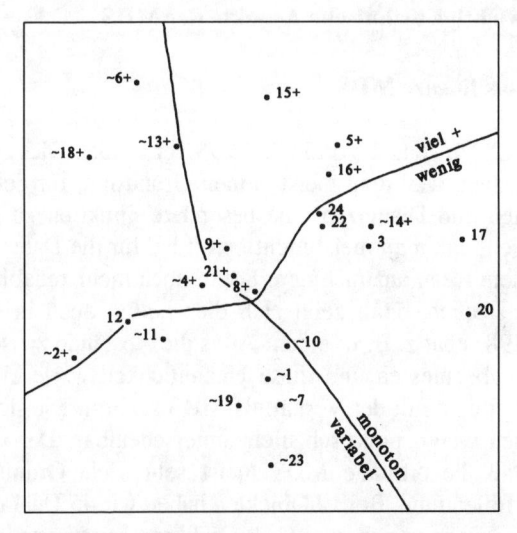

**Abbildung 6.9b.** Ebene 3-4 der MDS-Konfiguration aus Abbildung 6.9a mit Facetten Menge [viel (+) vs. wenig] und Variabilität [variabel (~) vs. monoton].

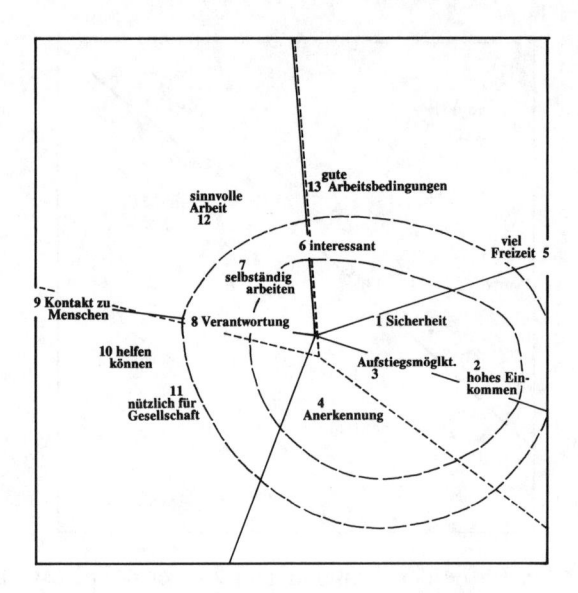

**Abbildung 6.10.** Radex-Organisation von Arbeitswerten.

## 6.3 Einige wichtige technische Aspekte der MDS

**Ordinale versus lineare MDS**

Im obigen haben wir stets die ordinale MDS verwendet. Dies entspricht dem üblichen Vorgehen, weil man meist keinen Grund hat, für den Zusammenhang von Daten und Distanzen eine besondere Funktion zu fordern. Man kann auch sagen, daß man meist nicht bereit ist, für die Daten mehr als nur ordinales Skalenniveau anzunehmen. Sollte doch mehr reliable Information in den Daten stecken, dann zeigt sich dies i. allg. auch in der ordinalen MDS. Borg (1981) hat z. B. in einem Atlas die Abstände zwischen 10 deutschen Städten abgemessen und diese Unähnlichkeitswerte einmal mit der ordinalen und einmal mit der Verhältnis-MDS skaliert. Die sich ergebenden Konfigurationen waren praktisch nicht unterscheidbar. Der Grund hierfür liegt darin, daß die ordinale MDS meist sehr viele Ordnungsrelationen gleichzeitig erfüllen muß. Bei 10 Objekten haben wir 45 Unähnlichkeitswerte, die 990 Vergleiche von je zwei Unähnlichkeitswerten ermöglichen. Diese 990 empirischen Ordnungsrelationen sollen in der MDS-Repräsentation alle so gut wie möglich auch für die entsprechenden Distanz-Paare gelten. Die

Restriktionen, denen eine ordinale MDS damit unterliegt, sind also erheblich.

## Zulässige Transformationen

Inwieweit sich zwei MDS-Konfigurationen wirklich unterscheiden, kann man oft nicht so ohne weiteres mit dem Auge herausfinden. Manche Unterschiede sind zudem bedeutungslos, weil sie nicht durch die Daten begründet sind.
Alles, was nicht aus den Daten folgt, ist, wie wir wissen, willkürlich und kann durch zulässige ("kosmetische") Transformationen verändert werden. Aus den Daten leiten sich lediglich die Distanzen ab. Also kann man eine MDS-Konfigurationen beliebig drehen und im Raum verschieben (relativ zu irgendwelchen Fixpunkten) und an beliebigen Achsen spiegeln. Durch diese *starren Bewegungen* ändern sich die Distanzen nicht. Man kann weiterhin die Konfiguration größer oder kleiner machen, weil sich dadurch die Verhältnisse der Distanzen nicht ändern. Solche *zentralen Streckungen* bilden zusammen mit den starren Bewegungen die Gruppe der *Ähnlichkeitstransformationen*. Unter ihnen gehen geometrische Repräsentationen in andere, jedoch *ähnliche* über.

Im Prinzip kann man bei ordinaler MDS auch noch die Distanzen selbst verändern, so lange ihre Ordnung dabei gleich bleibt (*ordered-metric* Skala). Wie wir schon gesehen haben, sind diese weiteren Freiheitsgrade aber praktisch bedeutungslos, weil jede geringe Verschiebung der Punkte untereinander sogleich zu einer Änderung der Ordnung der Distanzen führt.

Es gibt Verfahren (*prokrustische* Transformationen), die zwei oder mehr MDS-Konfigurationen unter Ausnützung aller Freiheitsgrade, die die Ähnlichkeitstransformationen bieten, so transformieren, daß die Konfigurationen einander so ähnlich wie möglich werden (Lingoes & Borg, 1978). Das erleichtert ihre Vergleichbarkeit oft erheblich.

## Angemessene Dimensionalität

Bislang haben wir die Frage nach der angemessenen Dimensionalität der MDS-Konfiguration ausgeklammert. Grob gesagt kann man sie so beantworten, daß einerseits der Stress "hinreichend klein" sein soll und andererseits die Konfiguration (oder zumindest Teile davon) "Sinn" ergeben soll. Beide Kriterien sind offensichtlich komplex.

Dazu ein Beispiel: Ekman (1954) bat Personen, 14 Farbplättchen gleicher Helligkeit und Sättigung, aber verschiedenen Farbtons paarweise nach ihrer Ähnlichkeit auf einer Skala von 0="keine Ähnlichkeit" bis 4="identisch" zu beurteilen. Wenn wir die (über die Vpn gemittelten und durch 4 dividierten) Daten mittels ordinaler MDS in 1 und 2 Dimensionen skalieren, ergeben sich hierfür die Shepard-Diagramme in Abbildung 6.11. Man erkennt deutlich, daß die 1-dimensionale Lösung die Daten nur ungenau repräsentiert (Stress=0.272), während die 2-dimensionale Lösung fast perfekt ist (Stress=0.023). Es ist daher nicht überraschend, daß eine weitere Erhöhung der Dimensionalität nur einen minimalen Gewinn im Sinne der reinen Genauigkeit der Datendarstellung bringt (Stress=0.018 bei 3 Dimensionen).

Die 2-dimensionale Konfiguration in Abbildung 6.12 zeigt zudem die erwartete Struktur, einen "Farbkreis", während die 3-dimensionale Repräsentation zwar noch einige Streuung der Punkte in der dritten Dimension aufweist, diese aber inhaltlich-theoretisch nicht deutbar ist (Shepard, 1974).

Hier ist es also leicht zu entscheiden, daß die 2-dimensionale Lösung angemessen ist: (1) Ihr Stress ist niedrig; weitere Dimensionen bringen (2) nur eine sehr geringe Stress-Verminderung und (3) inhaltlich keine sinnvolle Struktur. Es scheint eher so zu sein, daß man mit weiteren Dimensionen nur den Fehler in den Daten repräsentiert.

Von diesem Fehler hängt es auch ab, welchen Stress-Wert man als "gut" bezeichnen will. Im psychophysischen Kontext wird man dabei i. allg. wesentlich strengere Maßstäbe verwenden als z. B. in der Einstellungsmessung. Um überhaupt eine Norm zu haben, hat man die "nullste aller Nullhypothesen" untersucht: Spence & Ogilvie (1973) beispielsweise haben Tausende von Zufallsdaten per MDS skaliert und dabei registriert, welche Stress-Werte sich ergeben. Abbildung 6.13 zeigt ihre Befunde.

Bei 12 Punkten kann man also erwarten, daß es der ordinalen MDS gelingt, völlig zufällig gewählte Ähnlichkeitsdaten noch mit einem Stress von ca. 0.05 im 5-dimensionalen Raum darzustellen. Der Standardfehler dieses Erwartungswertes ist ca. 0.01. Gemessen an diesen Normen sind die Stress-Werte für die Ekman-Daten sehr klein. Dies ist allerdings fast immer so, weil man kaum jemals Ähnlichkeitsdaten skalieren dürfte, die "zufällig" entstanden sind.

**Degenerationen**

Im allgemeinen besteht kein Grund, ein anderes als das ordinale MDS-Modell zu wählen. Es gibt allerdings eine Ausnahme, die gelegentlich bedeutsam wird: Es kann sein, daß die Daten eine Struktur haben, die dazu führt, daß die ordinale MDS-Lösung *degeneriert*. Von einer degenerierten Lösung spricht man dann, wenn der Stress sehr klein wird, *ohne* daß dabei die Ordnung der Daten der Ordnung der MDS-Distanzen entspricht.

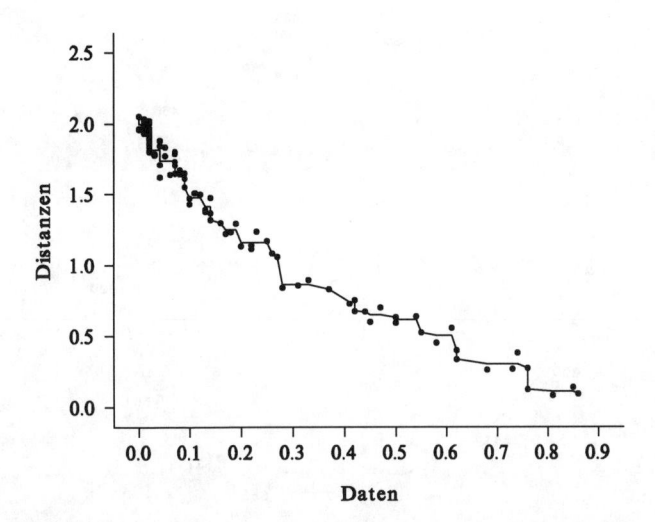

**Abbildung 6.11a.** Shepard-Diagramm der 2-dimensionalen MDS-Lösung in Abbildung 6.12.

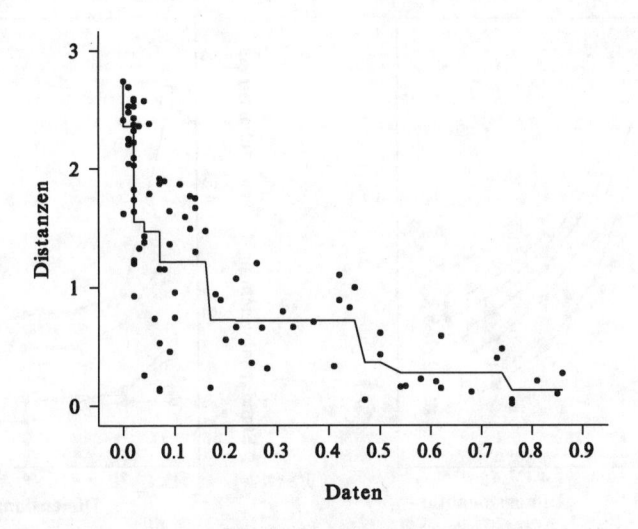

**Abbildung 6.11b.** Shepard-Diagramm der 1-dimensionalen MDS-Lösung der Farbähnlichkeiten.

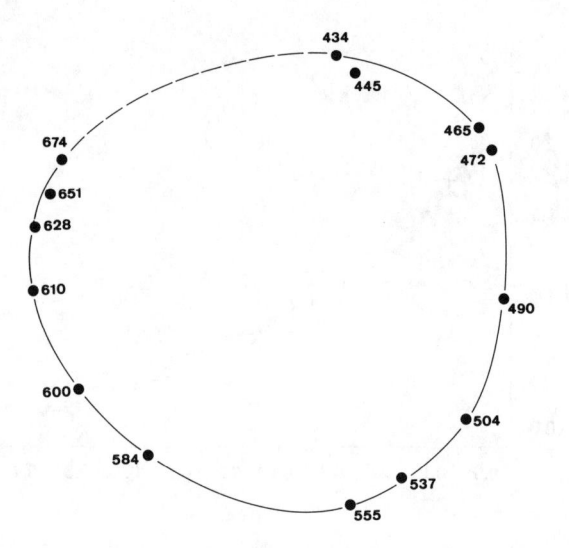

**Abbildung 6.12.** 2-dimensionale MDS-Darstellung der Farbähnlichkeiten; Zahlen sind Wellenlängen in nm.

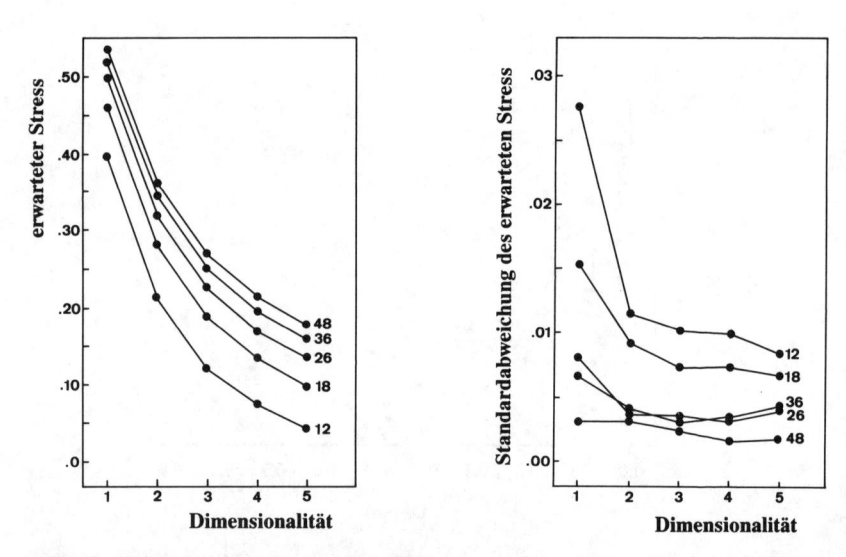

**Abbildung 6.13.** Erwartete Stress-Werte und ihre Standardabweichungen für Zufallskonfigurationen mit 12, 18, ..., 48 Punkten.

**Tabelle 6.4.** Korrelationen von acht Subtests.

|     | NP   | LVP  | SVP  | CCP  | NR   | SLP  | CCR  | ILR  |
|-----|------|------|------|------|------|------|------|------|
| NP  | --   | 0.78 | 0.87 | 0.94 | 0.84 | 0.53 | 0.72 | 0.66 |
| LVP | 0.78 | --   | 0.94 | 0.83 | 0.85 | 0.47 | 0.48 | 0.45 |
| SVP | 0.87 | 0.94 | --   | 0.90 | 0.91 | 0.56 | 0.57 | 0.44 |
| CCP | 0.94 | 0.83 | 0.90 | --   | 0.83 | 0.60 | 0.69 | 0.57 |
| NR  | 0.84 | 0.85 | 0.91 | 0.83 | --   | 0.56 | 0.62 | 0.55 |
| SLP | 0.53 | 0.47 | 0.56 | 0.60 | 0.56 | --   | 0.59 | 0.57 |
| CCR | 0.72 | 0.48 | 0.57 | 0.69 | 0.62 | 0.59 | --   | 0.82 |
| ILR | 0.66 | 0.45 | 0.44 | 0.57 | 0.55 | 0.57 | 0.82 | --   |

Ein Beispiel: Tabelle 6.4 enthält die Interkorrelationen einer Reihe von Intelligenz-Subtests (Guthrie, 1973). Verwendet man zu ihrer Skalierung die ordinale MDS, dann ergibt sich die Konfiguration in Abbildung 6.14. Sie hat einen Stress von nahezu 0. Man erkennt deutlich drei Punkt-Cluster. Innerhalb der Cluster sind die Distanzen der Punkte praktisch gleich Null, während sie zwischen den Clustern alle relativ groß und ähnlich sind. Da somit mehr oder weniger nur zwei Typen von Distanzen vorkommen, zeigt das zugehörige Shepard-Diagramm in Abbildung 6.15 eine Stufenfunktion. Aus ihm können wir entnehmen, daß alle Korrelationen r≥0.78 in praktisch die gleiche kleine Distanz, und alle Korrelationen r≤0.72 in praktisch die gleiche große Distanz abgebildet wurden. Trotz des niedrigen Stress-Wertes repräsentiert diese MDS-Konfiguration die Ordnung der Daten nicht richtig, weil weder alle Distanzen innerhalb, noch die zwischen den Punkt-Clustern der Ordnung der Daten entsprechen.

Betrachtet man die Daten in Tabelle 6.4, dann erkennt man andererseits, daß diejenigen Subtests, die in der MDS-Lösung clustern, allesamt höher untereinander korrelieren als mit irgendwelchen Subtests in anderen Clustern. (Der Subtest SLP bildet dabei sein eigenes Cluster.) Die größte "Zwischen-Cluster"-Korrelation ist r=0.72, die kleinste "Innerhalb-Cluster"-Korrelation ist r=0.78. Das sind genau die Werte, bei denen im Shepard-Diagramm die Stufe auftritt. Die Block-Struktur der Daten ermöglicht es also dem MDS-Algorithmus, dadurch den Stress beliebig klein zu machen, daß die "Zwischen"-Distanzen relativ zu den "Innerhalb"-Distanzen sehr groß gemacht werden. Man sieht aus der Stress-Formel (3), daß dabei der Nenner $\Sigma d^2(i,j)$ wegen der großen Zwischen-Distanzen immer größer wird, während die monotone Regressionslinie im Shepard-Diagramm durch das Ähnlicher-Werden der Innerhalb- und der Zwischen-Distanzen immer näher an die Punkte herankommt.

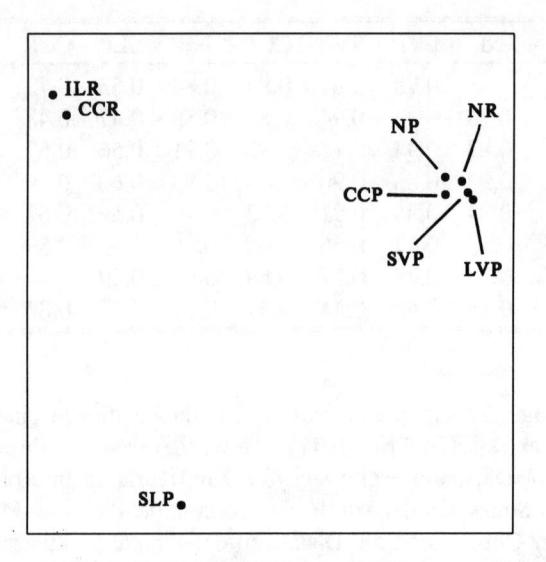

**Abbildung 6.14.** Ordinale MDS-Lösung für Daten aus Tabelle 6.4.

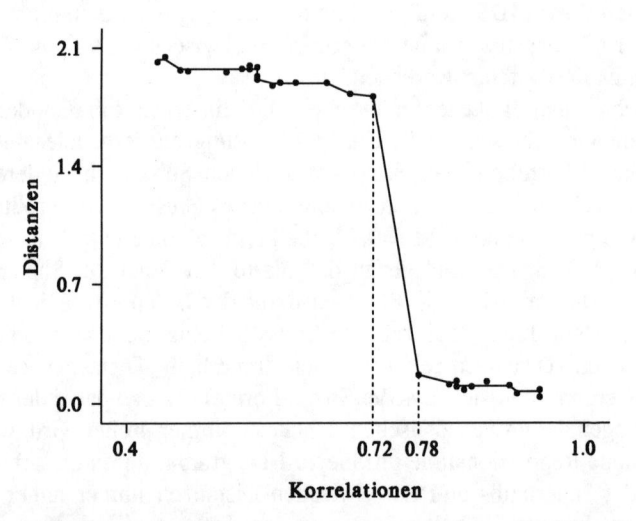

**Abbildung 6.15.** Shepard-Diagramm zu Abbildung 6.14.

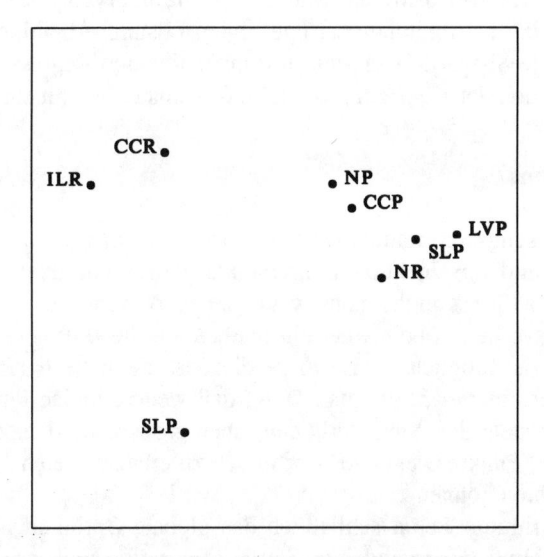

**Abbildung 6.16.** Intervall-lineare MDS-Darstellung der Daten aus Tabelle 6.4.

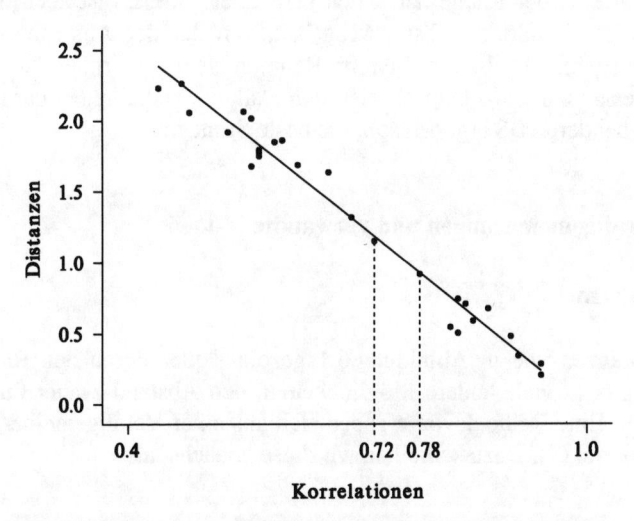

**Abbildung 6.17.** Shepard-Diagramm zu Abbildung 6.16.

Man kann die Degeneration der MDS-Lösung dadurch vermeiden, daß man ein stärkeres MDS-Modell wählt, z. B. die intervall-lineare MDS. Sie führt hier zu der in Abbildung 6.16 gezeigten Lösung. Abbildung 6.17 zeigt das zugehörige Shepard-Diagramm mit einer linearen Regressionslinie, die die Degeneration der Konfiguration in Punkt-Cluster nicht mehr zuläßt.

**Lokale Minima**

Der MDS-Lösungsalgorithmus geht, wie beschrieben, von einer Startkonfiguration aus und verschiebt dann die Punkte iterativ um kleine Beträge, bis schließlich der Stress nicht mehr weiter zu verbessern ist. Jedes derartige Optimierungsverfahren beinhaltet ein mathematisches Problem: Die gefundene Lösung ist möglicherweise nicht die best-mögliche (=*globales* Optimum), sondern nur *lokal* optimal. D. h., daß weitere kleine Punktverschiebungen zwar stets den Stress erhöhen, aber größere (und möglicherweise ganz radikale) Punktbewegungen doch noch zu einer weiteren Minimierung des Stress führen können.

Der Algorithmus kennt schließlich das globale Optimum nicht. Er beginnt völlig blind mit irgendeiner Startkonfiguration und tastet sich dann suchend weiter. Wenn seine Tastbewegungen in alle Richtungen anzeigen, daß der Stress nicht weiter zu minimieren ist, bricht er ab. Aus diesem Grund beginnen MDS-Programme *nicht*, wie wir bislang unterstellt haben, mit irgendeiner Zufallskonfiguration, sondern mit einer *rationalen* Startkonfiguration, die über eine Hauptkomponenten-Analyse (siehe: Faktorenanalyse in Kapitel 7) der Ränge der Daten berechnet wird. Es ist auch möglich, eine Startkonfiguration selbst vorzugeben, von der der Algorithmus dann iterativ ausgeht. Dies ist vor allem im Rahmen einer konfirmatorischen Vorgehensweise (s. u.), wo man oft ziemlich exakte Vorstellungen darüber hat, was sich bei der MDS ergeben soll, die beste Strategie.

## 6.4 Verallgemeinerungen und verwandte Modelle

**Metrik-Formel**

Statt Distanzen wie in Abbildung 6.1 gezeigt "quer durch den Raum" zu messen, gibt es viele andere Möglichkeiten, den Abstand zweier Punkte zu definieren. Eine Reihe davon ergeben sich aus einer Verallgemeinerung der Distanzformel (2). Dazu schreiben wir diese zunächst als

$$(4) \quad d(i,j) = \left( \sum_{a=1}^{m} |x_{ia} - x_{ja}|^2 \right)^{1/2},$$

und dann als

$$(5) \quad d(i,j) = \left( \sum_{a=1}^{m} |x_{ia} - x_{ja}|^q \right)^{1/q},$$

wobei der Parameter q irgendeine Zahl ist, die größer oder gleich 1 ist. (Also etwa q=1.23 oder q=2.4). Man kann zeigen, daß dann, wenn q≥1 ist, die Funktion d(i,j) stets die Eigenschaften einer Distanz hat (Borg & Lingoes, 1987). Von den möglichen Spezifikationen dieser Familie der *Minkowski-Distanzen* sind vor allem folgende drei interessant: q=1, die *city-block* Distanz, q=2, die übliche *euklidische* Distanz und q=unendlich, die *Dominanz-Metrik*.

Aus Abbildung 6.18 sehen wir geometrisch, was diese Distanzen bedeuten. Im Falle der euklidischen Distanz ist der Abstand der Punkte i und j von $d(i,j)=\sqrt{[(x_{i1}-x_{j1})^2+(x_{i1}-x_{j1})^2)]}=\sqrt{(4^2+3^2)}=5$ gleich der Länge der direkten Verbindung von i nach j. Bei der City-Block Distanz entspricht der Abstand von $d(i,j)=|x_{i1}-x_{j1}|+|x_{i2}-x_{j2}|=4+3=7$ der Länge des Weges, den man zurücklegen muß, wenn man sich zwischen i und j nur entlang der Achsen bewegen darf. (Daher der Name: Geht man in Manhattan von irgendeinem Ort zum Empire State Building, so muß man z. B. 4 Blöcke nach Osten, 3 Blöcke nach Norden und nicht etwa 5 Blöcke im Vogelflug-Sinn als Distanz zurücklegen.) Die Dominanz-Metrik schließlich entspricht einfach der größeren der beiden Differenz-Terme, bzw. der längeren der beiden City-Block Teilstrecken. Man kann leicht nachprüfen, daß man dieses Ergebnis für anwachsendes q in der Formel recht schnell annähern kann. Schon für q=10 ist $d(i,j)=[3^{10}+4^{10}]^{1/10}=4.02\approx 4=\max(4,3)$.

Man hat diese Formel als mögliches Modell dafür untersucht, wie Personen aus einer Reihe von Wahrnehmungsdimensionen ein Unähnlichkeitsurteil synthetisieren. Am naheliegendsten ist wohl die Vermutung, daß ein solches Urteil einfach aus einer Addition dimensionaler Unterschiede, also der City-Block Distanz, entsteht.

Ein Beispiel: Abbildung 6.19 zeigt die Breite und Höhe von 16 Rechtecken, die eine Gruppe von Vpn auf ihre paarweise Ähnlichkeit hin zu beurteilen hatte (Borg & Leutner, 1983). Das Rechteck Nr. 1 war 3 cm breit und 0.5 cm hoch, Rechteck Nr. 16 war 6.75 cm breit und 2.75 cm hoch, usw. Es war vermutet worden, daß das Ähnlichkeitsurteil sich aus den Unterschieden

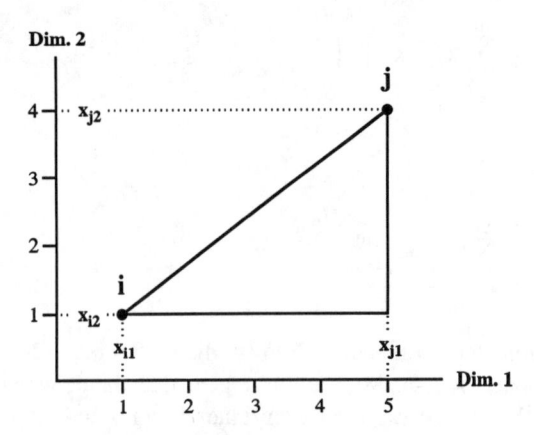

**Abbildung 6.18.** Beispiel zur Bestimmung der Distanz von zwei Punkten i und j.

---

der Rechtecke in Breite und Höhe erklären läßt und zwar so, als ob die Vpn diese Unterschiede einfach aufsummieren. Offen blieb, welches Gewicht die beiden Unterschiede haben. Skaliert man nun die Ähnlichkeitsdaten der Vpn im 2-dimensionalen Raum mit der City-Block Distanz, dann ergibt sich Abbildung 6.20.

Man erkennt sofort, daß die MDS-Konfiguration der Entwurfs-Konfiguration aus Abbildung 6.19 sehr ähnlich ist. Dabei haben sich offenbar die Höhen-Unterschiede der Rechtecke viel stärker auf das Ähnlichkeitsurteil ausgewirkt als die Breiten-Unterschiede. Man sieht weiter, daß sich die MDS-Konfiguration bezüglich beider Dimensionen logarithmisch staucht, wie man auf Grund des Weber-Gesetzes hätte erwarten können.

Bemerkenswert ist noch, daß die MDS-Konfiguration *nicht* wie bei der euklidischen Distanz gedreht werden darf, weil sich dann die Distanzen verändern. (Der Abstand zweier Gebäude in Manhattan bleibt im euklidischen Sinn unverändert, wenn man die Straßenzüge ändert; der City-Block-Abstand hängt dagegen davon ab, ob die Gebäude z. B. an derselben Straße zu liegen kommen oder nicht.) Abbildung 6.20 zeigt also eine MDS-Lösung, in der die *Orientierung* der Konfiguration relativ zu den Koordinatenachsen fest liegt. Die Koordinatenachsen entsprechen aber direkt den Dimensionen, nach denen die Rechtecke konstruiert wurden.

Dieses Beispiel entspricht dem ursprünglichen Zweck der MDS als multidimensionaler Skalierung *vorgegebener* Dimensionen. In den übrigen hier diskutierten Beispielen ist dieser Zweck nicht mehr so deutlich. Vielmehr geht hier die multidimensionale Skalierung in eine Datenanalyse-Methode

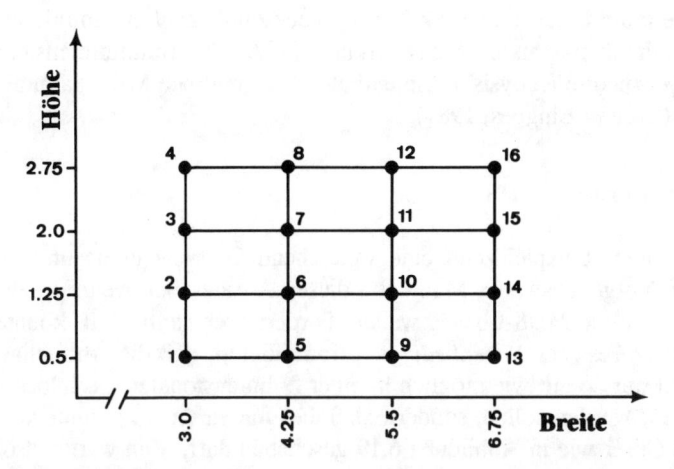

**Abbildung 6.19.** Konfiguration von 16 Rechtecken gemäß ihrer Höhe und Breite-Koordinaten.

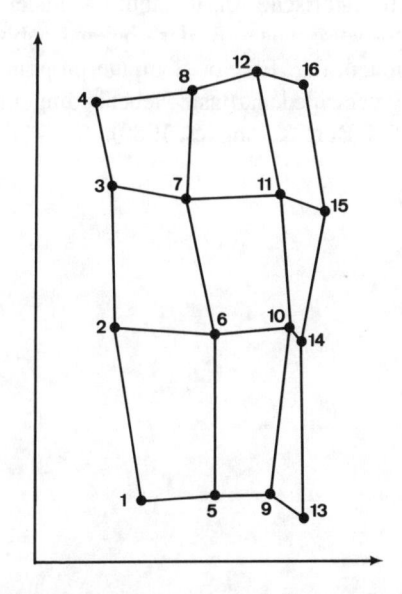

**Abbildung 6.20.** MDS-Konfiguration von Ähnlichkeitsurteilen für die 16 Rechtecke aus Abbildung 6.19.

über, bei der entweder die Dimensionen erst im nachhinein gesucht oder überhaupt ganz andere Organisationsprinzipien betrachtet werden. Da die MDS überwiegend in diesem letzteren Sinne verwendet wird, bezeichnet man die multidimensionale Skalierung neuerdings auch als multidimensionale Ähnlichkeitsstruktur-Analyse [kurz: "SSA" für "(multidimensional) similarity structure analysis"]. Sie enthält die eigentliche MDS dann als Spezialfall (Borg & Lingoes, 1987).

**Konfirmatorische MDS**

Das Rechteck-Beispiel zeigt eine weitgehend theoriegeleitete und theorietestende Vorgehensweise. Man kann diesen Ansatz noch weiter treiben, indem man an die MDS-Lösung weitere Forderungen stellt. Z. B. könnte man die *Restriktion* oder *Nebenbedingung* formulieren, daß die Ähnlichkeitsdaten nicht nur so gut wie möglich in einer 2-dimensionalen city-block-Ebene dargestellt werden sollen, sondern, daß dies nur in einem perfekt rechtwinkeligen Gitter wie in Abbildung 6.19 geschehen darf. Man wartet also nicht ab, ob die MDS-Lösung die Erwartungen erfüllt, sondern fragt gleich von vornherein, wie gut sich die Daten im Sinne einer vorgegebenen Theorie darstellen lassen. Ob daneben noch Repräsentationen existieren, die im Sinne des "theorie-blinden" Stress-Maßes besser sind, interessiert nicht.

Dieser betont konfirmatorische Ansatz stellt das andere Extrem zur rein explorativen Vorgehensweise, wie z. B. der obigen Analyse der subjektiven Ähnlichkeit von Nationen, dar. Es gibt Computerprogramme, die es erlauben, der MDS-Lösung verschiedenartigste Nebenbedingungen aufzuzwingen (Bentler & Weeks, 1978; Borg & Lingoes, 1980).

# 7 Faktorenanalyse

## 7.1 Grundlegende Konzepte

Eng verwandt mit der MDS ist die Faktorenanalyse (FA). Die FA interessiert sich aber nur für Korrelationen und analysiert diese stets im Rahmen einer metrischen Repräsentation. Wie die MDS ist auch die FA nicht ein Verfahren, sondern eine ganze Familie von Methoden und Modellen. Die meisten davon finden in der Praxis keine Anwendung. Wir können uns deshalb auf die Darstellung der Grundgedanken beschränken.

**Variablen- und Personenraum**

Nehmen wir an, wir hätten folgende Werte von drei Personen auf zwei Variablen:

|          | Variable 1 | Variable 2 |
|----------|------------|------------|
| Person 1 | 1          | 1          |
| Person 2 | 0          | −1         |
| Person 3 | −1         | 0          |

Zur Veranschaulichung solcher Beobachtungen verwendet man üblicherweise ein Streudiagramm, in dem die Variablen die Achsen bilden und die Personen den Punkten entsprechen. Dies führt hier zu Abbildung 7.1a. Die Darstellung bezeichnen wir als Repräsentation von n Personen durch Punkte im (2-dimensionalen) *Variablenraum*.

Man kann die Daten aber auch anders betrachten. Dazu faßt man die Variablen 1 und 2 auf als die Koordinaten von zwei Punkten bzw. als die Endpunkte von zwei *Vektoren* im 3-dimensionalen *Personenraum* (Abbildung 7.1b). Die Vektoren sind hierin die "Stricknadeln", die vom Ursprung des Koordinatensystems zu den beiden Punkten reichen. Ihr Winkel zueinander entspricht der Korrelation der Variablen, die die Vektoren repräsentieren.

Standardisiert man die Variablen (z-Werte), wird die Länge der Vektoren im Personenraum gleich 1. Zudem ist dann die Länge der Projektion eines Vektors auf einen anderen* gleich der Korrelation der entsprechenden

---

\* Hier gilt die Beziehung $\cos(w) = P/L$, worin L die Länge eines Vektors x, P die Länge der Projektion des Vektors x auf den Vektor y und w der Winkel zwischen x und y bezeichnet. Ist $L=1$, so ist $r = \cos(w) = P/1 = P$, wobei r die Korrelation von x und y ist.

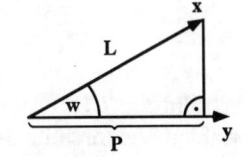

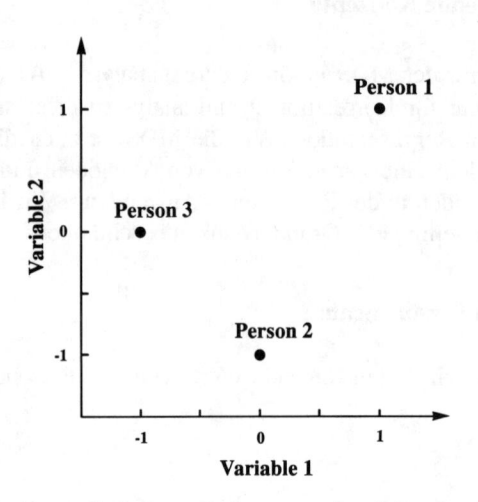

**Abbildung 7.1a.** Darstellung von 3 Personen durch Punkte im 2-dimensionalen Variablenraum.

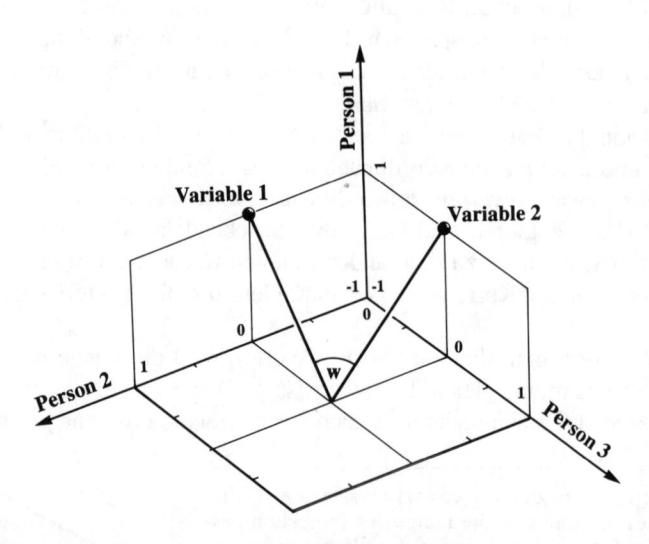

**Abbildung 7.1b.** Alternative Darstellung zu Abbildung 7.1a durch 2 Variablen-Vektoren im 3-dimensionalen Personenraum.

Faktorenanalyse 111

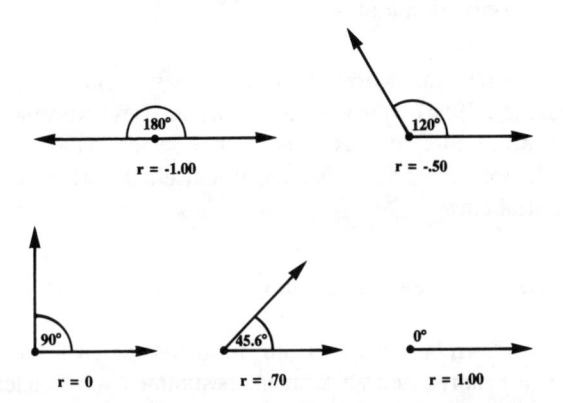

**Abbildung 7.2.** Darstellung einiger Korrelationen als Winkel von Vektoren.

Variablen. In Abbildung 7.2 sieht man hierzu einige Veranschaulichungen für verschiedene Korrelationen. Bei einer Korrelation von r=0 stehen die Vektoren senkrecht aufeinander (90°), bei r=0.70 bilden sie einen Winkel von ca. 45°, usw. Allgemein liegen die Vektoren umso näher zusammen, je höher die Variablen korrelieren.

Bei mehr als drei Personen stößt man bei der Vektor-Darstellung an die Grenze der Anschauung, weil der Personenraum dann mehr als 3 Dimensionen hat. Das läßt sich zwar nicht mehr zeichnen, aber problemlos abstrakt behandeln. Allgemein spannen n Personen einen n-dimensionalen Personenraum auf.

**Vektorkonfiguration**

Im Personenraum spannen die beiden Vektoren in Abbildung 7.1b offensichtlich eine Ebene auf. Wenn nun noch eine dritte Variable hinzukommt, dann wird diese i. allg. nicht in dieser Ebene liegen. Vielmehr entsteht dann eine 3-dimensionale *Vektorkonfiguration*. Wenn man mehr Variablen hat, erfordert die vollständige Darstellung aller Winkelbeziehungen mehr Dimensionen innerhalb des Personenraums -- es sei denn, die Winkel passen in ganz besonderer Weise zusammen. Korrelieren etwa zwei Variablen mit 0, so liegt eine dritte Variable nur dann in der durch diese beiden Vektoren aufgespannten Ebene, wenn die Summe oder absolute Differenz der Winkel dieses dritten Vektors zu den Vektoren 1 und 2 gerade 90° beträgt. Das ist z. B. bei $r_{13}$=0.60 und $r_{23}$=0.80 der Fall, weil für die Winkel gilt $w_{13}+w_{23}=53.1°+36.9°=90°=w_{13}$. Ist hingegen z. B. $r_{13}$=0.70, so ist es unmöglich, die drei Vektoren in einer Ebene darzustellen.

## 7.2 Hauptkomponentenanalyse

Betrachten wir jetzt eine Korrelationsmatrix mit mehr Variablen in Tabelle 7.1 (Fruchter, 1954). Wir wollen versuchen, diese Korrelationen durch eine Vektorkonfiguration darzustellen. Dabei setzen wir, wie üblich, die Länge jedes Vektors mit 1 fest (dies entspricht einer vorherigen Standardisierung der Variablen).

### Hauptkomponenten im Personenraum

Kann man diese Korrelationen z. B. im 3-dimensionalen Raum darstellen? Um diese Frage beantworten zu können, bestimmen wir zunächst für alle Korrelationen die entsprechenden Winkel (obere Dreiecksmatrix in Tabelle 7.1). Dann versuchen wir 10 Stricknadeln so in einen Apfel zu stecken, daß ihre Winkel zueinander diesen vorgegeben Winkeln (möglichst gut) entsprechen. Abbildung 7.3 illustriert, wie ein Versuch mit dieser Apfel-Stricknadel-Methode aussehen könnte.

Nach längerem Probieren wird man feststellen, daß sich für diese Daten eine 3-dimensionale Vektorkonfiguration finden läßt, die die Korrelationen perfekt repräsentiert. Um das Ergebnis dieser Stricknadel-Konfiguration exakt festzuhalten, führen wir ein Koordinatensystem ein. Jeder Vektor ist nun durch die Angabe der Projektionswerte seiner Endpunkte (*Ladungen*) auf den drei Koordinatenachsen (*Faktoren*) eindeutig bestimmt. Abbildung 7.4 zeigt ein solches Koordinatensystem graphisch in der bei Mathematikern üblichen Darstellungsform mit Vektoren als Pfeilen und *orthogonalen* (aufeinander senkrecht stehenden) Koordinatenachsen. Vektor 1 z. B. hat hier auf den drei Faktoren $F_1$, $F_2$ und $F_3$ die Ladungen 0.8, 0.0 bzw. 0.6.

Nun ist dieses Koordinatensystem nicht das einzig mögliche, um die Vektorkonfiguration darzustellen. Man könnte z. B. das gezeigte Koordinatensystem im Raum drehen (*rotieren*): Dabei ändern sich i. allg. die Koordinaten der Vektoren, während die Vektorkonfiguration selbst unverändert bleibt. Solche Drehungen sind zulässig, weil eben nur die Winkel der Vektoren von den Daten her festliegen. Alles andere ist empirisch bedeutungslos. Die Orientierung der Koordinatenachsen in Abbildung 7.4 hat aber trotzdem besondere Eigenschaften. Sie entspricht nämlich ungefähr dem, was Thurstone (1947) als *Einfachstruktur* bezeichnet. Sie ist dann gegeben, wenn die Ladungen jedes Vektors auf allen Faktoren entweder "groß" (=nahe 1) oder "klein" (=nahe 0) sind. Mit dieser Forderung glaubte Thurstone, die inhaltliche Deutbarkeit der Faktoren zu erleichtern. Rechnerisch erzeugt man eine bestmögliche Einfachstruktur durch Maximierung von Kaisers (1958) Varimax-Kriterium.

**Tabelle 7.1.** Korrelationen von zehn Variablen (untere Dreiecksmatrix) und entsprechende Winkel ihrer Vektoren (obere Dreiecksmatrix).

|    | 1    | 2    | 3    | 4    | 5    | 6    | 7    | 8    | 9    | 10   |
|----|------|------|------|------|------|------|------|------|------|------|
| 1  |      | 16.3 | 53.1 | 61.3 | 50.2 | 36.9 | 68.9 | 61.3 | 90.0 | 45.6 |
| 2  | 0.96 |      | 36.9 | 68.9 | 61.3 | 53.1 | 61.3 | 50.2 | 90.0 | 45.6 |
| 3  | 0.60 | 0.80 |      | 90.0 | 90.0 | 90.0 | 53.1 | 36.9 | 90.0 | 60.0 |
| 4  | 0.48 | 0.36 | 0.00 |      | 16.3 | 53.1 | 50.2 | 61.3 | 36.9 | 30.7 |
| 5  | 0.64 | 0.48 | 0.00 | 0.96 |      | 36.9 | 61.3 | 68.9 | 53.1 | 34.9 |
| 6  | 0.80 | 0.60 | 0.00 | 0.60 | 0.80 |      | 90.0 | 90.0 | 90.0 | 60.0 |
| 7  | 0.36 | 0.48 | 0.60 | 0.64 | 0.48 | 0.00 |      | 16.3 | 36.9 | 30.7 |
| 8  | 0.48 | 0.64 | 0.80 | 0.48 | 0.36 | 0.00 | 0.96 |      | 53.1 | 34.9 |
| 9  | 0.00 | 0.00 | 0.00 | 0.80 | 0.60 | 0.00 | 0.80 | 0.60 |      | 45.6 |
| 10 | 0.70 | 0.70 | 0.50 | 0.86 | 0.82 | 0.50 | 0.86 | 0.82 | 0.70 |      |

Für Abbildung 7.4 gilt zudem, daß die Ladungen aller Vektoren positiv oder gleich Null sind. Auch die Konfiguration in Abbildung 7.3 kann so gedreht werden, daß dies gilt. Das ist nur dann möglich, wenn die Korrelationen der Variablen nicht-negativ sind, wie dies z. B. bei Intelligenzitems die Regel ist. Thurstone (1935) versuchte diese empirische Gesetzmäßigkeit -- etwas vereinfacht ausgedrückt -- dadurch zu erklären, daß jeder Intelligenz-Faktor nicht weniger als "nichts" zu einem Intelligenz-Item beitragen kann. Wenn alle Vektoren nur positive Ladungen haben, dann ist der Beitrag jedes Faktors zu jedem der Items nie negativ in dem Sinn, daß ein Item mit weniger als Null auf den verschiedenen Faktoren lädt (*positive manifold hypothesis*).

Im allgemeinen braucht man zur Darstellung korrelativer Zusammenhänge viel mehr als nur drei Dimensionen. Man könnte sich aber die Aufgabe stellen, eine solche höher-dimensionale Vektorkonfiguration so zu drehen, daß alle ihre Vektoren möglichst nahe an einer vorgegebenen Koordinatenachse liegen; anschließend eliminiert man diese Dimension (durch Projektion der Konfiguration entlang dieser Dimension auf den verbleibenden Rest-Raum, wie man anschaulich im 3-dimensionalen Beispiel sieht) und wiederholt die Aufgabe für den verbleibenden Raum, usw. Die so *extrahierten* Koordinatenachsen heißen *Hauptachsen* oder *Hauptkomponenten* (HK). In Abbildung 7.5 sind die ersten beiden Hauptachsen $HK_1$ und $HK_2$ für eine fiktive Konfiguration von 6 Punkten eingezeichnet. $HK_1$ ist die Achse, bei der die Quadratsumme der gestrichelt eingezeichneten Abstände zu allen Vektoren minimal ist oder, was auf das gleiche hinausläuft, in der die Quadratsumme der Vektorprojektionen maximal ist. $HK_2$ minimiert wiederum die Abstände zu allen Vektoren, jetzt aber unter der Randbedingung,

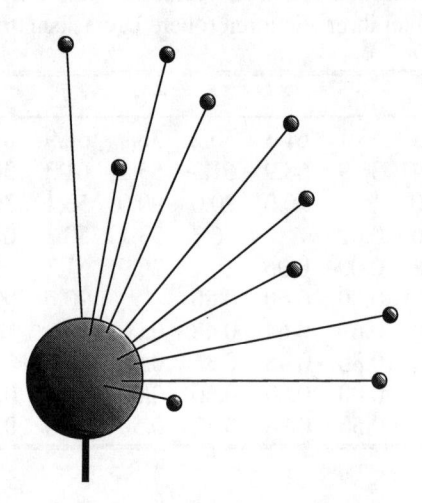

**Abbildung 7.3.** Eine 3-dimensionale Vektorkonfiguration.

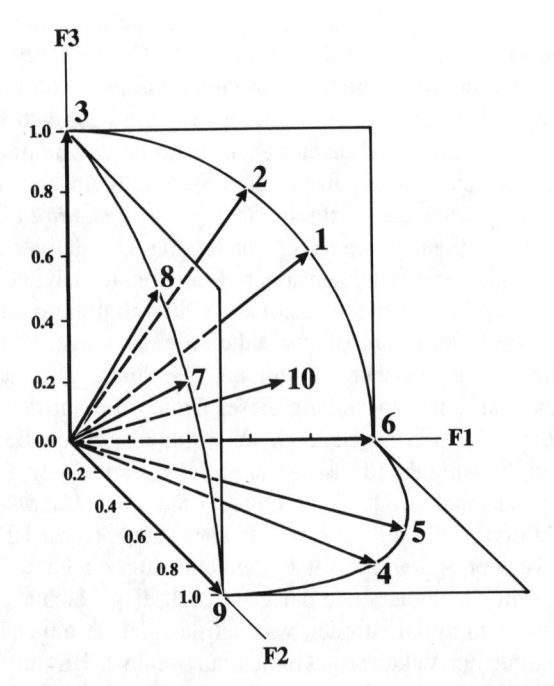

**Abbildung 7.4.** Vektor-Repräsentation der Korrelationen aus Tabelle 7.1.

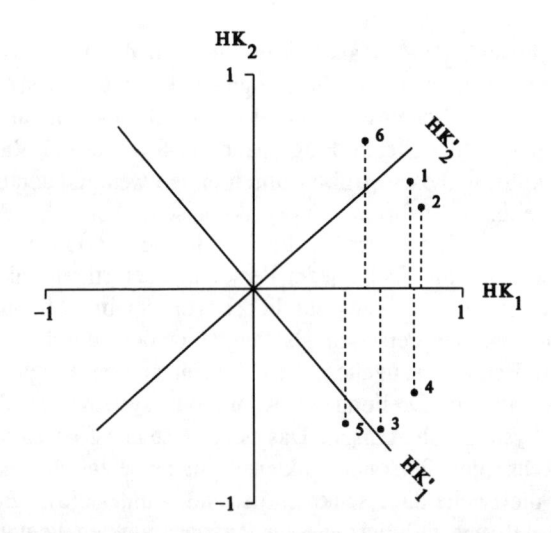

**Abbildung 7.5.** Die ersten beiden Hauptkomponenten $HK_1$ und $HK_2$ und die zur Einfachstruktur gedrehten Faktoren $HK_1'$ und $HK_2'$ für eine fiktive Konfiguration von 6 Punkten.

daß sie auf $HK_1$ senkrecht steht, usw. Jede nächst-höhere Hauptkomponente erklärt die Vektoren zunehmend weniger. An Hand der Quadratsumme aller Vektorprojektionen bzw. Ladungen (*erklärte Varianz*) kann man, ähnlich wie beim Stress in der MDS, entscheiden, wann es sich nicht mehr lohnt, die Dimensionalität noch weiter zu erhöhen. Man bestimmt damit, wie viele Faktoren man beibehalten will. Diese Faktoren dreht man dann in einem zweiten Schritt meist in die optimale Einfachstruktur-Orientierung (Faktoren $HK_1'$ und $HK_2'$ in Abbildung 7.5).

Wegen der Adjustierung aller Vektoren auf die Länge 1 liegen die Projektionen der Vektoren auf den Faktoren stets zwischen −1 und +1. Eine Ladung entspricht der Länge der Projektion eines Vektors auf den Faktor (vgl. die Fußnote auf Seite 109; hier ist jetzt der Vektor y, auf den projiziert wird, der Faktor). Eine Ladung ist damit auch gleich der Korrelation der Variablen mit dem Faktor. Matrizen derartiger Ladungen von Items/Variablen mit den Faktoren sind der wichtigste Ausdruck von Computerprogrammen der FA, weil stets versucht wird, den Faktoren eine inhaltliche Deutung zu geben. Hat man keine Hypothesen, dann versucht man die Faktoren durch Begriffe zu benennen, die das Gemeinsame der hoch auf ihnen ladenden Items ausdrücken.

## Hauptkomponenten im Variablenraum

Die obige Sichtweise der FA als das Problem, in der Vektorkonfiguration der Variablen im Personenraum ein geeignetes Koordinatensystem festzulegen, entspricht der üblichen Betrachtungsweise. Sie hat für die bei der FA meist im Vordergrund stehende Frage nach der Struktur der Variablen und nach einer Erklärung dieser Struktur durch einige wenige latente Dimensionen viele Vorteile. Unter differentialpsychologischer Perspektive interessiert man sich allerdings oft weniger für die Struktur der Variablen, sondern vor allem dafür, wie sich die Scores jeder Person aus derartigen Faktoren erklären lassen. In diesem Fall ist es nützlicher, von der in Abbildung 7.1a gewählten Sichtweise der Personen als Punkte in dem durch die Variablen aufgespannten Raum auszugehen. Das Auffinden von Hauptachsen stellt sich hierin dar als eine Drehung des Koordinatensystems der Variablen zu einem neuen System von Achsen: Das neue System ist so zu wählen, daß seine erste Achse den Personenpunkten so nah wie möglich kommt (=1. Hauptachse), die zweite dazu senkrecht ist und -- unter dieser Bedingung -- wiederum so nah wie möglich an den Personenpunkten liegt (=2. Hauptachse), usw. Die inhaltliche Bedeutung der Hauptachsen erkennt man aus der Länge der Projektionen der Variablen auf diese Achsen. Wie zuvor kann man diese Faktoren dann nochmals in dem durch sie aufgespannten Raum nach anderen Kriterien drehen. Die (standardisierten) Projektionen der Personenpunkte auf die Achsen bezeichnet man als *Faktorwerte*. In einem Intelligenztest, in dem man die den Variablen zugrundeliegenden Dimensionen z. B. als 'Rechenfähigkeit', 'Gedächtnis' und 'geometrisches Vorstellungsvermögen' faktorenanalysiert hat, besagen dann diese Faktorwerte, in welchem Umfang sich die Testleistung jeder Person jeweils durch diese Faktoren erklären läßt.

## Ein Beispiel zur Hauptkomponentenanalyse

Di Vesta & Walls (1970) untersuchten sprachliche Konnotationen von Kindern. Die Kinder wurden gebeten, verschiedene Wörter auf einer Reihe von Rating-Skalen einzustufen. Die verwendeten Skalen (semantische Differentiale) zeigt Tabelle 7.2, zusammen mit den Interkorrelationen der mittleren Ratings von 292 Wörtern.

Wir fragen nun, welche Struktur diese Skalen untereinander haben. Eine Hauptkomponentenanalyse ergibt die Ladungen in Tabelle 7.3. Die Skala 'freundlich-unfreundlich' lädt also auf der ersten Hauptkomponente mit 0.869, auf der 2. HK mit −0.421, usw. Wir können diese Ladungen auch als Korrelationen der Variablen mit den Hauptkomponenten (Faktoren) deuten.

Faktorenanalyse 117

**Tabelle 7.2.** Interkorrelationen von acht semantischen Differentialen (Di Vesta & Walls, 1970).

|  | $V_1$ | $V_2$ | $V_3$ | $V_4$ | $V_5$ | $V_6$ | $V_7$ | $V_8$ |
|---|---|---|---|---|---|---|---|---|
| $V_1$ = freundlich-unfreundlich | 1 | | | | | | | |
| $V_2$ = gut-schlecht | 0.95 | 1 | | | | | | |
| $V_3$ = nett-schrecklich | 0.96 | 0.98 | 1 | | | | | |
| $V_4$ = edel-mies | 0.68 | 0.70 | 0.68 | 1 | | | | |
| $V_5$ = klein-groß | 0.33 | 0.35 | 0.31 | 0.52 | 1 | | | |
| $V_6$ = stark-schwach | 0.60 | 0.63 | 0.61 | 0.79 | 0.61 | 1 | | |
| $V_7$ = bewegt-ruhend | 0.21 | 0.19 | 0.19 | 0.43 | 0.31 | 0.42 | 1 | |
| $V_8$ = schnell-langsam | 0.30 | 0.31 | 0.31 | 0.57 | 0.29 | 0.57 | 0.68 | 1 |

**Tabelle 7.3.** Vollständige Hauptkomponenten-Repräsentation der Korrelationen aus Tabelle 7.2 (Var%="erklärte" Varianz der HK in %; kum Var%= kumulierte Var%).

|  | $HK_1$ | $HK_2$ | $HK_3$ | $HK_4$ | $HK_5$ | $HK_6$ | $HK_7$ | $HK_8$ |
|---|---|---|---|---|---|---|---|---|
| $V_1$ | 0.869 | -0.421 | 0.129 | 0.124 | 0.041 | -0.001 | -0.184 | 0.019 |
| $V_2$ | 0.883 | -0.424 | 0.100 | 0.075 | 0.052 | 0.008 | 0.120 | 0.085 |
| $V_3$ | 0.873 | -0.437 | 0.146 | 0.082 | 0.060 | 0.020 | 0.067 | -0.101 |
| $V_4$ | 0.887 | 0.103 | -0.065 | -0.227 | -0.266 | -0.276 | 0.001 | -0.004 |
| $V_5$ | 0.579 | 0.264 | -0.723 | 0.209 | 0.152 | -0.076 | 0.002 | -0.004 |
| $V_6$ | 0.855 | 0.187 | -0.223 | -0.260 | -0.108 | 0.324 | -0.009 | 0.000 |
| $V_7$ | 0.492 | 0.699 | 0.292 | 0.391 | -0.167 | 0.055 | 0.011 | 0.000 |
| $V_8$ | 0.611 | 0.613 | 0.319 | -0.223 | 0.309 | -0.063 | -0.006 | 0.002 |
| Eigenwert : | 4.77 | 1.53 | 0.81 | 0.39 | 0.24 | 0.20 | 0.05 | 0.02 |
| Var% : | 59.6 | 19.1 | 10.1 | 4.9 | 3.0 | 2.4 | 0.7 | 0.2 |
| kum.Var% : | 59.6 | 78.7 | 88.8 | 93.7 | 96.7 | 99.1 | 99.8 | 100.0 |

Tabelle 7.3 zeigt weiter, daß die erste Hauptkomponente recht nahe an allen acht Vektoren liegt, da auf ihr fast alle Ladungen relativ groß sind. Sie erklärt somit die Vektoren besser als die zweite Hauptkomponente. Diese ist wiederum besser als die dritte, usw. Vollständig ist ein Vektor dann erklärt, wenn man aus der Kenntnis seiner Projektionen auf verschiedene Koordina-

tenachsen heraus seinen Endpunkt genau lokalisieren kann.

Man kann dies auch anders ausdrücken. Quadriert man die Ladungen einer Variablen, dann summieren sie sich im Raum aller Hauptkomponenten stets zu 1, der Länge ihres Vektors. Diese 1 entspricht der Varianz jeder (standardisierten) Variablen und der Länge jedes Vektors. Man kann also auch sagen, daß das Quadrat jeder Ladung anzeigt, wieviel Prozent der Varianz jedes Vektors durch den jeweiligen Faktor erklärt wird.

Die *Eigenwerte* in Tabelle 7.3 entsprechen der Summe dieser Quadrate über alle Vektoren. Insgesamt ist bei 8 Vektoren eine Varianz von 8 zu erklären. Dividiert man also die Eigenwerte durch 8, dann sieht man, daß die erste Hauptkomponente 59.6%, die zweite 19.1% und die dritte 10.1% der Gesamtvarianz erklärt. Das sind, zusammen genommen, fast 90%. Man kann somit bezweifeln, ob es sich noch lohnt, weitere Komponenten zu betrachten, zumal auch die Reliabilität der Daten nur begrenzt sein dürfte.

Aus der Theorie und Forschung über semantische Differentiale (Snider & Osgood, 1969) weiß man zudem, daß semantischen Konnotationen vor allem drei Faktoren zugrunde liegen: 'Bewertung', 'Aktivierung' und 'Potenz'. Streichen wir also in Tabelle 7.3 die Hauptkomponenten 4 bis 8 und drehen die verbleibende 3-dimensionale Vektorkonfiguration zu einer Einfachstruktur-Orientierung (Tabelle 7.4). Hier sehen wir dann, daß die Variablen 1 bis 4 vor allem auf der ersten Dimension laden; Variable 7 und 8 auf der zweiten; und die Variablen 5 und 6 auf der dritten. Überlegt man, was diese Variablen jeweils gemeinsam haben, kann man tatsächlich auch hier zu einer Interpretation der drei Faktoren im Sinne von 'Bewertung' ($D_1$), 'Aktivierung' ($D_2$) und 'Potenz' ($D_3$) kommen.

**MDS und Faktorenanalyse**

Eine MDS der Daten aus Tabelle 7.1 führt zu einem Ergebnis, das weitgehend der Konfiguration der Pfeilspitzen in Abbildung 7.4 entspricht. Die 2-dimensionale MDS-Lösung ergibt sich anschaulich in etwa dadurch, daß man den Ausschnitt aus der Kugeloberfläche, in der die Pfeilspitzen liegen, flach drückt. Die MDS kommt also mit einer Dimension weniger aus.

Skaliert man gegebene Daten einmal mit der MDS, ein andermal mit der Hauptkomponentenanalyse, dann kann man i. allg. einen so einfachen Zusammenhang zwischen beiden Darstellungen nicht erwarten. Dazu sind die Modelle zu verschieden. Bisweilen beunruhigt es dennoch einige, daß man für bestimmte Daten in der MDS wiederholt z. B. eine Radex-Organisation findet, während man in der FA keine Systematik erkennen kann. Besagt dies dann nicht, so wird gefragt, daß man die Radices "mit Vorsicht" behandeln sollte? Die Frage ist jedoch falsch gestellt. Wichtig sind die Beobachtungen:

**Tabelle 7.4.** Koordinaten der Variablen auf den Dimensionen $D_1$, $D_2$ und $D_3$ in dem zur Einfachstruktur-Orientierung gedrehten Raum der ersten drei Hauptkomponenten aus Tabelle 7.3.

|  | $D_1$ | $D_2$ | $D_3$ |
|---|---|---|---|
| $V_1$ = freundlich-unfreundlich | 0.954 | 0.117 | 0.158 |
| $V_2$ = gut-schlecht | 0.960 | 0.109 | 0.189 |
| $V_3$ = nett-schrecklich | 0.970 | 0.114 | 0.142 |
| $V_4$ = edel-mies | 0.621 | 0.442 | 0.469 |
| $V_5$ = klein-groß | 0.140 | 0.130 | 0.944 |
| $V_6$ = stark-schwach | 0.512 | 0.421 | 0.614 |
| $V_7$ = bewegt-ruhend | 0.045 | 0.891 | 0.144 |
| $V_8$ = schnell-langsam | 0.195 | 0.889 | 0.150 |
| Var% : | 43.5 | 25.1 | 20.1 |

Wie oft wurde der Radex gefunden? Wie klar war er? Gab es Ausnahmen? Wenn ja, unter welchen Umständen? Welche Fragen wurden da anders gestellt? Usw. Die Skalierungsmethode ist nur wie eine Brille, mit der man die Empirie betrachtet. Da gibt es gute und schlechte. Gut sind die, mit denen man in der jeweiligen Situation viel sieht. Setzen Sie sich mal eine Schweißbrille auf und schauen dann auf dieses Buch. Was sehen Sie? Falls überhaupt etwas, vermutlich nur den Umriß diese Buches. Zum Lesen also nicht die richtige Wahl. Zum Schweißen hat sie allerdings Vorteile.

**Schiefwinklige Drehung**

Die Einfachstruktur-Drehung ist eine *orthogonale* Drehung, weil dabei das Koordinatensystem als Ganzes starr gedreht wird. Daneben verwendet man in der FA bisweilen noch die *schiefwinkelige (oblique)* Drehung, die -- im mathematischen Sinn -- eigentlich keine Drehung ist, sondern vielmehr die Wahl eines neuen Koordinatensystems, dessen Achsen *nicht* mehr senkrecht aufeinander stehen müssen, wie das bei den üblichen kartesischen erforderlich ist. Man hat bei der Wahl der Faktoren daher weniger Restriktionen und kann diese möglicherweise existierenden Vektorbündeln besser anpassen.

**Faktoren höherer Ordnung**

Die Faktorwerte verschiedener Faktoren sind bei orthogonalen Koordinatensystemen stets unkorreliert. Bei schiefwinkeligen korrelieren sie dagegen untereinander in Abhängigkeit von den Winkeln, die die Achsen zueinander bilden. Man kann diese Korrelationen wiederum faktorenanalysieren. (Im vorliegenden Fall wäre das jedoch bei nur 3 Ausgangsfaktoren wenig sinnvoll.) Man bekommt dann Faktoren der Faktoren. Diese Extraktion *höherer Ordnung* läßt sich im Prinzip weiter fortsetzen.

## 7.3 Gemeinsame Faktorenanalyse

Im engeren Sinn spricht man von FA nur dann, wenn nicht die Korrelationen der beobachteten Werte (wie in Tabelle 7.2), sondern nur die Korrelationen der Anteile, die jede Variable mit mindestens einer weiteren *gemeinsam* hat (*Kommunalität*), analysiert werden. Die Absicht hierbei ist die, sich ganz auf die Zusammenhänge der Variablen dadurch zu konzentrieren, daß die *spezifische* Varianz jeder Variablen (insbesondere die Meßfehlervarianz) von vornherein eliminiert wird. Technisch löst man die Frage z. B. dadurch, daß man jede Variable per multipler Regression aus allen übrigen vorhersagt und nur mit diesem erklärten Teil weiterarbeitet. Dadurch reduzieren sich vor allem die 1.0-Werte in der Hauptdiagonalen der Korrelationsmatrix. Das Kommunalitäten-Problem führt jedoch zu weiteren Komplikationen (insbesondere sind nun die Faktorwerte unbestimmt, d. h. innerhalb gewisser Schranken frei wählbar). Steiger & Schönemann (1976), Wilkinson (1989) u. a. empfehlen daher die oben dargestellte problemlose *Hauptkomponenten-Methode*.

## 7.4 Strukturgleichungsmodelle

In den letzten Jahren ist eine Methodik populär geworden, die Konzepte der Faktorenanalyse mit solchen einer regressionsanalytischen Technik, der Pfadanalyse, verbindet. Ihr Ziel ist es, Korrelations- oder Kovarianzmatrizen durch ein Netzwerk von latenten Variablen (Faktoren) zu erklären. Das "Netzwerk" ist ein System linearer Gleichungen, in dem die beobachteten Variablen als gewichtete Summen der Faktoren erklärt werden (wie in der FA), wo es aber zudem auch möglich ist, ähnliche Erklärungsbeziehungen zwischen den Faktoren zu formulieren. Die sich dabei ergebenden *kausalen* Strukturen sind vor allem unter dem Namen eines Computerprogramms,

LISREL (Jöreskog & Sörbom, 1989), bekannt geworden. Wir skizzieren hier einige Grundgedanken dieser Modelle.

## Grundkonzepte

Eine der attraktivsten Eigenschaften von Strukturgleichungsmodellen ist ihre Darstellung durch *Pfaddiagramme*, die zeigen, wie eine Variable y von einer oder mehreren anderen Variablen $x_1$, $x_2$, usw. abhängt. Im einfachsten Fall hängt y nur von x ab, was als x→y geschrieben wird. Die Variablen x und y können dabei nicht nur *manifeste* (beobachtete) Variablen sein, sondern auch *latente* Variablen (Faktoren, Konstrukte), die aus manifesten Variablen erschlossen wurden. In pfaddiagrammatischer Weise läßt sich z. B. die erste Hauptkomponente aus Tabelle 7.1 darstellen wie in Abbildung 7.6. Die Kästchen bezeichnen hier die manifesten Variablen $V_1$, ..., $V_8$, der Kreis die Hauptkomponente $HK_1$. Das Pfaddiagramm veranschaulicht ein System von Gleichungen, die ein Modell für die beobachteten Variablen bilden. Diese Gleichungen sind:

| beob. Variablen | | Modell |
|---|---|---|
| $V_1$ | = | $a_1 + g_1 \cdot HK_1$ |
| $V_2$ | = | $a_2 + g_2 \cdot HK_1$ |
| ... | | |
| $V_8$ | = | $a_8 + g_8 \cdot HK_1$ |

Diese Formulierung kann man als Regressionsproblem verstehen, in dem die latente Variable $HK_1$ (Faktorscores) und die Gewichte (Faktorladungen) $g_1$, ..., $g_8$ zu finden sind unter der Bedingung, daß die Quadratsumme der Abweichungen der beobachteten $V_i$-Werte und der durch $a_i + g_i \cdot HK_1$ approximierten/reproduzierten Werte möglichst klein wird. Diese Abweichungen sind die Fehler des Modells und zeigen, wie schlecht es die Daten zu erklären vermag. Zur Bestimmung der Modellparameter bemerkt man zunächst, daß dann, wenn die $V_1$, ..., $V_8$ zentriert sind (d. h. wenn man von den Variablen ihre Mittelwerte subtrahiert hat), alle $a_i$ gleich Null sind. Trotzdem läßt sich das Gleichungssystem nicht direkt lösen, weil im Gegensatz zur normalen Regressionsrechnung die Prädiktorvariable $HK_1$ *nicht* bekannt ist. Ausgehend von der *Korrelationsmatrix* der Variablen $V_1$,...,$V_8$ kann man aber eine Lösung für die Gewichte $g_1$, ..., $g_8$ finden, ohne $HK_1$ selbst berechnen zu müssen. Dabei ergeben sich die Werte in Tabelle 7.3 (Spalte "$HK_1$"), also 0.869, ..., 0.611. Mit diesen Gewichten kann man anschließend

122  Kapitel 7

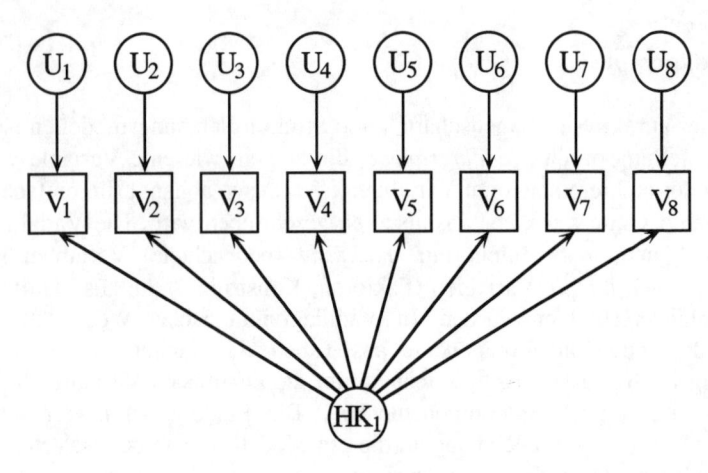

```
 U₁   U₂   U₃   U₄   U₅   U₆   U₇   U₈
  ↓    ↓    ↓    ↓    ↓    ↓    ↓    ↓
 V₁   V₂   V₃   V₄   V₅   V₆   V₇   V₈
              ↖  ↖  ↑  ↗  ↗
                  HK₁
```

**Abbildung 7.6.** Pfadanalytische Darstellung der ersten Hauptkomponente ($HK_1$) für die Variablen $V_1,...,V_8$.

auch $HK_1$ selbst bestimmen, was aber in der Praxis meist nicht gemacht wird, weil das Interesse i. allg. nur der Struktur der Variablen gilt.

Statt nur eine einzige Hauptkomponente könnten wir auch einige oder alle der anderen Hauptkomponenten an die manifesten Variablen anbinden. Das Gleichungssystem lautet dann wie folgt:

| beob. Variablen | | Modell |
|---|---|---|
| $V_1$ | = | $a_1 + g_{11} \cdot HK_1 + ... + g_{18} \cdot HK_8$ |
| $V_2$ | = | $a_2 + g_{21} \cdot HK_1 + ... + g_{28} \cdot HK_8$ |
| ... | | |
| $V_8$ | = | $a_8 + g_{81} \cdot HK_1 + ... + g_{88} \cdot HK_8$ |

wobei wir fordern, daß stufenweise zunächst für $HK_1$, dann für $HK_2$ usw. gelöst wird und daß die $HK_i$'s untereinander unkorreliert sind. Wenn wir also die $HK_i$'s sukzessive "extrahieren", ist (unter einem Kriterium kleinster quadratischer Abweichungen) die Lösung dieses Gleichungssystems gleich der Lösung in Tabelle 7.3.

## Konfirmatorische Faktorenanalyse

Wir können das Hauptkomponenten-Gleichungssytem zu einem System der gemeinsamen Faktorenanalyse verallgemeinern dadurch, daß wir auf der rechten Seite in jeder Gleichung einen zusätzlichen Faktor, $U_i$, einführen, der die *spezifische (unique)* Varianz der Variablen repräsentiert. Diese kann man sich vorstellen als den Meßfehler, der in $V_i$ steckt[*] und/oder als eine besondere Meßdimension, die ausschließlich von $V_i$ erfaßt wird. Die Gleichungen werden dann zu

| beob. Variablen | | Modell |
|---|---|---|
| $V_1$ | = | $a_1 + g_{11} \cdot F_1 + ... + h_1 \cdot U_1$ |
| $V_2$ | = | $a_2 + g_{21} \cdot F_1 + ... + h_2 \cdot U_2$ |
| ... | | |
| $V_8$ | = | $a_8 + g_{81} \cdot F_1 + ... + h_8 \cdot U_8$ |

wobei die $U_i$-Faktoren untereinander und mit den gemeinsamen Faktoren $F_i$ unkorreliert sein müssen. [Diese Nebenbedingung verhindert u. a., daß man die Gleichungen einfach dadurch löst, daß man $V_i = U_i$ setzt.] Das Modell besagt also im einfachsten Fall, daß jede manifeste Variable $V_i$ die Summe von zwei Komponenten ist, einem jeweils spezifischen Faktor und einem Anteil an dem allen Variablen gemeinsamen Faktor $F_1$. Inhaltlich heißt das z. B., daß die Ergebnisse von Probanden in einer Intelligenzaufgabe zurückzuführen sind auf verschiedene Intelligenzfaktoren, die zur Lösung der Aufgabe erforderlich sind. Nach Spearman sind diese Faktoren ein "allgemeiner" Intelligenzfaktor und ein für jede Aufgabe spezifischer ($U_i$). In Thurstones gemeinsamer Faktorenanalyse wird der allgemeine Intelligenzfaktor ersetzt durch eine Batterie von Intelligenzfaktoren ('verbale Intelligenz', 'rechnerische Intelligenz', 'Gedächtnis', usw.).

In Abbildung 7.7 haben wir das Modell der gemeinsamen Faktorenanalyse zusätzlich auf die Di Vesta-Daten hin angepaßt dadurch, daß wir (1) genau drei gemeinsame Faktoren postulieren, (2) dabei gewisse Ladungen per Hypothese mit Null festsetzen und (3) zulassen, daß die Faktoren untereinander korrelieren. Das Pfaddiagramm stellt also eine Theorie darüber dar, wie die Daten zustande gekommen sein könnten. Die gerichteten Pfade zeigen an, wie die Beobachtungsvariablen aus den drei gemeinsamen Fak-

---

[*] Im untenstehenden Gleichungssystem könnte man diese $U_i$-Terme daher auf der linken Seite subtrahieren, um so von jeder Variablen ihre "gemeinsame" Komponente zu bekommen. D. h. bespielsweise, daß $V_1 - h_1 \cdot U_1$ der Teil von $V_1$ ist, der auf Faktoren zurückgeht, die $V_1$ mit anderen Variablen gemeinsam hat.

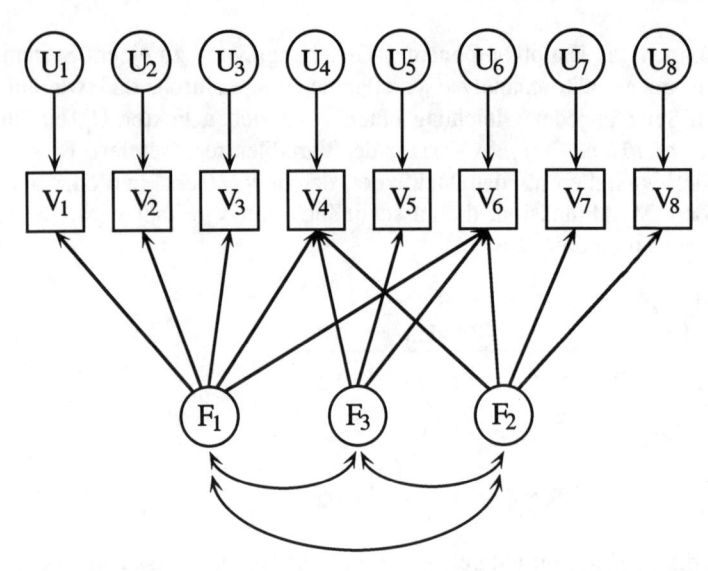

**Abbildung 7.7.** Pfaddiagramm für eine Faktorentheorie der Di Vesta-Daten.

toren erklärbar sein sollen. Dort, wo kein gerichteter Pfad gezeichnet ist, wird angenommen, daß der entsprechende Faktor zur Beobachtungsvariablen nichts beiträgt. Zudem haben wir hier angenommen, daß keine Beobachtungsvariable zuverlässig gemessen wurde, so daß die Faktoren letztlich nur die "wahre" Korrelation der Beobachtungsvariablen erklären sollen, nicht die spezifischen Varianzen oder Meßfehler. Da wir diese nicht kennen, müssen auch sie geschätzt werden. Schließlich haben wir zwischen den Faktoren $F_1$, $F_2$ und $F_3$ noch Doppelpfeile eingetragen, die anzeigen sollen, daß wir im Modell eine gegenseitige Abhängigkeit oder Korrelation zwischen den Faktoren zulassen wollen. Für die Variablen, die im Pfaddiagramm nicht vernetzt sind wird festgesetzt, daß sie mit Null korrelieren sollen.

Das Pfaddiagramm, das wir hier nachträglich auf der Basis von Tabelle 7.3 für Demonstrationszwecke erstellt haben, repräsentiert insgesamt eine Theorie, die gleichzeitig eine Aufgabe für eine *konfirmatorische Faktorenanalyse* darstellt: Diese soll rechnerisch bestimmen, wie gut das Modell die Daten erklärt und wie diese Erklärung im einzelnen lautet. Das Diagramm läßt sich Pfad für Pfad umsetzen in die Steuersprache des Computerprogramms EzPATH (Steiger, 1989), das die *freien Parameter* -- einen für jeden Pfad -- schätzt und eine Reihe von Indizes berechnet, die angeben, wie gut die Struktur die Daten erklärt. Tabelle 7.5 zeigt die Ergebnisse. Die Nul-

**Tabelle 7.5.** Gewichte für die Pfade des Diagramms in Abbildung 7.7. Die Gewichte in den grau hinterlegten Zellen sind im Modell festgelegt.

| beob. Variablen | $F_1$ | $F_2$ | $F_3$ | $U_i$ |
|---|---|---|---|---|
| $V_1$ | 0.965 | 0 | 0 | 0.261 |
| $V_2$ | 0.986 | 0 | 0 | 0.166 |
| $V_3$ | 0.994 | 0 | 0 | 0.112 |
| $V_4$ | 0.404 | 0.272 | 0.433 | 0.486 |
| $V_5$ | 0 | 0 | 0.699 | 0.715 |
| $V_6$ | 0.242 | 0.221 | 0.660 | 0.378 |
| $V_7$ | 0 | 0.709 | 0 | 0.705 |
| $V_8$ | 0 | 0.959 | 0 | 0.284 |

| Korrelationen der Faktoren | | | |
|---|---|---|---|
| | $F_1$ | $F_2$ | $F_3$ |
| $F_1$ | 1 | 0.322 | 0.468 |
| $F_2$ | 0.322 | 1 | 0.448 |
| $F_3$ | 0.468 | 0.448 | 1 |

gut die Struktur die Daten erklärt. Tabelle 7.5 zeigt die Ergebnisse. Die Nullen ergeben sich als Folge der Restriktionen, die wir dem Modell auferlegt haben; die anderen Zahlen sind die von EzPATH errechneten Pfadgewichte.

Insgesamt erklärt das Modell in Abbildung 7.7 mit den Parametern in Tabelle 7.5 die Daten außerordentlich genau. So ist z. B. die mittlere absolute Abweichung zwischen beobachteten und rückgerechneten Korrelationen nur 0.009 und der größte Abweichungswert nur 0.037. Läßt man dagegen die Möglichkeit weg, daß die Faktoren $F_1$, ..., $F_3$ untereinander korrelieren, dann steigt der mittlere absolute Abweichungswert auf 0.179. Es ist eine schwierige Frage, ob die Verschlechterung dieses Güteindexes größer ist, als man erwarten kann, wenn man drei freie Parameter weniger hat. Programme wie EzPATH stellen hierzu verschiedenartige inferenzstatistische Überlegungen an und liefern z. B. einen globalen Chi-Quadrat-Wert für den Modell-Fit insgesamt. Die Fundierung dieser Tests ist aber »highly debatable« (de Leeuw, 1991, S. 243), ebenso wie eine allzu genaue Betrachtung der verschiedenen Gewichte. Die entscheidende Frage ist vielmehr, ob sich das gefundene Muster in weiteren Datenerhebungen einigermaßen replizieren läßt.

Zu den Gewichten selbst ist folgendes anzumerken. Wenn man die Faktoren standardisiert[*] kann man aus den Pfadgewichten entnehmen, wie gut das Modell jede beobachtete Variable erklärt. Z. B. ist der erklärte Anteil (*erklärte Varianz*) von $V_1$ gleich der Quadratsumme der Pfadgewichte, die auf $V_1$ zulaufen, also $0.965^2 + 0.261^2 = 0.999$. Die Pfadgewichte kann man (wie schon in der Hauptkomponentenanalyse) auch deuten als Korrelationen der Variablen mit dem Faktor $F_i$ bzw. $U_i$. Die aus dem Modell heraus geschätzte Korrelation der Variablen $V_1$ und $V_2$ untereinander ergibt sich daraus, daß man weiß, daß sie mit 0.965 bzw. mit 0.986 mit $F_1$ korrelieren. Da ihre Interkorrelation laut Modell nur durch ihre Anteile an $F_1$ bestimmt wird, müssen sie daher auch hoch untereinander korrelieren und zwar mit $0.965 \cdot 0.986 = 0.951$. Das entspricht fast genau dem Korrelationskoeffizienten $r = 0.95$ für die empirisch beobachteten Variablen $V_1$ und $V_2$ (Tabelle 7.2). $V_1$ und $V_8$ hingegen korrelieren, dem Modell nach, nur indirekt untereinander dadurch, daß die Faktoren $F_1$ und $F_2$ (direkt und über $F_3$ auch indirekt) miteinander korrelieren.

**Ein komplizierteres Strukturgleichungsmodell**

Typische Anwendungen von Strukturgleichungsmodellen unterscheiden sich von den obigen Modellen vor allem darin, daß sie von der Möglichkeit, zwischen den Faktoren auch gerichtete (*kausale*) Beziehungen zu formulieren, Gebrauch machen. Wir verdeutlichen dies an einem Beispiel. Tabelle 7.6 enthält die Interkorrelationen von fünf Variablen einer Untersuchung von Bagozzi (1980a,b), die sich mit der Beziehung von Arbeitsleistung (L) und Arbeitszufriedenheit (AZ) beschäftigt. In den 70er Jahren ist man besonders intensiv der Frage nachgegangen, ob Arbeitszufriedenheit positiv mit Arbeitsleistung korreliert. Die Befunde waren inkonsistent (Iaffaldano & Muchinsky, 1985). Einige Autoren vermuteten, daß die Korrelation von AZ und L zwei kausale Wirkzusammenhänge vermengt, nämlich 'intrinsische AZ → L' und 'L → extrinsische AZ'. Andere Hypothesen akzentuieren mehr die Abhängigkeit der Beziehung 'L→AZ' von der Stärke der Motive, die zur Leistung führen, z. B. 'Arbeitsmotivation→L→AZ' und 'aufgabenspezifisches Selbstwertgefühl→L→AZ'.

---

[*] Dies ist eine Programmoption, die man bei der Analyse von Korrelationsmatrizen immer wählen sollte. Die Faktoren werden dann in z-Werten skaliert. Wenn man in Strukturgleichungsmodellen allerdings Kovarianzmatrizen analysiert, sollte man eine solche Standardisierung der Faktoren nicht vornehmen, da man dann ja annimmt, daß die unterschiedliche Varianz der Variablen inhaltlich bedeutsam ist. Wenn also z. B. die Variablen $V_4$, $V_5$ und $V_6$ in Abbildung 7.7 eine relativ große Varianz hätten, dann sollte man auch folgerichtig gestatten, daß $F_3$ ebenfalls eine relativ große Varianz aufweist.

**Tabelle 7.6.** Korrelationen von Variablen der Arbeitspsychologie (nach Bagozzi, 1980).

|       | $y_1$ | $y_2$ | $y_3$ | $x_1$ | $x_2$ | $x_3$ | $x_4$ | $x_5$ |
|-------|-------|-------|-------|-------|-------|-------|-------|-------|
| $y_1$ | 1     |       |       |       |       |       |       |       |
| $y_2$ | 0.42  | 1     |       |       |       |       |       |       |
| $y_3$ | 0.39  | 0.63  | 1     |       |       |       |       |       |
| $x_1$ | 0.13  | 0.20  | 0.27  | 1     |       |       |       |       |
| $x_2$ | 0.19  | 0.28  | 0.21  | 0.37  | 1     |       |       |       |
| $x_3$ | 0.54  | 0.28  | 0.32  | 0.20  | 0.16  | 1     |       |       |
| $x_4$ | 0.51  | 0.23  | 0.31  | 0.17  | 0.17  | 0.55  | 1     |       |
| $x_5$ | -0.36 | -0.16 | -0.04 | -0.20 | -0.28 | -0.29 | -0.17 | 1     |

Die Auswahl der von Bagozzi (1980a,b) erhobenen Variablen in Tabelle 7.6 entstammt solchen Überlegungen. Die Vpn waren 122 Verkäufer. Für sie wurden fünf Indizes gebildet: Leistung ($y_1$), gemessen als Verkäufe in Dollar pro Jahr; durchschnittliche Zufriedenheit mit verschiedenen materiellen Arbeitsergebnissen ($y_2$) bzw. mit tätigkeitsbezogenen Inhalten der Arbeit ($y_3$); beurteilte Wichtigkeit der Arbeit ($x_1$); beurteilte Wichtigkeit der Arbeit relativ zur Freizeit ($x_2$); subjektive Beurteilung der eigenen Leistung relativ zur Leistung von Kollegen hinsichtlich verschiedener Kriterien ($x_3$); Selbsteinstufung der Fähigkeit im Vergleich zu Kollegen, eine Reihe von Leistungskriterien erreichen zu können ($x_4$) und schließlich verbale Intelligenz in einem Wortassoziationstest ($x_5$).

Der vermutete Zusammenhang dieser Variablen ist in Abbildung 7.8 gezeigt. Der Graph enthält in seiner rechten und linken Hälfte jeweils ein *Meßmodell* für die latenten Variablen (Ellipsen). Die latenten Variablen [ausgenommen die spezifischen Faktoren $u(x_i)$] des linken Meßmodells werden meist als *exogene* Variablen bezeichnet. Sie sollen die latenten Variablen 'Arbeitszufriedenheit' und 'Leistung' vorhersagen, die als *endogene* Variablen bezeichnet werden. Die exogenen Variablen sind also die latenten unabhängigen Variablen im Modell, die endogenen die latenten abhängigen. Wie in der Statistik üblich sind deshalb die Beobachtungsvariablen (Kästchen) entsprechend mit 'x' bzw. 'y' benannt.

Je nach Spezifikation der verschiedenen Parameter des Diagramms ergeben sich andere Modelle. Verwenden wir zunächst die Spezifikation des Modells, die zu den Parameterschätzungen in Spalte 'AZ↔L' in Tabelle 7.7 führt. Für sie haben wir die Parameter in den dort grau hinterlegten Zellen auf die angegebenen Werte festgesetzt. Die übrigen Parameter sind frei und

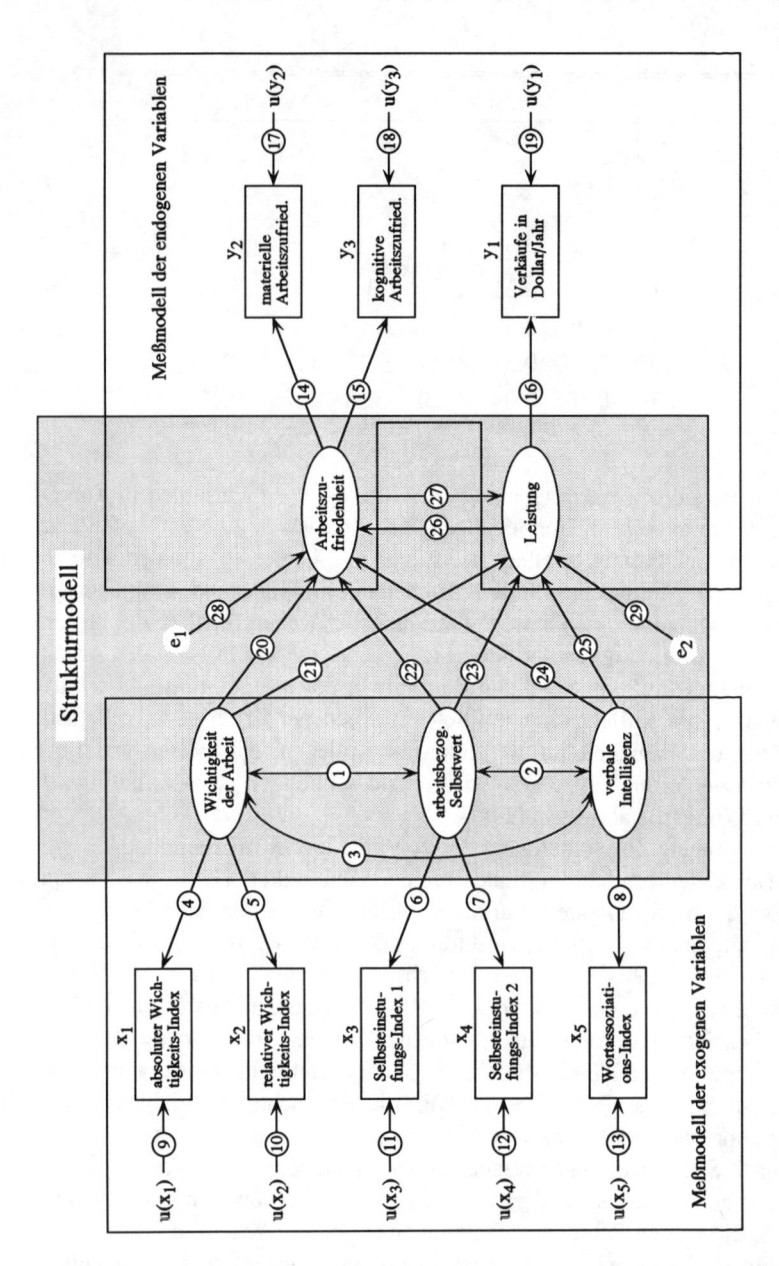

**Abbildung 7.8.** Allgemeines Modell für den Zusammenhang der Variablen in Tabelle 7.6.

wurden vom Programm EzPATH (Steiger, 1989) berechnet. Das Modell 'AZ ↔L' läßt also eine gegenseitige Beeinflussung der Variablen 'Arbeitszufriedenheit' und 'Leistung' zu. Zudem wurden die Faktoren 'verbale Intelligenz' und 'Leistung', die jeweils nur durch einen Index gemessen wurden, mit diesen Indizes gleichgesetzt (d. h. $u(x_5) \to x_5$ und $u(y_1) \to y_1$ gleich 0 gesetzt). Die Faktoren $e_1$ und $e_2$ werden als *Spezifikationsfehler* bezeichnet. Sie drücken aus, daß nicht angenommen wird, daß die endogenen Faktoren nur von den hier aufgeführten exogenen abhängen, sondern noch "von anderen Dingen", die wir hier nicht auflisten. Ohne $e_1$ und $e_2$ wären $y_1$ bis $y_3$ letztlich nur aus $x_1$ bis $x_5$ erklärbar.

Die Festlegung gewisser Parameter ist deshalb notwendig, weil man, einfach ausgedrückt, nicht aus 28 Korrelationen 29 Parameter eindeutig bestimmen kann (*Identifizierbarkeitsproblem*). Das Modell stellt ja, wie gezeigt, ein Gleichungssystem dar und dieses darf nicht mehr Unbekannte enthalten als (unabhängige) Gleichungen. Die Differenz aus der Zahl der Gleichungen und der Zahl der Unbekannten sind die *Freiheitsgrade* des Modells (df). Hat man mehr Freiheitsgrade, lassen sich i. allg. stabilere Parameter ableiten, weil diese dann auf mehr empirischen Informationen beruhen.

Unsere Modellspezifikation erklärt die Daten sehr genau. Wie Tabelle 7.7 zeigt, ist die mittlere absolute Abweichung zwischen den beobachteten Korrelationen und den aus dem Modell heraus rückgerechneten, M(resid), im Durchschnitt nur 0.019 (maximal 0.067). Neben diesen Fitindizes werden von Programmen wie EzPATH oder LISREL viele weitere Koeffizienten für die Modellgüte berechnet. Manche davon sollen auch inferenzstatistische Beurteilungen erlauben. Ihre "p-Werte" sind allerdings nur unter einer Reihe von Bedingungen valide, deren Erfüllung in der Praxis eher zweifelhaft erscheint. Zudem wird, wie wir im folgenden sehen werden, an den Modellen meist "herumgebastelt" (d. h. es werden verschiedene Spezifikationen durchgerechnet), bis man schließlich ein "final model" (Jöreskog & Sörbom, 1989) gefunden hat. Dadurch wird eine inferenzstatistische Beurteilung solcher Fitindizes natürlich weiter erschwert. (Analoges gilt für die inferenzstatistische Bewertung der Pfadgewichte.)

In Tabelle 7.7 haben wir als Fitindizes noch den GFI (=goodness of fit index) und den AGFI (=adjusted GFI) wiedergegeben. Der GFI mißt den Anteil der durch ein Modell erklärten Varianz/Kovarianz, der AGFI berücksichtigt dabei zusätzlich die Freiheitsgrade der Lösung. Tabelle 7.7 zeigt, daß der GFI bei keiner der untersuchten Varianten unter 95% liegt. Da die hier verglichenen Modelle bis auf eine Ausnahme gleich viele freie Parameter aufweisen, bieten die AGFI's in diesem Fall kaum zusätzliche Informationen.

An dem Pfadgewicht von 0.20 erkennt man, daß der "Einfluß" (eigentlich: die partielle Korrelation) von 'Arbeitszufriedenheit' auf 'Leistung' sehr

**Tabelle 7.7.** Pfadgewichte und Fitwerte für vier verschiedene Spezifikationen des allgemeinen Modells aus Abbildung 7.8.

|  | Pfad | von .. nach | AZ↔L | JS | Ba | AZ→L |
|---|---|---|---|---|---|---|
|  | 1 | WiA↔aSW | 0.39 | 0.41 | 0.37 | 0.63 |
| Meßmodell | 2 | aSW↔VI | -0.33 | -0.38 | -0.33 | -0.38 |
| der | 3 | WiA↔VI | -0.40 | -0.40 | -0.35 | -0.53 |
| endogenen | 4 | WiA→$x_1$ | 0.58 | 0.57 | 0.57 | 0.43 |
| Variablen | 5 | WiA→$x_2$ | 0.63 | 0.63 | 0.66 | 0.48 |
|  | 6 | aSW→$x_3$ | 0.77 | 0.77 | 0.77 | 0.77 |
|  | 7 | aSW→$x_4$ | 0.71 | 0.69 | 0.71 | 0.69 |
|  | 8 | VI→$x_5$ | 1 | 1 | 1 | 1 |
|  | 9 | u($x_1$)→$x_1$ | 0.82 | 0.82 | 0.82 | 0.90 |
|  | 10 | u($x_2$)→$x_2$ | 0.78 | 0.78 | 0.75 | 0.88 |
|  | 11 | u($x_3$)→$x_3$ | 0.64 | 0.64 | 0.63 | 0.64 |
|  | 12 | u($x_4$)→$x_4$ | 0.71 | 0.72 | 0.71 | 0.72 |
|  | 13 | u($x_5$)→$x_5$ | 0 | 0 | 0 | 0 |
|  | 14 | AZ→$y_2$ | 0.77 | 0.79 | 0.82 | 0.79 |
| Meßmodell | 15 | AZ→$y_3$ | 0.81 | 0.81 | 0.77 | 0.80 |
| der | 16 | L→$y_1$ | 1 | 1 | 1 | 1.00 |
| exogenen | 17 | u($y_2$)→$y_2$ | 0.63 | 0.62 | 0.57 | 0.61 |
| Variablen | 18 | u($y_3$)→$y_3$ | 0.59 | 0.60 | 0.65 | 0.60 |
|  | 19 | u($y_1$)→$y_1$ | 0 | 0 | 0 | 0 |
|  | 20 | WiA→AZ | 0.43 | 0.48 | 0.35 | 0.90 |
|  | 21 | WiA→L | -0.15 | 0 | 0 | 0 |
| Struktur- | 22 | aSW→AZ | 0.29 | 0 | 0 | 0 |
| modell | 23 | aSW→L | 0.60 | 0.73 | 0.66 | 0.64 |
|  | 24 | VI→AZ | 0.20 | 0.24 | 0 | 0.34 |
|  | 25 | VI→L | -0.20 | 0 | -0.14 | 0 |
|  | 26 | L→AZ | 0.14 | 0.45 | 0.41 | 0 |
|  | 27 | AZ→L | 0.20 | 0 | 0 | 0.20 |
|  | 28 | $e_1$→AZ | 0.76 | 0.73 | 0.79 | 0.63 |
|  | 29 | $e_2$→L | 0.65 | 0.68 | 0.70 | 0.67 |
|  |  | M(resid) | 0.019 | 0.024 | 0.025 | 0.034 |
| Fit- |  | max(resid) | 0.067 | 0.091 | 0.169 | 0.156 |
| Indizes |  | GFI | 0.978 | 0.970 | 0.969 | 0.953 |
|  |  | df | 11 | 15 | 15 | 15 |
|  |  | AGFI | 0.929 | 0.927 | 0.926 | 0.886 |

klein ist. Im final model von Bagozzi (Spalte 'Ba' in Tabelle 7.7) und in einer Reanalyse dieser Daten von Jöreskog & Sörbom (1989, Spalte 'JS') ist dieses Gewicht daher gleich Null gesetzt. Man erkennt, daß sich dadurch die Pfadgewichte kaum ändern. Im Grunde erklären alle drei Modellvarianten die Daten gleich gut. Das bestätigt den in der Praxis typischen Fall, daß verschiedene Varianten von Strukturgleichungsmodellen dann, wenn ihre Meßmodelle die Daten gut erklären, i. allg. nur schwer zu unterscheiden sind.

Man kann jetzt weiter fragen, ob und wie die Daten in einem Modell darstellbar sind, in dem die Beziehung AZ→L und L↛AZ postuliert wird. Kehrt man z. B. im 'JS'-Modell die kausale Richtung entsprechend um (Spalte 'AZ→L' in Tabelle 7.7), dann ist auch hierfür der Modellfit nicht schlecht: Der mittlere Abweichungsfehler beträgt 0.034 (max=0.156). Allerdings verschieben sich dabei die Gewichte im Strukturmodell erheblich. So wird z. B. das Gewicht für den Pfad von 'Wichtigkeit der Arbeit' zu 'Arbeitszufriedenheit' gleich 0.90. Diese Erhöhung dieses Gewichts kompensiert gewissermaßen den Ausfall des Pfads Nr. 26.

Eine andere Variante wäre die Beschränkung des linken Meßmodells derart, daß nur noch 'Wichtigkeit der Arbeit' und 'arbeitsbezogener Selbstwert' korrelieren dürfen. Rechnet man mit dieser Restriktion die 'Ba'-Spezifikation durch, dann ergibt sich auch hier wieder ein insgesamt akzeptabler Modellfit. Allerdings steigt nun max(resid) auf 0.294, so daß dieses Modell offensichtlich nicht in jeder Beziehung mit den Daten verträglich ist. Globale Fitindizes wie der GFI sind also oft wenig hilfreich, wenn es um die Beurteilung der Modellgüte geht.

### Allgemeine Probleme von Strukturgleichungsmodellen

Problematisch ist bei Strukturgleichungsmodellen vor allem, daß sie viele komplizierte Modelle mit vielen Parameter aus nur relativ wenig Daten bestimmen. Besser wäre es allemal, wenn man mehr Daten hätte, z. B. Reliabilitätsindizes für die beobachteten Variablen, mit denen man zumindest eine Schranke für die gemeinsamen Varianzen und Kovarianzen festlegen könnte. Ein Alternative hierzu wäre, alle manifesten Variablen im Modell als fehlerfrei zu betrachten und damit alle Meßfehler $u(x_i)$ und $u(y_i)$ gleich Null zu setzen. Das reduziert zumindest die Zahl der freien Parameter und führt dabei zu ähnlichen Pfadgewichten wie das allgemeinere Modell. In jedem Fall sieht man, daß eine sehr differenzierte Deutung von Pfadgewichten (von Jöreskog & Sörbom, 1989, beispielsweise auf drei Dezimalen genau berichtet) eher zweifelhaft ist. Die Ergebnisse von Strukturgleichungsmodellen sollte man vielmehr in einem groben Raster betrachten, d. h. man sollte analysieren, welche Pfadgewichte "groß" sind und welche Vorzeichen sie haben. Viel mehr als die Struktur solcher Haupt-Richtungszusammenhänge dürfte sich i. allg. nicht replizieren lassen.

Grundsätzlich läßt sich zu allen faktorenanalytischen Verfahren und Modellen allerdings einwenden, daß der Grundgedanke, inhaltlich ähnliche Items (Indizes, Variablen usw.) müßten einen Faktor bilden oder -- empirisch ausgedrückt -- hoch untereinander korrelieren, zunächst einmal zu begründen wäre. Für diese Begründung muß man differenziert herausarbeiten, wie sich die "Ähnlichkeit" der Variablen bzw. ihre Unterschiede zu anderen Variablen definieren bzw. wie sie sich aus den Facetten der Items *ableiten* lassen (Borg, 1992). Auf der Modellseite entspricht dann ein Faktor der Vorstellung, daß inhaltlich ähnliche Items Cluster bilden (Denison, 1982), d. h. untereinander höher korrelieren sollten als mit den Items anderer Inhaltsklassen. Wie man aus den Ähnlichkeiten der Variablen zu einer begründeten Vorhersage dieser der Faktorenanalyse zugrundeliegenden Annahme kommt, ist bislang unklar. Empirisch zeigt sich jedenfalls, daß dann, wenn man untersucht, ob und wie sich die semantischen Merkmale der Items in den Item-Korrelationen widerspiegeln, oft nur nachzuweisen ist, daß sich Items mit dem Merkmal A von Items mit dem Merkmal A' diskriminieren lassen. In Kapitel 6.2 haben wir im Rahmen regionaler Deutungen der MDS dazu einige Beispiele gezeigt. Keine der Regionen formte dabei ein klar abgegrenztes Cluster.

# 8 Struktupel-Analyse

Die hier unter dem Namen Struktupel-Analyse zusammengefaßten Verfahren untersuchen, welche Struktur eine Batterie z. B. von Antwort-Profilen hat, die verschiedene Vpn in einem Test generieren. Derartige Profile nennt man auch *Struktupel* (Borg, 1992).

## 8.1 Skalogramm-Analyse: Der klassische, 1-dimensionale Ansatz

In der von Guttman (1944, 1947) begründeten Skalogramm-Analyse wird überprüft, ob es gelingt, Personen und die von ihnen bearbeiteten Items gemeinsam so auf einer Skala anzuordnen, daß alle Items, die eine Person gelöst hat, "links" von ihr liegen und alle die, die sie nicht gelöst hat, "rechts" von ihr liegen. D. h., anders ausgedrückt, daß die Skalenwerte der Items, die die Person gelöst hat, kleiner sind als der Skalenwert der Person selbst, die Skalenwerte der nicht gelösten Items dagegen größer als der Skalenwert der Person.

Dieser Skalierungsabsicht liegt eine Art Hürdenmodell zugrunde. Die Items stellen dabei die Hürden dar, die nach rechts immer höher werden. Jeder Hochspringer kommt nur so weit, bis eine Hürde seine Fähigkeit übersteigt. Trifft dieses Modell zu, dann braucht man nur zu wissen, wieviele Hürden eine Person übersprungen hat, um angeben zu können, welche dies waren.

Die Analogie dieses Modells z. B. zu Items eines Intelligenz-Tests ist offensichtlich. Man kann sich die höher werdenden Hürden als schwieriger werdende Items vorstellen. Ob sich die Personen dabei aber wie die Hochspringer verhalten, hängt vor allem davon ab, ob die Items "1-dimensional" sind. Dazu müssen die Items stets, in zunehmendem Maße, die gleiche Fähigkeit ansprechen. Erfordert das erste Item z. B. geometrisches Vorstellungsvermögen, das zweite aber Rechenfähigkeit, dann sind die Items nicht 1-dimensional und es kann zu Modell-Fehlern kommen in dem Sinn, daß eine Person, die recht hohe Hürden nimmt, gleichzeitig ganz niedrige reißt, weil sie eben qualitativ anderer Art sind. Um im Bild zu bleiben, könnte das dann der Fall sein, wenn man fordert, daß bestimmte Hürden nur mit dem linken, die anderen nur mit dem rechten Bein übersprungen werden dürfen.

**Die perfekte Skala**

Betrachten wir den fiktiven Datensatz in Tabelle 8.1a. Die fünf Personen $P_1$, ..., $P_5$ haben jeweils sechs Items $I_1$, ..., $I_6$ (z. B. Items eines Intelligenztests) bearbeitet. In der Datenmatrix, die auch als *Skalogramm* bezeichnet wird, wurde eine 1 notiert, wenn die Person das Item gelöst (dominiert) hat, andernfalls eine 0. $P_2$ hat also die Aufgaben 1, 2 und 4 dominiert, Person 5 nur Aufgabe 1, usw. Wie können wir nun prüfen, ob diese Daten das Hürden-Modell erfüllen? Dazu bestimmen wir zunächst die Zeilen- und die Spaltensummen. Dann vertauschen (*permutieren*) wir die Zeilen so, daß die Randsummen von oben nach unten größer werden (Tabelle 8.1b). Anschließend machen wir das Analoge mit den Spalten, so daß deren Randsummen von links nach rechts zunehmen (Tabelle 8.1c).

Eine perfekte Guttman-Skala erkennt man an ihrem *Treppenmuster* (scala=Treppe). Falls sie existiert, läßt sich eine treppenförmige Trennlinie durch die Matrix zeichnen, so daß über ihr ausschließlich Nullen und darunter nur Einsen liegen. Dies ist, wie man sieht, in Tabelle 8.1c möglich. Die Abfolge der Items und Personen auf der Skala läßt sich nun leicht aus der permutierten Matrix erschliessen. Für die Items ergibt sich $I_1$ vor $I_4$ vor $I_2$ vor $I_3$ vor $I_5=I_6$. Person $P_5$ liegt zwischen $I_1$ und $I_4$, Person $P_4$ zwischen $I_4$ und $I_2$, usw. In Abbildung 8.1 ist die vollständige, perfekte Guttman-Skala nochmals in graphischer Darstellung gezeigt. Da sich bei den Items 5 und 6 nicht entscheiden läßt, welches der beiden schwieriger ist, wurden beide in der Skala auf den gleichen Punkt gelegt.

Als Skalenwerte kann man den Personen und Items einfach ihre Rangplätze auf der Skala in Abbildung 8.1 oder jede beliebige monotone Transformation dieser Werte zuordnen. Obwohl die Guttman-Skala somit nur ordinales Skalenniveau besitzt, lassen sich trotzdem starke Aussagen ableiten. So ist für die Daten in Tabelle 8.1 die Aussage "Person 1 ist intelligenter als Person 2" bedeutsam: $P_1$ hat nicht nur mehr Aufgaben gelöst als $P_2$, sondern alle Aufgaben, die $P_2$ gelöst hat -- plus einer zusätzlich ($I_3$). Eine analoge Aussage läßt sich für die Items treffen. Auch hier gilt, daß ein leichteres Item von allen Personen gelöst wurde, die das schwierigere richtig bearbeitet haben, und darüberhinaus noch von mindestens einer weiteren Person.

**Nicht-Trivialität der Guttman-Skalierung**

Wie stark ist nun der Befund, für gegebene Daten ein perfektes Skalogramm (d. h. ein perfektes Treppenmuster) herstellen zu können? Gegeben sind für jede Person ein *Profil* oder *n-tupel* wie z. B. (0,1,0, ..., 1) oder (1,1,0, ..., 0), wobei n die Anzahl der Items darstellt. Jedes *Element* des n-tupels kann entweder die Zahl 0 oder 1 annehmen (dichotome Daten). Insgesamt ergeben sich dadurch $2 \cdot 2 \cdot ... \cdot 2 = 2^n$ mögliche unterschiedliche Reaktionsprofile. In unserem obigen Beispiel sind somit logisch $2 \cdot 2 \cdot 2 \cdot 2 \cdot 2 \cdot 2 = 2^6 = 64$ verschiedene Profile möglich. Davon dürfen aber, damit ein perfektes Skalogramm her-

Struktupel-Analyse 135

**Tabelle 8.1a.** Fiktives Skalogramm mit Randsummen.

|        |       | $I_1$ | $I_2$ | $I_3$ | $I_4$ | $I_5$ | $I_6$ | $\Sigma$ |
|--------|-------|-------|-------|-------|-------|-------|-------|----------|
|        | $P_1$ | 1 | 1 | 1 | 1 | 0 | 0 | 4 |
|        | $P_2$ | 1 | 1 | 0 | 1 | 0 | 0 | 3 |
| Person | $P_3$ | 1 | 1 | 1 | 1 | 1 | 1 | 6 |
|        | $P_4$ | 1 | 0 | 0 | 1 | 0 | 0 | 2 |
|        | $P_5$ | 1 | 0 | 0 | 0 | 0 | 0 | 1 |
|        | $\Sigma:$ | 5 | 3 | 2 | 4 | 1 | 1 | |

**Tabelle 8.1b.** Zeilen-permutierte Matrix aus Tabelle 8.1a.

|        |       | $I_1$ | $I_2$ | $I_3$ | $I_4$ | $I_5$ | $I_6$ | $\Sigma$ |
|--------|-------|-------|-------|-------|-------|-------|-------|----------|
|        | $P_5$ | 1 | 0 | 0 | 0 | 0 | 0 | 1 |
|        | $P_4$ | 1 | 0 | 0 | 1 | 0 | 0 | 2 |
| Person | $P_2$ | 1 | 1 | 0 | 1 | 0 | 0 | 3 |
|        | $P_1$ | 1 | 1 | 1 | 1 | 0 | 0 | 4 |
|        | $P_3$ | 1 | 1 | 1 | 1 | 1 | 1 | 6 |
|        | $\Sigma:$ | 5 | 3 | 2 | 4 | 1 | 1 | |

**Tabelle 8.1c.** Vollständig permutierte Matrix aus Tabelle 8.1a mit Treppe.

|        |       | $I_5$ | $I_6$ | $I_3$ | $I_2$ | $I_4$ | $I_1$ | $\Sigma$ |
|--------|-------|-------|-------|-------|-------|-------|-------|----------|
|        | $P_5$ | 0 | 0 | 0 | 0 | 0 | 1 | 1 |
|        | $P_4$ | 0 | 0 | 0 | 0 | 1 | 1 | 2 |
| Person | $P_2$ | 0 | 0 | 0 | 1 | 1 | 1 | 3 |
|        | $P_1$ | 0 | 0 | 1 | 1 | 1 | 1 | 4 |
|        | $P_3$ | 1 | 1 | 1 | 1 | 1 | 1 | 6 |
|        | $\Sigma:$ | 1 | 1 | 2 | 3 | 4 | 5 | |

$I_1$  $P_5$  $I_4$  $P_4$  $I_2$  $P_2$  $I_3$  $P_1$  $I_5,I_6$  $P_3$

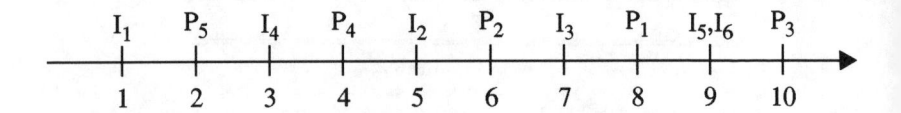

1   2   3   4   5   6   7   8   9   10

**Abbildung 8.1.** Graphische Darstellung der Guttman-Skala aus Tabelle 8.1.

stellbar ist, höchstens n+1 (d. h. im Beispiel: 7) verschiedene auftreten, wie man leicht nachprüft. Wird n nun größer, dann wächst der Ausdruck $2^n$ ungeheuer schnell an: Bei n=30 gibt es bereits über eine Milliarde verschiedene 50-tupel. Da nur höchstens je 51 davon im Sinne eines perfekten Skalogramms zusammenpassen, sieht man, wie starke Anforderungen das Guttman-Modell an die Daten stellt. Deshalb findet man Guttman-Skalierbarkeit in empirischen Anwendungen höchst selten.

**Bestimmung der Fehler bei nicht-perfekten Skalogrammen**

Betrachten wir nun Daten, die die Modellanforderungen nicht perfekt erfüllen. In Tabelle 8.2a findet sich dazu ein wiederum fiktiver Datensatz von fünf Personen und sechs Items. Ordnet man das Skalogramm wie oben nach den Zeilen- und Spaltensummen um, so ergibt sich diesmal kein perfektes Treppenmuster (Tabelle 8.2b). Streng genommen existiert die Guttman-Skala für diese Daten also nicht.

In der Praxis ist es aber unrealistisch anzunehmen, daß die Daten vollkommen fehlerfrei sind. Es ist deshalb sinnvoll zu fragen, ob eine Guttman-Skala wenigstens annähernd existiert. Um dies festzustellen, muß man die Zahl der Abweichungen (*Fehler*) des empirisch gegebenen von einem perfekten Skalogramm bestimmen. Es gibt unterschiedliche Verfahren zur Quantifizierung dieser Fehler (vgl. Staufenbiel, 1992). Die im folgenden beschriebenen beiden Vorgehensweisen haben gemeinsam, daß sie nach der Permutation des Skalogramms die Zahl der Fehler für jedes Zeilenprofil einzeln bestimmen und diese Fehler zum Schluß über alle Zeilen aufsummieren.

Das einfachste, im folgenden als *E-Typ* bezeichnete Verfahren zur Fehlerbestimmung geht auf Goodenough (1944) und Edwards (1948) zurück. Greifen wir uns zu dessen Erläuterung das Profil (0,0,1,0,0,1) der Person $P_3$ aus der Datenmatrix in Tabelle 8.2b heraus. Goodenough und Edwards zählen als Fehler die Zahl der Abweichungen dieses Profils von dem perfekten Profil mit der gleichen Randsumme. $P_3$ weist eine Randsumme von 2 auf, damit ist (0,0,0,0,1,1) das entsprechende perfekte Profil. Empirisch gegebe-

**Tabelle 8.2a.** Ein zweiter fiktiver Datensatz.

|        |       | $I_1$ | $I_2$ | $I_3$ | $I_4$ | $I_5$ | $I_6$ | $\Sigma$ |
|--------|-------|-------|-------|-------|-------|-------|-------|----------|
|        | $P_1$ | 1 | 1 | 0 | 0 | 0 | 0 | 2 |
|        | $P_2$ | 0 | 1 | 1 | 0 | 1 | 0 | 3 |
| Person | $P_3$ | 0 | 1 | 0 | 1 | 0 | 0 | 2 |
|        | $P_4$ | 1 | 1 | 0 | 1 | 1 | 1 | 5 |
|        | $P_5$ | 0 | 1 | 0 | 0 | 0 | 0 | 1 |
|        | $\Sigma$ | 2 | 5 | 1 | 2 | 2 | 1 |   |

**Tabelle 8.2b.** Permutierte Matrix aus Tabelle 8.2a mit Fehlerzahlen nach Goodenough & Edwards ($e_E$) und Guttman ($e_G$) sowie K-Terme zur Bestimmung der maximal möglichen G-Fehler.

|        |       | $I_3$ | $I_6$ | $I_4$ | $I_5$ | $I_1$ | $I_2$ | $\Sigma$ | $e_E$ | $e_G$ |
|--------|-------|-------|-------|-------|-------|-------|-------|----------|-------|-------|
|        | $P_5$ | 0 | 0 | 0 | 0 | 0 | 1 | 1 | 0 | 0 |
|        | $P_3$ | 0 | 0 | 1 | 0 | 0 | 1 | 2 | 2 | 1 |
| Person | $P_1$ | 0 | 0 | 0 | 0 | 1 | 1 | 2 | 0 | 0 |
|        | $P_2$ | 1 | 0 | 0 | 1 | 0 | 1 | 3 | 2 | 2 |
|        | $P_4$ | 0 | 1 | 1 | 1 | 1 | 1 | 5 | 0 | 0 |
| $\Sigma$: | | 1 | 1 | 2 | 2 | 2 | 5 |   | 4 | 3 |
| $5-\Sigma$: | | 4 | 4 | 3 | 3 | 3 | 1 |   |   |   |
| $K_i$: | | 1 | + 1 | + 2 | + 2 | + 1 |   | $= 7 = \text{emax}_G$ |   |   |

nes und perfektes Profil unterscheiden sich an der dritten und fünften Position. $P_3$ weist daher zwei Fehler des E-Typs auf. Das Profil (1,0,0,1,0,1) der Person $P_2$ weist ebenfalls zwei Fehler auf, da es sich in zwei Elementen vom perfekten Profil (0,0,0,1,1,1) mit der Randsumme 3 unterscheidet. Die übrigen Personen-Profile sind alle fehlerfrei -- empirisches und perfektes Profil stimmen überein -- und wir erhalten für das gesamte Skalogramm nach diesem Verfahren eine Fehlerzahl von $e_E = 0+2+0+2+0 = 4$. Trägt man wie im fehlerfreien Fall die Treppe anhand der (Zeilen-)Randsummen in das Skalogramm ein, so erkennt man, daß $e_E$ der Zahl der Einsen oberhalb plus der Zahl der Nullen unterhalb der solide eingezeichneten Treppe entspricht (Tabelle 8.2b).

Guttman selbst hat ein anderes Vorgehen zur Fehlerbestimmung vorgeschlagen (*G-Typ*). Er definiert Fehler als die minimale Zahl von 0-1-Vertauschungen, die notwendig sind, um aus einem Profil ein perfektes Profil zu machen. Diese G-Fehler kann man bestimmen, indem man die Zahl der Abweichungen des gegebenen von allen n+1 möglichen perfekten Profilen ermittelt. Die minimale Zahl an Abweichungen ist dann die gesuchte G-Fehlerzahl. Für Profile mit sechs Elementen ergeben sich die folgenden sieben perfekten Profile

| perfektes Profil | Zahl der Abweichungen vom Profil (0,0,1,0,0,1) |
|---|---|
| (0,0,0,0,0,0) | 2 |
| (0,0,0,0,0,1) | 1 |
| (0,0,0,0,1,1) | 2 |
| (0,0,0,1,1,1) | 3 |
| (0,0,1,1,1,1) | 2 |
| (0,1,1,1,1,1) | 3 |
| (1,1,1,1,1,1) | 4 |

Das perfekte Profil mit der geringsten Zahl an Abweichungen von $P_3$ ist also (0,0,0,0,0,1). Beide Profile unterscheiden sich in nur einem Element. $P_3$ weist also einen Fehler auf. Für das Profil (1,0,0,1,0,1) der Person $P_2$ ergeben sich analog 2 Fehler aufgrund der minimalen Zahl von zwei Abweichungen zum perfekten Profil (0,0,0,1,1,1). Die Fehlerzahl des gesamten Skalogramms erhält man wieder durch Summierung der Fehler aller fünf Zeilenprofile, also $e_G=0+1+0+2+0=3$. Wie bei den E-Fehlern läßt sich auch hier auf der Basis der perfekten Profile eine Treppe einzeichnen. Wie man in Tabelle 8.2b erkennt, weicht diese gestrichelt gekennzeichnete Trennlinie bei dem nicht-perfekten Profil $P_3$ von der obigen ab. Die drei Gesamtfehler ergeben sich auch hier wieder als Summe der zwei Einsen oberhalb und der einen Null unterhalb der Treppe.

In unserem Beispiel ist $e_E=4$ größer als $e_G=3$. Allgemein sind beide Fehlerzahlen nur dann gleich, wenn in allen Zeilen des Skalogramms das perfekte Profil mit gleicher Randsumme die minimale Zahl an Abweichungen vom empirischen Profil aufweist. Andernfalls sind die E-Fehler größer. In empirischen Skalogrammen ist die Zahl der E-Fehler meist fast doppelt so groß wie die der G-Fehler.

## Der Reproduzierbarkeitskoeffizient als Gütemaß

Die so nach einer der beiden Methoden bestimmte absolute Zahl der Fehler ist noch kein guter Fitindex für ein Skalogramm, da er von der Größe der Datenmatrix abhängig ist. In Guttmans (1944) *Reproduzierbarkeitskoeffizienten*, abgekürzt *Rep*, wird deshalb die Zahl der Fehler auf die Größe des Skalogramms relativiert:

$$(1) \quad \text{Rep} = 1 - \frac{\text{Zahl der Fehler}}{\text{Zahl der Zellen des Skalogramms}}.$$

Es können die Fehlerzahlen vom E- oder G-Typ eingesetzt werden, entsprechend resultieren $\text{Rep}_E$ und $\text{Rep}_G$. Beide Reproduzierbarkeitskoeffizienten erreichen ihren Maximalwert von 1, wenn die Zahl der Fehler 0 beträgt, das Skalogramm also perfekt ist. Nimmt die Zahl der Fehler zu, so werden die Reproduzierbarkeitskoeffizienten immer kleiner. Für das Beispiel in Tabelle 8.2 resultieren $\text{Rep}_E = 1 - 4/30 = 0.867$ (das Skalogramm enthält 5 Zeilen und 6 Spalten, also $5 \cdot 6 = 30$ Zellen) und $\text{Rep}_G = 1 - 3/30 = 0.900$. Bei den E-Fehlern wird deutlich, woher der Name des Koeffizienten stammt: Ein $\text{Rep}_E$ von 0.867 besagt nämlich, daß wir 86.7% der Zellen der gegebenen Datenmatrix allein aus der Kenntnis der Randsummen heraus korrekt reproduzieren können (indem wir immer das perfekte Profil mit der entsprechenden Randsumme vorhersagen).

Wie ist nun ein Wert von Rep=0.867 zu bewerten? Man liest häufig, daß Rep≥0.85 sein sollte. Dieser Wert kann allerdings nur als ein grober Daumenpeilwert angesehen werden. Zunächst muß man differenzieren, auf welchem Fehlertyp der Reproduzierbarkeitskoeffizient basiert. Wie wir gesehen haben, zeigt ein $\text{Rep}_E = 0.85$ eine stärkere Übereinstimmung mit dem Guttman-Modell als ein $\text{Rep}_G$ der gleichen Höhe.

Zudem kommt es darauf an, welcher Art die Daten sind. Sind die Items z. B. alle sehr leicht, so daß viele Einsen erscheinen, ist 0.85 nicht schwer zu erreichen. Analoges gilt für sehr schwere Items. Sind im Extremfall die Items so leicht, daß jede Vp alle Items löst (oder so schwer, daß keine Vp ein Item löst), dann ist immer Rep=1.

## Maximal mögliche Fehler

Eine naheliegende Idee ist deshalb, zu bestimmen, wieviel Fehler maximal bei gegebenen Item-Schwierigkeiten in einem Skalogramm möglich sind. McConaghy (1975) und Staufenbiel (1992) haben gezeigt, daß man bei Guttmans Methode diese maximale mögliche Fehlerzahl, $\text{emax}_G$, wie folgt errechnen kann. In dem nach den Randsummen permutierten Skalogramm wird für jedes Item neben der Randsumme, also der Zahl der Einsen, auch die Zahl der Nullen berechnet (vgl. Zeile '5−Σ' in Tabelle 8.2b). Dann bestimmt man für jedes benachbarte Item-Paar das Minimum der beiden Randsummen und der Zahl der Nullen. Bezeichnen wir diese Minima mit $K_i$ so ergibt sich $emax_G$ als Summe aller $(n-1)$ $K_i$-Terme.

In Tabelle 8.2b haben wir also zunächst für das Item-Paar $I_3$ und $I_6$ die vier Werte 1, 1, 4 und 4 und somit $K_1 = min(1,1,4,4) = 1$. Für Items $I_6$ und $I_4$ resultiert $K_2 = min(1,2,4,3) = 1$; usw. Insgesamt ergeben sich bei dieser Verteilung der Randsummen $emax_G = 1+1+2+2+1 = 7$ Fehler. Daraus läßt sich schließen, daß es unmöglich ist, ein Skalogramm mit diesen Item-Randsummen zu erzeugen, das mehr als sieben G-Fehler aufweist.

Setzt man $emax_G$ in (1) ein, so kann man auch den minimal möglichen Reproduzierbarkeitskoeffizienten bestimmen. Er beträgt $1-7/30 = 0.767$. Der beobachtete $Rep_G$ ist mit 0.900 deutlich höher.

**Ein Beispiel**

Ein vielzitiertes Beispiel für die Guttman-Skalierung ist das in Tabelle 8.3 gezeigte Skalogramm für die Symptome von Gefechtsangst (Suchman, 1950). Soldaten wurden hier gefragt, wie oft sie im Gefecht eine Reihe von Angstsymptomen wie 'starkes Herzklopfen', 'Schüttelfrost', usw. verspürten (a="oft", b="manchmal", c="einmal", d="nie", e=keine Antwort). Diese Kategorien wurden dann dichotomisiert. Obwohl das Skalogramm auf den ersten Blick den kumulativen, 1-dimensionalen Charakter dieser Angstsymptome nicht besonders gut zu bestätigen scheint, weist es doch Reproduzierbarkeitskoeffizienten von $Rep_E = 1-114/900 = 0.873$ und $Rep_G = 1-66/900 = 0.927$ auf, wobei $Rep_G$ deutlich über dem minimal möglichen Rep von 0.732 liegt. Die oben im Skalogramm gezeigten Eingänge stellen somit die typische Sequenz der berichteten Angstsymptome dar. Weiß man also, daß Symptom 6='Schüttelfrost' vorliegt, dann sollten auch die Symptome 4= 'Übelkeitsgefühl', 2='flaues Gefühl in der Magengegend' und 1='starkes Herzklopfen' gegeben sein.

**Varianten bei der Fehlerbestimmung: Ties, Konditionalität, struktureller vs. distributionaler Ansatz**

Wie man am Beispiel in Tabelle 8.2b erkennen kann, ergeben sich bei fehlerbehafteten Skalogrammen dann bestimmte Freiheiten in der Permutation der Zeilen und Spalten, wenn mehrere Profile die gleiche Randsumme auf-

Struktupel-Analyse 141

**Tabelle 8.3.** Guttman-Skalierung von Gefechtsangst-Symptomen. Die Items bedeuten 1='starkes Herzklopfen'; 2='flaues Gefühl in der Magengegend'; 3='Schwächegefühl'; 4='Übelkeitsgefühl'; 5='Erbrechen'; 6='Schüttelfrost'; 7='in die Hose urinieren'; 8='Einkoten'; 9='Gefühl der Gelähmtheit' (h=Auftretenshäufigkeit des Profils; $\Sigma$=Randsummen; $e_E$=Fehlerzahl nach Goodenough & Edwards; $e_G$=Fehlerzahl nach Guttman).

| Nr. | 7 | 8 | 5 | 3 | 9 | 6 | 4 | 2 | 1 | h | $\Sigma$ | $e_E$ | $e_G$ |
|---|---|---|---|---|---|---|---|---|---|---|---|---|---|
| 50 | 0 | 0 | 0 | 0 | 0 | 0 | 0 | 0 | 0 | 7 | 0 | 0 | 0 |
| 39 | 0 | 0 | 0 | 0 | 0 | 0 | 0 | 1 | 0 | 1 | 1 | 2 | 1 |
| 45 | 0 | 0 | 0 | 0 | 0 | 0 | 0 | 0 | 1 | 7 | 1 | 0 | 0 |
| 47 | 0 | 0 | 0 | 1 | 0 | 0 | 0 | 0 | 0 | 1 | 1 | 2 | 1 |
| 48 | 0 | 0 | 1 | 0 | 0 | 0 | 0 | 0 | 0 | 1 | 1 | 2 | 1 |
| 30 | 0 | 0 | 0 | 0 | 0 | 1 | 0 | 1 | 0 | 1 | 2 | 2 | 2 |
| 35 | 0 | 0 | 0 | 0 | 1 | 0 | 0 | 1 | 0 | 2 | 2 | 2 | 2 |
| 37 | 0 | 0 | 0 | 0 | 0 | 0 | 0 | 1 | 1 | 7 | 2 | 0 | 0 |
| 40 | 0 | 1 | 0 | 0 | 0 | 0 | 0 | 0 | 1 | 1 | 2 | 2 | 1 |
| 41 | 0 | 0 | 1 | 0 | 0 | 0 | 0 | 0 | 1 | 1 | 2 | 2 | 1 |
| 42 | 0 | 0 | 0 | 0 | 1 | 0 | 0 | 0 | 1 | 1 | 2 | 2 | 1 |
| 43 | 0 | 0 | 0 | 0 | 0 | 0 | 1 | 0 | 1 | 1 | 2 | 2 | 1 |
| 44 | 0 | 0 | 0 | 0 | 0 | 1 | 0 | 0 | 1 | 1 | 2 | 2 | 1 |
| 46 | 0 | 0 | 0 | 1 | 0 | 0 | 1 | 0 | 0 | 1 | 2 | 4 | 2 |
| 29 | 0 | 0 | 0 | 0 | 0 | 1 | 0 | 1 | 1 | 3 | 3 | 2 | 1 |
| 36 | 0 | 0 | 0 | 0 | 0 | 0 | 1 | 1 | 1 | 2 | 3 | 0 | 0 |
| 38 | 0 | 0 | 0 | 1 | 0 | 0 | 0 | 1 | 1 | 1 | 3 | 2 | 1 |
| 19 | 0 | 0 | 1 | 0 | 1 | 0 | 1 | 1 | 0 | 1 | 4 | 4 | 3 |
| 21 | 0 | 0 | 0 | 0 | 1 | 1 | 1 | 1 | 0 | 1 | 4 | 2 | 1 |
| 22 | 0 | 0 | 0 | 0 | 1 | 0 | 1 | 1 | 1 | 2 | 4 | 2 | 1 |
| 25 | 0 | 0 | 0 | 1 | 0 | 0 | 1 | 1 | 1 | 3 | 4 | 2 | 1 |
| 26 | 0 | 0 | 0 | 0 | 1 | 1 | 1 | 1 | 0 | 2 | 4 | 0 | 0 |
| 27 | 0 | 0 | 1 | 0 | 1 | 0 | 1 | 1 | 0 | 1 | 4 | 2 | 2 |
| 28 | 0 | 0 | 0 | 0 | 1 | 1 | 0 | 1 | 1 | 3 | 4 | 2 | 1 |
| 33 | 0 | 0 | 1 | 0 | 0 | 0 | 1 | 1 | 1 | 1 | 4 | 2 | 1 |
| 34 | 0 | 0 | 1 | 0 | 1 | 0 | 0 | 1 | 1 | 1 | 4 | 4 | 2 |
| 49 | 0 | 1 | 0 | 0 | 1 | 1 | 0 | 0 | 1 | 1 | 4 | 4 | 3 |
| 7 | 0 | 0 | 1 | 1 | 1 | 0 | 1 | 0 | 1 | 1 | 5 | 4 | 2 |
| 10 | 0 | 0 | 1 | 1 | 0 | 0 | 1 | 1 | 1 | 1 | 5 | 4 | 2 |
| 12 | 0 | 0 | 1 | 0 | 1 | 1 | 1 | 0 | 1 | 1 | 5 | 2 | 2 |
| 16 | 0 | 0 | 0 | 1 | 1 | 1 | 0 | 1 | 1 | 1 | 5 | 2 | 1 |
| 17 | 0 | 1 | 0 | 0 | 1 | 1 | 1 | 0 | 1 | 1 | 5 | 2 | 2 |
| 18 | 0 | 0 | 1 | 0 | 1 | 0 | 1 | 1 | 1 | 1 | 5 | 2 | 2 |
| 20 | 0 | 0 | 0 | 0 | 1 | 1 | 1 | 1 | 1 | 2 | 5 | 0 | 0 |
| 23 | 0 | 0 | 1 | 0 | 0 | 1 | 1 | 1 | 1 | 2 | 5 | 2 | 1 |
| 24 | 0 | 0 | 0 | 1 | 0 | 1 | 1 | 1 | 1 | 1 | 5 | 2 | 1 |
| 31 | 1 | 1 | 0 | 0 | 0 | 0 | 1 | 1 | 1 | 1 | 5 | 4 | 2 |
| 32 | 0 | 1 | 1 | 0 | 0 | 0 | 1 | 1 | 1 | 1 | 5 | 4 | 2 |
| 6 | 0 | 0 | 1 | 1 | 1 | 1 | 1 | 0 | 1 | 1 | 6 | 2 | 1 |
| 8 | 0 | 0 | 1 | 1 | 1 | 1 | 0 | 1 | 1 | 1 | 6 | 2 | 1 |
| 9 | 0 | 0 | 1 | 1 | 0 | 1 | 1 | 1 | 1 | 1 | 6 | 2 | 1 |
| 11 | 0 | 0 | 1 | 0 | 1 | 1 | 1 | 1 | 1 | 1 | 6 | 2 | 1 |
| 15 | 0 | 0 | 0 | 1 | 1 | 1 | 1 | 1 | 1 | 6 | 6 | 0 | 0 |
| 4 | 0 | 1 | 1 | 1 | 1 | 0 | 1 | 1 | 1 | 1 | 7 | 2 | 1 |
| 5 | 0 | 0 | 1 | 1 | 1 | 1 | 1 | 1 | 1 | 5 | 7 | 0 | 0 |
| 13 | 1 | 0 | 0 | 1 | 1 | 1 | 1 | 1 | 1 | 1 | 7 | 2 | 1 |
| 14 | 0 | 1 | 0 | 1 | 1 | 1 | 1 | 1 | 1 | 1 | 7 | 2 | 1 |
| 2 | 1 | 1 | 0 | 1 | 1 | 1 | 1 | 1 | 1 | 1 | 8 | 2 | 1 |
| 3 | 0 | 1 | 1 | 1 | 1 | 1 | 1 | 1 | 1 | 7 | 8 | 0 | 0 |
| 1 | 1 | 1 | 1 | 1 | 1 | 1 | 1 | 1 | 1 | 6 | 9 | 0 | 0 |
| $\Sigma$: | 9 | 21 | 35 | 42 | 50 | 52 | 57 | 73 | 84 | 100 | | 114 | 66 |

weisen. So haben die Items $I_3$ und $I_6$ sowie die Items $I_4$, $I_5$ und $I_1$ jeweils gleiche Randsummen (*ties*). Man könnte also die Items $I_3$ und $I_6$ auch vertauschen. Wenn man dies tut, steigt aber die Zahl der Fehler, da $P_4$ dann zum fehlerbehafteten Profil wird. Eine Vertauschung der Items $I_4$ und $I_5$ führt ebenfalls zu einer Erhöhung der Fehler. (Eine Umordnung der Personenprofile mit ties hat hingegen generell keine Auswirkungen auf die Fehlerzahlen.) Um nicht eine gewisse Beliebigkeit in der Bestimmung der Fehlerzahlen zuzulassen, legen wir daher fest, daß Profile mit gleichen Randsummen stets so zu ordnen sind, daß die Fehler minimal werden (zu den Problemen dabei vgl. Staufenbiel, 1992). Dies ist in Tabelle 8.2b der Fall, im Gefechtsangst-Beispiel ergeben sich in den Item-Randsummen keine ties.

Bisher haben wir immer die Fehler für alle Zeilenprofile bestimmt und dann über die Zeilen summiert. Statt dieses *zeilenkonditionalen* Vorgehens kann man die Fehler aber auch für die Spalten/Items bestimmen und aufsummieren (*spaltenkonditional*). Beide Vorgehensweisen führen i. allg. zu unterschiedlichen Fehlerzahlen. Im Gefechtsangst-Beispiel ergeben sich z. B. spaltenkonditionale Reproduzierbarkeitskoeffizienten von $\text{Rep}_E = 0.862$ und $\text{Rep}_G = 0.908$.

Im empirischen Gefechtsangst-Beispiel treten eine Reihe von Personenprofilen mehrfach auf (Spalte 'h' in Tabelle 8.3). Bei der Bestimmung der Fitindices wurden deshalb die Fehlerzahlen der Profile vor der Aufsummierung mit der Auftretenshäufigkeit der Profile multipliziert. (In der Bestimmung der Reps beträgt deshalb der Nenner 100·9.) Dieses Vorgehen bezeichnet man auch als *distributional*. Seltener findet sich der *strukturelle* Ansatz, bei der die Häufigkeiten der verschiedenen Zeilenprofile unberücksichtigt bleiben. Geht man so vor, ergeben sich im Beispiel (zeilenkonditionale) Reproduzierbarkeitskoeffizienten von $\text{Rep}_E = 1 - 96/450 = 0.787$ und $\text{Rep}_G = 1 - 56/450 = 0.876$. Dieser Abfall der Reps gegenüber dem distributionalen Vorgehen zeigt, daß die Fehler vor allem in dünn besetzten Profilen auftreten.

## 8.2 Skalogramm-Analyse: Vorgehen bei Nicht-Skalierbarkeit

**Halbordnung und lineare Ordnung von Profilen**

Betrachten wir den Datensatz in Tabelle 8.2b. Für ihn ergibt sich nach Permutation der Zeilen und Spalten kein Treppenmuster. Was kann man daraus folgern? Es gilt offensichtlich, daß $P_4$ die intelligenteste Person (im Sinne des vorgegebenen Tests) ist. Vergleicht man aber etwa $P_2$, die drei Items richtig bearbeitet hat, mit $P_1$, die nur zwei Items gelöst hat, dann bemerkt man ein Problem. $P_1$ hat nämlich ein Item ($I_1$) richtig, das $P_2$ nicht gelöst hat. Das könnte z. B. daran liegen, daß alle Items bis auf $I_1$ Rechenaufgaben sind und $I_1$ geometrisches Vorstellungsvermögen anspricht. Ist dann die Person, die besser rechnen kann, intelligenter als die, die ein besseres geometrisches Vorstellungsvermögen besitzt? So lange man keine Gewichte einführt (etwa derart, daß Rechnen wichtiger ist als geometrisches Vorstellungsvermögen), ist diese Frage nicht zu beantworten. Die Analyse zeigt in jedem Fall, daß das Testmaterial "komplex" und nicht 1-dimensional ist.

Die Daten in Tabelle 8.2 erlauben aus diesem Grund nur die in Abbildung 8.2 gezeigte *Halb*-Ordnung. Personen, die mit keinem von oben nach unten verlaufenden Pfad verbunden sind, sind unvergleichbar. Im Gegensatz dazu führen die Daten aus Tabelle 8.1 zu einem einfacheren Bild, der *linearen* Ordnung in Abbildung 8.3.

**Skalenanalyse versus Skalenkonstruktion**

Eine weitere Alternative stellt -- auch wenn sie i. allg. nicht so verstanden wird -- die in der Literatur verbreitete Verwendung der Skalogramm-Methodik als Technik zur Skalenkonstruktion dar. Man beginnt hierbei mit einer Reihe von mehr oder weniger zusammengewürfelten Items und modifiziert oder eliminiert dann die, die nicht in das Treppenmuster passen: »If certain of the items cannot be improved enough to meet the scale criteria, a further way to increase 'scalability' is simply to discard or revise the offending items« (Torgerson, 1958, S. 330).

Dieser Ansatz, typisch für die in der Testtheorie praktizierte Itemanalyse, wird von Guttman (1981) abfällig kommentiert: »To say that one 'wants to construct' a scale of attitude towards something ... is almost analogous to saying that one 'wants' the world to be flat. ... To throw away items that do not 'fit' unidimensionality is like throwing away evidence that the world is round« (S. 39). Guttman (1941) sprach aus diesem Grund stets von Skalogramm*analyse*. Ihn interessierte also die Frage, ob Items, die einem bestimmten, definitorisch zuvor klar abgegrenzten Universum (z. B. dem Universum aller Einstellungsitems gegenüber Minoritäten) entstammen, 1-dimensional skalierbar sind oder nicht. Genauer gesagt interessierte ihn sogar die Frage, ob das *Universum*, aus dem nur einige wenige Items entnommen wurden, skalierbar ist. Die Antwort hierauf ist meist Nein: Die Struktur des Universums ist also komplexer. Man kann dann mit multidimensionalen Methoden weiter*analysieren* oder auch das Universum definitorisch in Subpopulationen aufsplitten, (z. B. Minoritäten in: Türken, Juden, Behinderte, Intellektuelle, usw.,) für die sich dann erneut die Skalierbarkeitsfrage stellen läßt. Schließlich läßt sich auch die Definition des Univer-

$P_4=(0,1,1,1,1,1)$

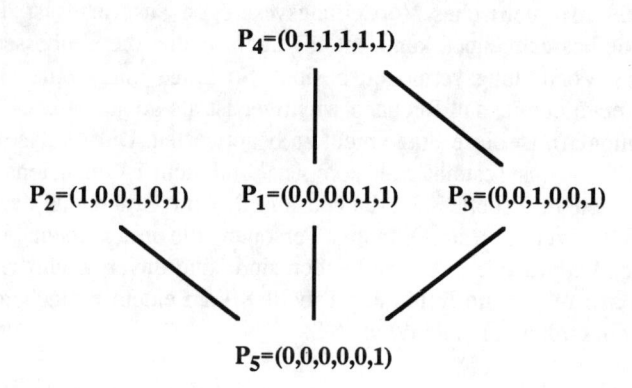

$P_2=(1,0,0,1,0,1)$  $P_1=(0,0,0,0,1,1)$  $P_3=(0,0,1,0,0,1)$

$P_5=(0,0,0,0,0,1)$

**Abbildung 8.2.** Halbordnung der Struktupel aus Tabelle 8.2b.

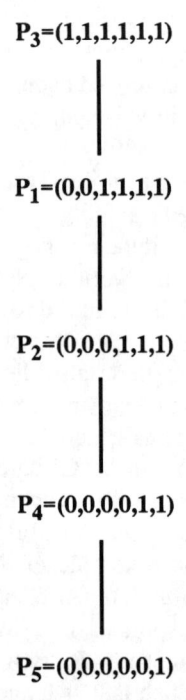

$P_3=(1,1,1,1,1,1)$

$P_1=(0,0,1,1,1,1)$

$P_2=(0,0,0,1,1,1)$

$P_4=(0,0,0,0,1,1)$

$P_5=(0,0,0,0,0,1)$

**Abbildung 8.3.** Lineare Ordnung der Struktupel aus Tabelle 8.1c.

sums modifizieren, wodurch sich andere Items ergeben. In jedem Fall wird ausgegangen von einer festen Definition für den Inhaltsbereich: Ob die Items zu diesem gehören, wird vorab inhaltlich und nicht nachträglich empirisch entschieden.

**Dominante Guttman-Skala**

Eine mögliche Alternative hierzu zeigen Coombs, Coombs & Lingoes (1978) auf. Sie befragten 6000 Frauen in Taiwan, welche einer Reihe von 15 modernen privaten Investitionsgütern sie besäßen. (Die Güter waren Dinge wie ein Fernseher, ein Radio, eine Nähmaschine, ein elektrischer Reiskocher u. ä.) Die Frage war, ob es eine kumulative Skala für den Erwerb dieser Güter, also eine typische Sequenz, gibt, die man als "measure of modernism" dann für andere Zwecke weiterverwenden könnte. Nun hängt der Erwerb solcher Güter von vielen Zufälligkeiten ab, wie z. B. Geschenken, Verfügbarkeit, günstigen Angeboten, sozialem Druck oder spezifischer Nützlichkeit. Man kann also kaum erwarten, daß sich hier eine Guttman-Skala ergibt. Tatsächlich traten von den 32768 möglichen Profilen auch 1075 auf, also viel zu viele für eine perfekte Guttman-Skala. Coombs et al. suchten nun mit einem speziellen Verfahren (vgl. Staufenbiel, 1992) die Skala heraus, die gleichzeitig möglichst viele Investitionsgüter/Items und wenig Fehler enthält. Diese Skala besteht aus folgenden acht Gütern (in abfallender Schwierigkeit): Uhr → Lüfter → Nähmaschine → Kraftrad → Waschmaschine → Photoapparat → Schallplattenspieler → Klimaanlage. Sie weist einen Reproduzierbarkeitskoeffizienten von 0.95 auf und repräsentiert 66% aller Personen fehlerfrei.

**8.3 Skalogramm-Analyse: Einschränkungen und Erweiterungen**

**Guttman-Skalierung von Einstellungsitems**

Obige Datensätze sind für Anwendungen der Guttman-Skalierung nicht typisch. Das Modell wurde viel häufiger in der Einstellungsforschung verwendet. Es erfordert dabei stets monotone Items (vgl. Abbildung 4.1). Betrachten wir nochmals zwei Items: "Die Kirche ist eine gesellschaftlich wertvolle Institution", auf die die Vp mit "ja" oder "nein" antworten kann; und "Ich mag Kaffee leicht gesüßt", mit den Antwortmöglichkeiten "nein" und "ja".

Aus inhaltlichen Überlegungen folgt, daß das Kirchen-Item ein kumulatives Item ist, das Kaffee-Item dagegen ein Punkt-Item. Auf dem Einstellungskontinuum zur Kirche streuen die Personen von ganz negativ bis ganz positiv. Beginnen wir bei den extrem negativen Personen, bewegen uns auf das positive Ende des Einstellungskontinuums zu und nehmen wir an, das Item sei deterministisch. Dann ist es wahrscheinlich, daß das kumulative Item einen einfachen Schnitt erzeugt: Alle links dieses Schnittes liegenden Personen lehnen das Item ab, alle rechts davon liegenden stimmen ihm zu. Das entspricht der Situation der obigen Items. Auf der Einstellungsdimension für Kaffee, die von schwarz bis zuckersüß reicht, werden dagegen alle die Personen, die schwarzen oder ganz süßen Kaffee mögen, das Kaffee-Item gleichermaßen ablehnen; nur die Personen, die *in der Nähe* des bezeichneten Süße-"Punktes" liegen, stimmen hier zu. Das Item induziert also nicht einen, sondern zwei Schnitte auf dem Einstellungskontinuum, die die Grenzen des Zustimmungsbereichs markieren.

Die Guttman-Skalierung paßt nur auf kumulative Items, wie unser Hürden-Modell verdeutlichen sollte. Natürlich ändert sich sein Inhalt bei Einstellungs-Items insofern, als daß es hier nicht mehr um Fähigkeiten und Schwierigkeiten geht. Vielmehr geht es darum, wie positiv oder negativ ein Item bzw. die Einstellung einer Vp ist. Die Hürden sind die Einstellungs-Items, die auf dem negativ-positiv Kontinuum errichtet sind. Das Hürdenmodell fordert, daß eine Person alle Items bis zu einem gewissen Punkt ablehnt und danach allen weiteren zustimmt.

**Mehrkategorielle Erweiterungen**

Nehmen wir an, wir hätten statt der bislang diskutierten dichotomen Items, die nur zwei Antwort-Kategorien besitzen, mehrkategorielle oder *polytome* Items. In den obigen Beispielen könnten wir ja statt nur 1="richtig" und 0="falsch" auch Items verwenden, die Antworten zulassen, die von "sehr richtig" bis "ganz falsch" reichen. Ein ähnlicher Fall lag schon in den Ausgangsdaten des Gefechtsangst-Beispiels vor. Die Frage, wie man die polytomen Items in der Skala darstellen kann, wurde dort aber durch Dichotomisierung der Daten umgangen.

Versuchen wir nun anhand eines fiktiven Beispiel mit drei Items und sieben Personen (Tabelle 8.4a) eine direkte Lösung. Item 1 hat drei Antwort-Kategorien, Item 2 zwei und Item 3 vier Antwort-Kategorien. In allen drei Items nehme die Merkmalsausprägung von a, ..., d zu und zwar stets im selben inhaltlichen Sinn. Bisher war ja ebenfalls eine 1 bei jedem Item "besser" als eine 0 im Sinne einer intelligenten Testleistung. Nun ist b stets besser als a, c besser als b, usw.

Im Grunde genommen haben wir damit die Entscheidung in falsch oder richtig nur differenziert. Ein Item mit z. B. vier Kategorien a, ..., d beinhaltet drei mögliche Klassifikations-Entscheidungen, die man symbolisch durch a | bcd, ab | cd und abc | d andeuten kann. Man entscheidet also, ob die Person in der Kategorie a liegt oder darüber, ob sie in a oder b liegt oder darüber, oder ob sie in d liegt oder darunter. Daraus sieht man, daß ein multikategorielles Item mit k Kategorien aufgefaßt werden kann als eine Batterie von k−1 dichotomen Items.

Wie man sich dies geometrisch vorstellen kann, zeigt Abbildung 8.4. Die k Kategorien jedes Items partitionieren durch k−1 "Schnitte" die Antwort-Dimension in k verschiedene Abschnitte. Die Schnitte erfolgen genau dort, wo die Hürden stehen. Person 7 liegt hier bei Item 3 in Kategorie c. Sie ist über den Schnittpunkt oder die Hürde 3bc und somit -- der Geordnetheit der Kategorien wegen -- auch über 3ab gekommen, nicht aber über 3cd.

Überträgt man die Daten aus Tabelle 8.4a in eine Matrix mit den Personen als Zeilen und den Schnittpunkten der Items als Spalten, so resultiert Tabelle 8.4b. Diese Matrix kann man wie üblich in ein Treppenmuster zu permutieren versuchen. Tabelle 8.4c zeigt, daß die Items perfekt skalierbar sind. Es ergibt sich eine Skala von Personen und Kategoriengrenzen, die wie im dichotomen Spezialfall interpretiert werden kann: Jede Person dominiert alle Itemkategorien "links" von ihr und keine "rechts" von ihr.

Aus der Skala der Schnittpunkte in Abbildung 8.4 sieht man die Struktur der Item-Kategorien. Trivial ist dabei, daß die Kategorien innerhalb eines Items immer von a, b, ... geordnet sind. Interessant ist dagegen, wie "lang" die veschiedenen Kategorien sind und wie sie sich überlappen. Ein "c" in Item 1 ist offenbar sehr viel schwieriger zu erreichen als ein "d" in Item 3. Bemerkenswert ist auch, daß Kategorie 1b gleichzeitig über und unter Kategorie 3c liegt.

Man sieht also, daß nur die 1-dimensionale Verzahnung der Kategorien verschiedener Items untereinander eine testbare Hypothese darstellt. Dies wirkt sich auch auf die zu erwartende Höhe des Reproduzierbarkeitskoeffizienten aus, in dessen Berechnung ja die vollständig in k−1 Spalten rekodierte Datenmatrix eingeht. Rep wird daher im allgemeinen höher sein als bei Matrizen der gleichen Größe, bei denen jede 1 bzw. 0 empirisch erhoben wurde.

## 8.4 Struktupel-Analyse: Mehrdimensionale Verallgemeinerungen

Es gibt zwei multidimensionale Verallgemeinerungen der Skalogramm-Analyse: die MSA-Modelle (MSA=*Multidimensionale Struktupel-Analyse*) und POSAC (POSAC=*Partielle-Ordnung Struktupel-Analyse mit Coordinaten*). Der MSA-Ansatz ist sehr allgemein und für Profile beliebiger Art ver-

**Tabelle 8.4a.** Fiktive mehrkategorielle Daten.

|  |  | Item | | |
|---|---|---|---|---|
|  |  | $I_1$ | $I_2$ | $I_3$ |
| Person | $P_1$ | b | b | b |
|  | $P_2$ | a | b | a |
|  | $P_3$ | a | b | b |
|  | $P_4$ | c | b | d |
|  | $P_5$ | b | b | d |
|  | $P_6$ | a | a | a |
|  | $P_7$ | b | b | c |

**Tabelle 8.4b.** Dominanzmatrix Personen über Schnittpunkte.

|  |  | Schnittpunkt | | | | | | |
|---|---|---|---|---|---|---|---|---|
|  |  | 1ab | 1bc | 2ab | 3ab | 3bc | 3cd | Σ |
| Person | $P_1$ | 1 | 0 | 1 | 1 | 0 | 0 | 3 |
|  | $P_2$ | 0 | 0 | 1 | 0 | 0 | 0 | 1 |
|  | $P_3$ | 0 | 0 | 1 | 1 | 0 | 0 | 2 |
|  | $P_4$ | 1 | 1 | 1 | 1 | 1 | 1 | 6 |
|  | $P_5$ | 1 | 0 | 1 | 1 | 1 | 1 | 5 |
|  | $P_6$ | 0 | 0 | 0 | 0 | 0 | 0 | 0 |
|  | $P_7$ | 1 | 0 | 1 | 1 | 1 | 0 | 4 |
|  | Σ | 4 | 1 | 6 | 5 | 3 | 2 |  |

**Tabelle 8.4c.** Permutierte Matrix aus Tabelle 8.4b.

|  |  | Schnittpunkt | | | | | | |
|---|---|---|---|---|---|---|---|---|
|  |  | 1bc | 3cd | 3bc | 1ab | 3ab | 2ab | Σ |
| Person | $P_6$ | 0 | 0 | 0 | 0 | 0 | 0 | 0 |
|  | $P_2$ | 0 | 0 | 0 | 0 | 0 | 1 | 1 |
|  | $P_3$ | 0 | 0 | 0 | 0 | 1 | 1 | 2 |
|  | $P_1$ | 0 | 0 | 0 | 1 | 1 | 1 | 3 |
|  | $P_7$ | 0 | 0 | 1 | 1 | 1 | 1 | 4 |
|  | $P_5$ | 0 | 1 | 1 | 1 | 1 | 1 | 5 |
|  | $P_4$ | 1 | 1 | 1 | 1 | 1 | 1 | 6 |
|  | Σ | 1 | 2 | 3 | 4 | 5 | 6 |  |

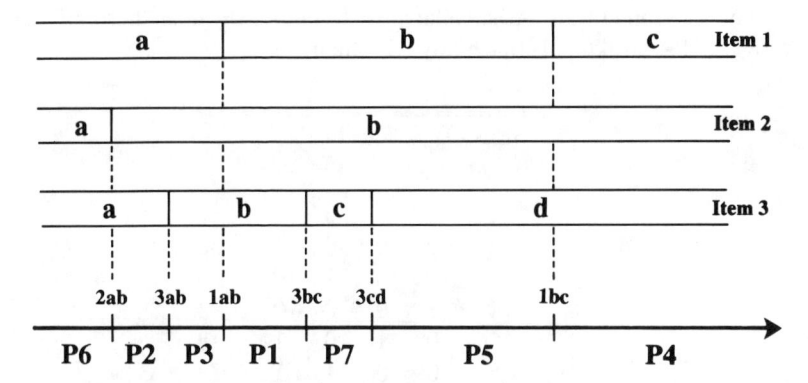

```
|        a          |       b        |   c    | Item 1
|  a  |           b              |           | Item 2
|  a  |   b   |  c  |     d      |           | Item 3

   2ab  3ab  1ab   3bc   3cd          1bc
   P6   P2   P3   P1   P7        P5        P4
```

**Abbildung 8.4.** Skala für mehrkategorielle Daten in Tabelle 8.4.

---

wendbar, während bei POSAC wie im bisherigen gelten muß, daß die Items alle im selben inhaltlichen Sinn geordnet sind. Ein größerer Wert in jedem Item muß also stets dasselbe indizieren (z. B. größere Intelligenz oder positivere Einstellung).

In modernerer Terminologie verwendet man in diesem Zusammenhang oft einige Begriffe aus der Facettentheorie (Borg, 1992). Man sagt dann statt Item allgemeiner *Facette*. Ihre Ausprägungen, bisher als Kategorien bezeichnet, nennt man *Elemente* oder *Strukte* der Facetten. Ein Antwort-Profil ist ein *Struktupel*.

## Halbordnungs-Struktupelanalyse (POSAC)

Betrachten wir Tabelle 8.5. Die hier gezeigten Daten (Shye & Elizur, 1976) erfassen, ob eine Person sich wegen der Einführung von Computern am Arbeitsplatz Sorgen macht in bezug auf ihre 'Beschäftigung', die 'Stabilität' der Arbeit (Versetzungen, Umsetzungen in andere Tätigkeiten), ausreichende 'Expertise' in der veränderten Tätigkeit und das 'Interesse' an der Tätigkeit selbst. Die gezeigten 12 Antwortmuster beschreiben 98% der 334 Personen, die befragt wurden.

Alle Profile sind in gleicher Weise geordnet, weil eine 1 (=Ja) immer mehr Besorgnis bedeutet als eine 0 (=Nein). Die Daten sind aber, wie man nachprüfen kann, nicht skalierbar im Sinne einer Guttman-Skala. Wir könnten stattdessen eine Halbordnung erstellen bzw., genauer gesagt, viele Halbordnungen, da man bei ihrer Konstruktion recht viele Freiheiten hat. Be-

**Tabelle 8.5.** Struktupel der Besorgnis über den Verlust von 'Beschäftigung' (Be), 'Stabilität' (St), 'Expertise' (Ex) bzw. 'Interesse' (In) nach der Einführung von Computern am Arbeitsplatz; 1="besorgt", 0="nicht besorgt"; h= Häufigkeit des Struktupels (nach Shye & Elizur, 1976).

| Struk-tupel | Be | St | Ex | In | h |
|---|---|---|---|---|---|
| 1  | 0 | 0 | 0 | 0 | 85 |
| 2  | 0 | 0 | 0 | 1 | 38 |
| 3  | 0 | 0 | 1 | 0 | 28 |
| 4  | 1 | 0 | 0 | 0 | 3  |
| 5  | 0 | 1 | 0 | 1 | 18 |
| 6  | 0 | 0 | 1 | 1 | 37 |
| 7  | 1 | 0 | 1 | 0 | 2  |
| 8  | 1 | 1 | 0 | 0 | 5  |
| 9  | 0 | 1 | 1 | 1 | 54 |
| 10 | 1 | 0 | 1 | 1 | 2  |
| 11 | 1 | 1 | 1 | 0 | 2  |
| 12 | 1 | 1 | 1 | 1 | 53 |

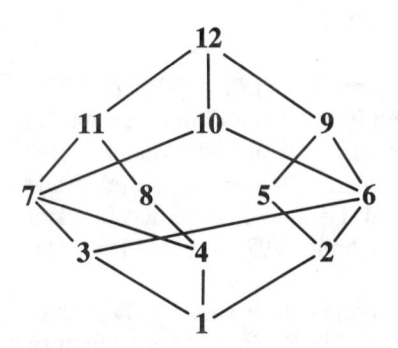

**Abbildung 8.5a.** Halbordnung für die Struktupel aus Tabelle 8.5.

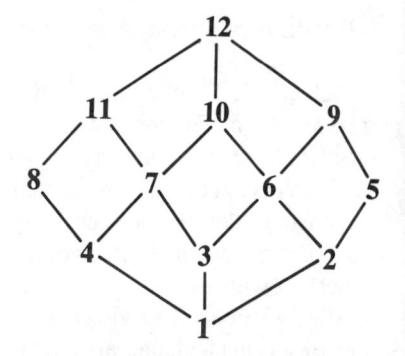

**Abbildung 8.5b.** Halbordnung aus Abbildung 8.5a, nach Permutation einiger Punkte.

trachten wir zwei Typen (Abbildung 8.5a,b). Formal sind beide äquivalent, aber Abbildung 8.5b ist zweifellos übersichtlicher, da sich die Pfade nicht überkreuzen.

Die Unterschiede sind aber nicht nur ästhetischer Natur. Man kann fragen, welche Faktoren bewirken, daß die Punkte keine lineare Ordnung zunehmender Sorgen bilden, sondern von dieser Ordnung in verschiedene Richtungen "weggezogen" werden. Shye & Elizur (1976) interpretieren in einer Darstellung wie Abbildung 8.5b die *laterale* (horizontale) Richtung nach rechts (von der Mittelachse durch die Punkte 1, 3, 10 und 12 aus) als größere Sorge um den Verlust intrinsischer Werte, während nach links Sorgen hinsichtlich extrinsischer Werte überwiegen sollen. Die *gemeinsame* (vertikale) Richtung beider Halbordnungen entspricht der gemeinsamen Bedeutung aller Items und zeigt eine Zunahme der Sorgen an.

Man kann aber mehr erreichen. Dazu drehen wir zunächst Abbildung 8.5b um 45° nach rechts, richten die Pfade noch etwas rechtwinkliger aus und fügen ein kartesisches (x,y)-Koordinatensystem hinzu (Abbildung 8.6a). Punkt 6 hat dann die Koordinaten (3,2).

Wenn wir durch jeden beliebigen Punkt p dieses *POSAC-Raums* eine vertikale und eine horizontale Schnittlinie legen, dann zeigt sich eine bemerkenswerte Eigenschaft. Die Schnittlinien teilen den Raum in vier Quadranten; im oberen rechten liegen alle die Struktupel, die im Sinne der Halbordnung über p liegen; im unteren linken Quadranten die Struktupel, die unter p liegen; in den beiden übrigen Quadranten die Struktupel, die mit p nicht vergleichbar sind. In Abbildung 8.6a sieht man dies z. B. an Punkt 6: 10, 9 und 12 liegen über Punkt 6; 1, 2 und 3 liegen darunter; die restlichen Punkte sind mit 6 nicht vergleichbar, wie man an den Struktupeln nachprüft.

Genau diese Eigenschaft so gut wie möglich herzustellen, ist die Skalierungsabsicht von POSAC. Gelingt dies, hat man damit eine *Basis* identifiziert, die die Halbordnung aufspannt. Die Basis besteht aus den x- und y-Achsen. Im gegebenen Beispiel kann man diese Achsen inhaltlich zurückführen auf die Facetten oder Items 'Interesse' (x-Achse) und 'Beschäftigung' (y-Achse).

Dies läßt sich erkennen, wenn man zunächst die Punkt-Nummern in Abbildung 8.6a durch die entsprechenden Struktupel ersetzt (Abbildung 8.6b). In den vier als *Item-* oder *Strukt-Diagrammen* bezeichneten Abbildungen 8.7a-d sind weiterhin immer alle Struktupel-Elemente (*Strukte*) bis auf die in der jeweilig betreffenden Facette eliminiert. Man erkennt, daß sich der Raum durch alle eingezeichneten Linien in homogene Gebiete (*Regionen*) unterteilen (*partitionieren*) läßt. Die Regionen enthalten jeweils nur Punkte mit einer 1 oder einer 0 im Struktupel.

Die Partitionierungen für die Facetten 'Interesse' und 'Beschäftigung'

## (a)

```
5
4    8    11        12
3    4    7    10
2         3    6    9
1    1         2    5
0
  0  1  2  3  4  5
```

## (b)

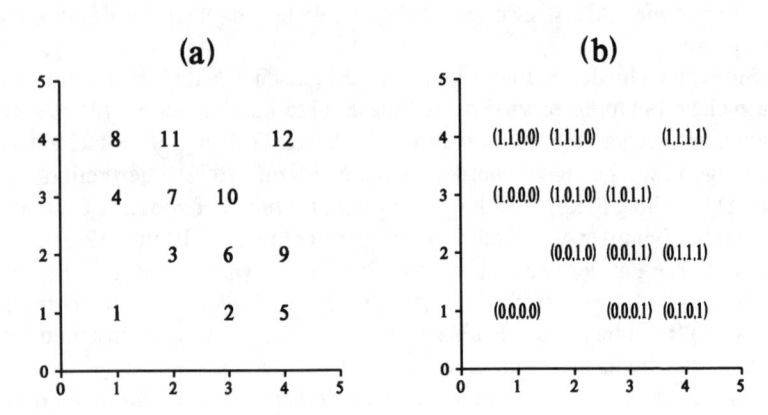

```
5
4    (1,1,0,0) (1,1,1,0)         (1,1,1,1)
3    (1,0,0,0) (1,0,1,0) (1,0,1,1)
2              (0,0,1,0) (0,0,1,1) (0,1,1,1)
1    (0,0,0,0)           (0,0,0,1) (0,1,0,1)
0
  0  1  2  3  4  5
```

**Abbildung 8.6.** POSAC-Konfiguration der Struktupel aus Tabelle 8.5 mit Nummern (a) und expliziten Struktupeln (b).

---

sind besonders einfach. Sie sind *dimensional*, d. h. ihre Rolle in der Strukturierung der POSAC-Halbordnung entspricht der von Koordinaten auf der x- bzw. y-Achse (Abbildungen 8.7a,d). Insofern kann man sagen, daß diese Facetten den POSAC-Raum aufspannen. Die beiden anderen Items unterteilen ihn nur weiter, ihre Rolle ist sekundärer Art.

Aus Abbildung 8.67b läßt sich weiter entnehmen, daß Sorgen um die 'Stabilität' nur dann auftreten, wenn zumindest eine der beiden Basis-Sorgen 'Interesse' und 'Beschäftigung' groß ist. Ferner treten bei geringen Basis-Sorgen auch keine Sorgen bezüglich der 'Expertise' auf (Abbildung 8.7c). Die sekundären Sorgen-Typen sind also abhängig von gewissen Kombinationen der Basis-Sorgen und somit nur besonders verstandene Kombinationen derselben. Das Zusammenwirken aller vier Facetten ist nochmals in Abbildung 8.7e durch die simultane Darstellung aller Partitionierungslinien veranschaulicht.

Die POSAC-Darstellung in Abbildung 8.6 sind perfekt. Dies erkennt man am Koeffizienten Correp, der den Anteil der Struktupel-Paare, deren Ordnungsbeziehungen richtig repräsentiert sind, wiedergibt. Hier haben wir somit Correp=1.0. [Shye verwendet in seinem Computerprogramm zu POSAC eine Version von Correp, die, damit die obige Aussage stimmt, zu (Correp+1)/2 zu korrigieren ist; siehe Shye (1985, S. 216).]

Shye (1985) hat einige typische Rollen unterschieden, die die Facetten im POSAC-Raum spielen können. Die einfachste ist die *polare* Rolle, wie bei den Facetten 'Be' und 'In' in Abbildung 8.7a bzw. 8.7d. Polare Facetten sind voneinander unabhängig, d. h. jeder Wert der einen kann mit jedem

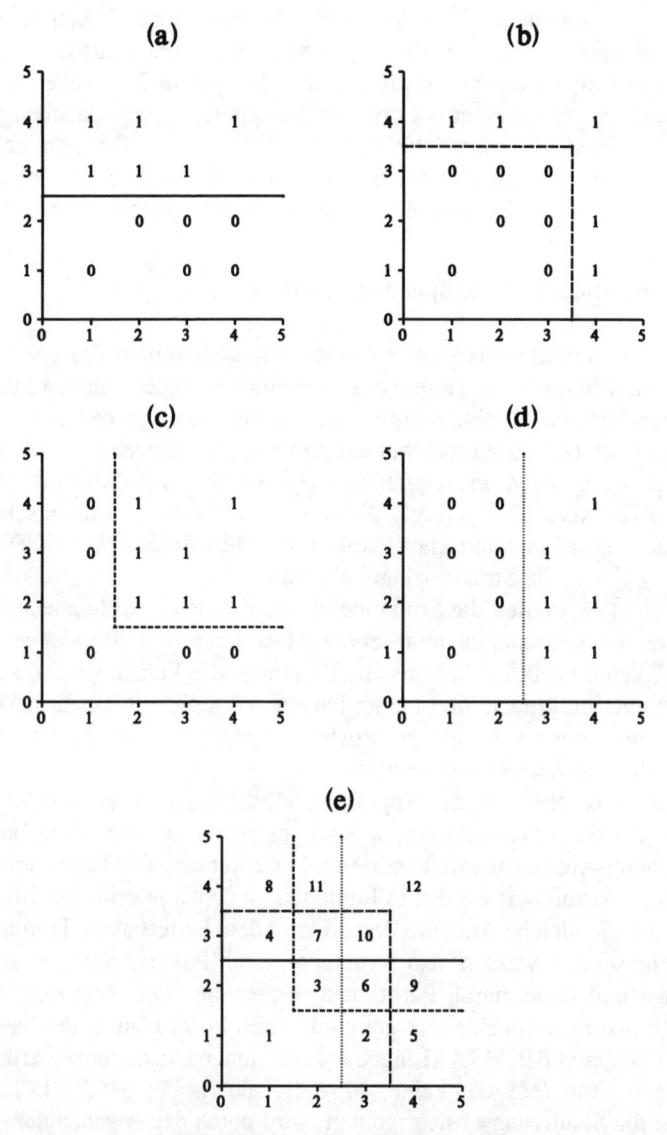

**Abbildung 8.7.** Itemdiagramme für die POSAC-Lösung aus Abbildung 8.6 mit Partitionierungslinien für die Facetten 'Beschäftigung' (a), 'Stabilität' (b), 'Expertise' (c) und 'Interesse' (d) sowie POSAC-Lösung mit Struktupel-Nummern und allen Partitionierungen simultan.

Wert der anderen auftreten. (Im vorliegenden Fall dichotomer Items gibt es nur je zwei solcher Werte.) *Akzentuierende* und *attenuierende* Facetten verstärken die Extremität der Basiskoordinaten: Personen mit hohen Werten auf einer akzentuierenden Facette (wie z. B. Facette 'St') haben *sehr* hohe Werte auf einer oder beiden Basisdimensionen; Personen mit kleinen Werten auf einer attenuierenden Facette (wie z. B. Facette 'Ex') haben dagegen *sehr* kleine Werte auf einer oder beiden Basisdimensionen. Daneben gibt es noch *verbundene* Facetten, die den POSAC-Raum in der gemeinsamen Richtung partitionieren, also diagonal von Südwest nach Nordost. Man kann sie zurückführen auf die Basis-Dimensionen, die sie gemeinsam bestimmen.

**Multidimensionale Struktupelanalyse (MSA)**

Als zweiter multidimensionaler Ansatz der Skalogramm-Analyse (neben POSAC) existiert noch die ältere MSA. Sie unterscheidet sich von allen bislang besprochenen Modellen darin, daß sie nicht fordert, daß die Facetten geordnet sind. Die Struktupel werden rein nominal verwendet. Man könnte also z. B. auch Daten wie Geschlecht (1="weiblich", 2="männlich"), Einkommen (0="kein", 1="gering", 2="mittel", 3="hoch"), Wahlentscheidungen zugunsten einer politischen Partei (1="FDP", 2="SPD", 3="CDU", 4= "andere") u. ä. in die Struktupel aufnehmen.

In der MSA werden die Struktupel durch Punkte eines Raumes mit vorgewählter Dimensionalität repräsentiert. Der Raum hat, im Gegensatz zu POSAC, keine inhaltlich bedeutsame Richtung. Die Punkte sind so zu wählen, daß alle Struktupel, die in einer Facette das gleiche Element haben, im Darstellungsraum auch, grob gesprochen, irgendwie zusammenliegen. Das soll für alle Facetten simultan gelten.

Genauer besehen ist das Repräsentationskriterium aber kein Cluster-, sondern ein Regionen-Konzept, wie wir es schon aus der MDS oder der Skalogramm-Analyse mehrkategorieller Items kennen. Der Raum soll durch jedes Item partitioniert werden in Regionen, in denen jeweils nur Struktupel liegen, die die gleiche Antwort-Kategorie in dem betreffenden Item aufweisen. Repräsentiert werden also Struktupel durch Punkte, Kategorien durch Regionen und Items durch Partitionen des Raums. Die Regionen werden durch Grenzlinien voneinander getrennt, deren Form man in den verschiedenen Versionen der MSA (Lingoes, 1979) unterschiedliche Restriktionen auferlegen kann (MSA-I: keine; MSA-II: sphärische; MSA-III: lineare). Wie gut die Skalierungsabsicht gelingt, wird durch den sogenannten Kontiguitäts-Koeffizienten $\lambda$ angegeben, der zwischen $-1$ und $+1$ (=perfekt) liegt.

Tabelle 8.6 zeigt einige Struktupel und Abbildung 8.8 eine dazu gehörige perfekte MSA-Repräsentation. Ersetzen wir in dieser Abbildung die

**Tabelle 8.6.** Acht Struktupel mit vier Facetten.

| Struk-tupel | $F_1$ | $F_2$ | $F_3$ | $F_4$ |
|---|---|---|---|---|
| A | 2 | 1 | 1 | 1 |
| B | 3 | 2 | 1 | 1 |
| C | 3 | 2 | 2 | 1 |
| D | 3 | 2 | 2 | 2 |
| E | 2 | 3 | 2 | 2 |
| F | 1 | 3 | 2 | 2 |
| G | 1 | 1 | 2 | 2 |
| H | 1 | 1 | 1 | 1 |

Punkte jeweils durch die Elemente der ersten, zweiten, ... Facette, dann erhalten wir die in Abbildung 8.9a-d gezeigten vier Item-Diagramme. Sie zeigen, daß es hier tatsächlich gelungen ist, die Struktupel so durch Punkte zu repräsentieren, daß der MSA-Raum (Abbildung 8.9) durch jede Facette fehlerfrei und zudem in sehr einfacher Weise derart zerschnitten werden kann, daß jeweils homogene (*kontiguierliche*) Regionen entstehen.

Ein Anwendungs-Beispiel: Lieblich & Haran (1969) untersuchten, wie Personen auf die Frustration von Bedürfnissen anderer reagieren. Dazu wurden Vpn 20 alltägliche Geschichten vorgelegt, die jeweils beschrieben, wie die Bedürfnis-Befriedigung eines männlichen "Helden" verhindert wird, z. B.: "Der Lehrer verlangt von seinen Schülern Disziplin, aber die Kinder sind unfolgsam und er kann sie nicht kontrollieren". Die Vpn sollten sich vorstellen, in welchem Ausmaß von sie in einer solchen Situation gegenüber dem Helden mit 'Mitleid', 'Ekel', 'Ärger', 'Spott', 'Schadenfreude', dem 'Versuch zu helfen', 'Rückzug' und 'Vorwurf' reagieren würden. Das Ausmaß der Reaktion sollten sie jeweils auf einer 5-Punkte Skala von 1="überhaupt nicht" bis 5="sehr stark" einstufen. Insgesamt resultierten so von den 56 Vpn für jede der 20 Situationen acht Ratings.

Lieblich & Haran waren interessiert an der Struktur der Reaktionsweisen über die Situationen hinweg. Sie summierten daher für jede Person und jede Reaktion die 20 Ratings über die Situationen auf und unterteilten den Streubereich der Summen in gleich große Intervalle. Tabelle 8.7 zeigt die resultierenden 45 Struktupel, in denen eine 1 jeweils die niedrigste und eine 5 die höchste Intensität anzeigt.

Die Daten wurden zunächst mittels MSA-III analysiert. Die Computerlösung ließ sich per Hand noch weiter verbessern, d. h. durch Verschiebungen einiger Punkte konnte erreicht werden, daß die entstehenden Regionen noch

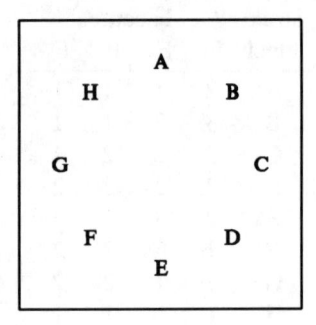

**Abbildung 8.8.** MSA-Konfiguration der Struktupel aus Tabelle 8.6.

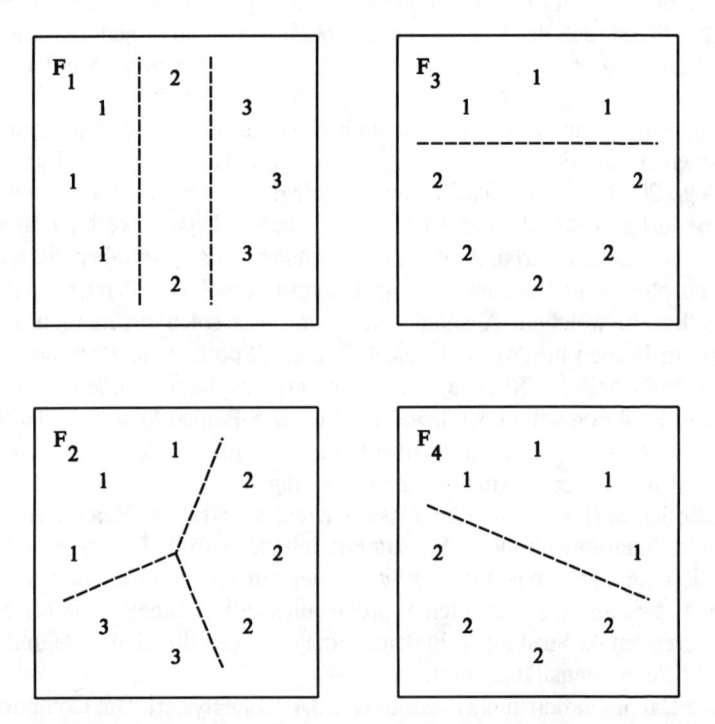

**Abbildung 8.9.** Item-Diagramme für die MSA-Lösung in Abbildung 8.8 mit Partitionierung entsprechend den vier Facetten $F_1$, ..., $F_4$.

**Tabelle 8.7.** 45 Struktupel für die Facetten 1='Mitleid', 2='Ekel', 3='Ärger', 4='Spott', 5='Schadenfreude', 6='Versuch zu helfen', 7='Rückzug', 8='Vorwurf'; h=Häufigkeit (nach Lieblich & Haran, 1969).

| Nr | \multicolumn{8}{c}{Facette} | h | Nr | \multicolumn{8}{c}{Facette} | h |
|---|---|---|---|---|---|---|---|---|---|---|---|---|---|---|---|---|---|---|
|    | 1 | 2 | 3 | 4 | 5 | 6 | 7 | 8 |   |    | 1 | 2 | 3 | 4 | 5 | 6 | 7 | 8 |   |
| 1  | 1 | 1 | 1 | 1 | 1 | 1 | 1 | 1 | 4 | 24 | 3 | 2 | 2 | 2 | 2 | 4 | 1 | 4 | 1 |
| 2  | 5 | 1 | 1 | 1 | 1 | 4 | 1 | 1 | 3 | 25 | 3 | 2 | 2 | 2 | 2 | 3 | 2 | 1 | 1 |
| 3  | 3 | 1 | 1 | 1 | 1 | 3 | 1 | 1 | 2 | 26 | 4 | 3 | 3 | 2 | 1 | 5 | 2 | 3 | 1 |
| 4  | 2 | 1 | 1 | 1 | 1 | 2 | 1 | 1 | 2 | 27 | 4 | 2 | 2 | 2 | 2 | 4 | 2 | 2 | 1 |
| 5  | 4 | 2 | 1 | 1 | 1 | 3 | 2 | 1 | 2 | 28 | 4 | 1 | 1 | 1 | 1 | 2 | 1 | 1 | 1 |
| 6  | 4 | 1 | 1 | 1 | 1 | 4 | 1 | 1 | 2 | 29 | 5 | 2 | 1 | 1 | 1 | 4 | 1 | 1 | 1 |
| 7  | 4 | 1 | 1 | 1 | 1 | 3 | 1 | 1 | 2 | 30 | 2 | 1 | 1 | 1 | 1 | 4 | 1 | 3 | 1 |
| 8  | 3 | 1 | 1 | 1 | 1 | 2 | 1 | 1 | 2 | 31 | 2 | 1 | 2 | 1 | 1 | 2 | 1 | 1 | 1 |
| 9  | 4 | 2 | 2 | 1 | 1 | 3 | 2 | 2 | 1 | 32 | 2 | 2 | 1 | 2 | 2 | 1 | 1 | 1 | 1 |
| 10 | 3 | 1 | 2 | 1 | 2 | 2 | 1 | 1 | 1 | 33 | 4 | 2 | 1 | 2 | 1 | 2 | 2 | 2 | 1 |
| 11 | 4 | 2 | 2 | 2 | 1 | 3 | 2 | 1 | 1 | 34 | 5 | 2 | 1 | 1 | 1 | 2 | 1 | 3 | 1 |
| 12 | 3 | 1 | 1 | 2 | 2 | 3 | 1 | 1 | 1 | 35 | 4 | 1 | 2 | 2 | 2 | 3 | 2 | 2 | 1 |
| 13 | 4 | 1 | 1 | 1 | 1 | 4 | 1 | 2 | 1 | 36 | 4 | 2 | 1 | 2 | 2 | 2 | 1 | 2 | 1 |
| 14 | 5 | 2 | 2 | 2 | 2 | 5 | 2 | 4 | 1 | 37 | 3 | 3 | 2 | 2 | 1 | 4 | 2 | 3 | 1 |
| 15 | 5 | 3 | 3 | 4 | 3 | 4 | 3 | 4 | 1 | 38 | 4 | 1 | 2 | 1 | 1 | 4 | 1 | 4 | 1 |
| 16 | 1 | 1 | 1 | 1 | 1 | 4 | 1 | 1 | 1 | 39 | 3 | 1 | 1 | 1 | 1 | 5 | 1 | 4 | 1 |
| 17 | 4 | 1 | 1 | 2 | 1 | 2 | 1 | 1 | 1 | 40 | 3 | 2 | 1 | 1 | 1 | 4 | 1 | 1 | 1 |
| 18 | 4 | 2 | 1 | 2 | 1 | 2 | 1 | 3 | 1 | 41 | 5 | 3 | 2 | 3 | 1 | 4 | 1 | 5 | 1 |
| 19 | 3 | 1 | 1 | 1 | 1 | 4 | 1 | 2 | 1 | 42 | 4 | 3 | 2 | 2 | 1 | 2 | 2 | 1 | 1 |
| 20 | 1 | 1 | 1 | 1 | 1 | 2 | 1 | 1 | 1 | 43 | 2 | 1 | 1 | 2 | 2 | 2 | 2 | 1 | 1 |
| 21 | 4 | 2 | 3 | 1 | 2 | 4 | 2 | 2 | 1 | 44 | 4 | 2 | 2 | 3 | 2 | 3 | 1 | 2 | 1 |
| 22 | 4 | 1 | 1 | 2 | 1 | 3 | 1 | 1 | 1 | 45 | 2 | 1 | 1 | 1 | 1 | 3 | 1 | 1 | 1 |
| 23 | 3 | 1 | 2 | 1 | 1 | 4 | 1 | 1 | 1 |    |   |   |   |   |   |   |   |   |   |

etwas homogener wurden. Abbildung 8.10 zeigt die Lösung, zusammen mit den Partitionierungslinien für sieben der acht Facetten. Nur die Facette 'Mitleid' führte zu keiner guten Trennung der Punkte.

Was mit "guter Trennung" gemeint ist, zeigen wir exemplarisch für die Facette 'Rückzug'. Ersetzt man die Punkte aus Abbildung 8.10 durch ihre Elemente auf der Facette 'Rückzug' (siehe Tabelle 8.7), sieht man aus dem entstehenden Item-Diagramm in Abbildung 8.11, daß sich die Einsen deutlich von den Zweien (und der einen Drei) absondern lassen. Die eingezeichnete Linie führt nur zu vier Fehlklassifikationen: Drei Einsen liegen in der Zweier-Region; eine Zwei liegt in der Einser-Region. Die Trennlinien für

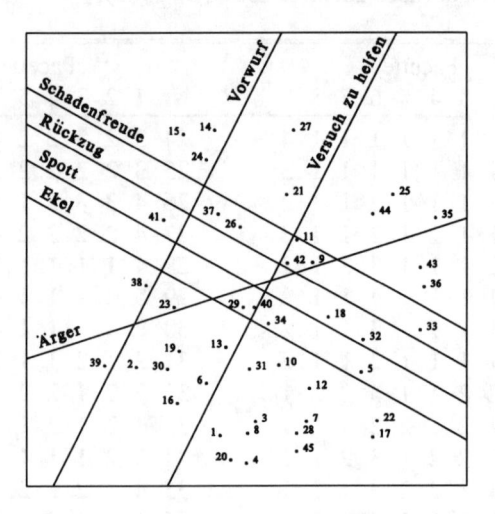

**Abbildung 8.10.** MSA-Konfiguration der 5 Struktupel aus Tabelle 8.7, mit Partitionierungen induziert durch sieben Facetten.

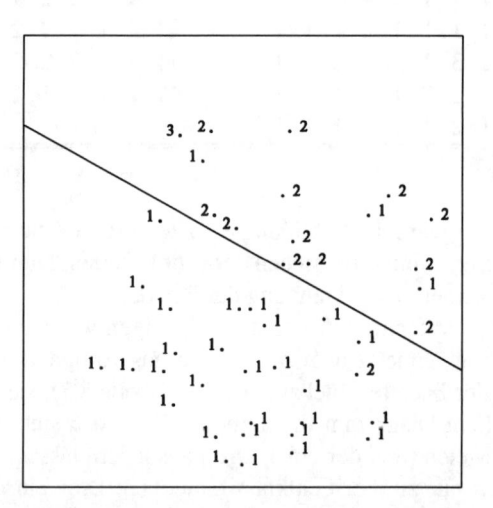

**Abbildung 8.11.** Item-Diagramm für Facette 'Rückzug'.

die anderen Facetten (außer 'Mitleid') weisen -- trennt man wie in Abbildung 8.10 dargestellt nur starke von schwachen Reaktionen -- z. T. überhaupt keine Fehler auf. Insgesamt weist das Partitionierungssystem in Abbildung 8.10 genau 16 Fehlklassifizierungen auf.

Bemerkenswert in Abbildung 8.10 ist die Tatsache, daß sich offenbar -- sieht man einmal von 'Ärger' ab -- zwei Systeme von Trennlinien ergeben: Die Partitionierungen für 'Schadenfreude', 'Rückzug', 'Spott' und 'Ekel' einerseits, und 'Vorwurf' und 'Versuch zu helfen' andererseits erzeugen zusammen ein schachbrettartiges, dimensionales Raster. Man könnte somit spekulieren, ob diesen Emotionen vielleicht die Dimensionen Stärke des Affektes gegenüber dem Helden (von 'Ekel' bis 'Schadenfreude') und Grad der Aktivität der Situationsbewältigung (von 'Vorwurf' bis 'Versuch zu helfen') zu Grunde liegen. Die konkreten Verhaltensweisen sind dann nur Namen für besondere Kombinationen dieser Dimensionen.

Angemerkt sei hier noch, daß es in der MSA, wie auch in der POSAC, interessant sein kann, die Struktupel-Punkte durch externe Variablen zu ersetzen, wenn solche vorliegen. Wüßten wir hier z. B. jeweils, ob die verschiedenen Struktupel von männlichen oder weiblichen Vpn stammen, dann könnten wir evtl. aus dem entsprechenden Muster von M's und F's sehen, ob und wie sich diese Gruppen in ihren Reaktionsweisen diskriminieren lassen.

## Maschinen- und Handlösungen von Skalierungsproblemen

Das Einzeichnen von Partitionierungslinien per Augenschein wird bisweilen als subjektivistisch kritisiert. Auf noch stärkeres Mißtrauen stößt eine Skalierungslösung, die man "per Hand" modifiziert oder erstellt hat. Diese Kritik entspricht aber einem fundamentalen Mißverständnis. Nehmen wir an, es würde behauptet, daß die Zahl 1.414 sehr genau die Quadratwurzel von 2 approximiert. Diese Behauptung läßt sich leicht prüfen: Man quadriert dazu lediglich 1.414 und findet, daß die Aussage richtig ist. Gänzlich unerheblich ist es, wie derjenige, der die Behauptung aufgestellt hat, den Wert 1.414 gefunden hat. Die Situation in der Skalierung ist analog. Wir behaupten, daß die Konfiguration in Abbildung 8.10 eine gute Lösung im Sinne des MSA-Modells darstellt. Diese Behauptung läßt sich nachprüfen und erweist sich als richtig. Zudem ist die Lösung nicht trivial, d. h. für Zufallsdaten äußerst unwahrscheinlich, wie man ebenfalls (z. B. durch Computersimulation) überprüfen kann.

Man kann fragen, warum man überhaupt Hand-Modifikationen von Computer-Lösungen vornimmt. Die Antwort hierauf ist einfach die, daß die Berechnung einer optimalen Lösung (insbesondere im Fall der MSA) ein mathematisch äußerst schwieriges Problem ist, die bislang nur teilweise gelungen ist. Außerdem verlangt man von den Computerverfahren, daß sie für jeden beliebigen Datensatz funktionieren. Per Hand kann man dagegen auf die Besonderheiten der jeweiligen Situation eingehen. Das bedeutet auch, daß man inhaltlich-theoretische Vorstellungen berücksichtigen und dabei u. U. sogar eine im Sinne der mathematischen Verlustfunktion suboptimale Lösung einer optimalen Lösung vorziehen kann, weil erstere theoretisch mehr Sinn ergibt und -- das ist das Entscheidende! -- weil sie unter Replikationen der Beobachtungen und Erweiterungen der Theorie stabiler bzw. einfacher ist.

# 9 Unfolding

Gewisse Präferenzaussagen erscheinen merkwürdig. Nehmen wir an, eine Vp hätte uns mitgeteilt, daß ihre Präferenzen für einige politische Parteien und Gruppierungen wie folgt geordnet seien: 1. Nationalisten, 2. Kommunisten, 3. CDU, 4. Grüne, 5. SPD und 6. CSU. Irgendwie erscheint es schwierig, sich auf diese Rangordnung einen Reim zu machen.

## 9.1 Prinzipien des Unfoldings

Fragen wir anders herum: Welche Rangordnung würde nicht merkwürdig erscheinen? Nach welchen plausiblen Kriterien oder nach welcher Theorie sollten derartige Präferenzordnungen erzeugt werden? Es liegt nahe, folgendes zu vermuten: (a) Die politischen Gruppierungen und Parteien verteilen sich auf einer links-rechts Dimension; (b) diese Verteilung wird von allen Personen ziemlich gleich gesehen; (c) jede Person hat auf der links-rechts Dimension einen Punkt maximaler Präferenz, ihren *Idealpunkt*; (d) sie präferiert die Partei, die diesem Punkt am nächsten kommt oder, allgemeiner: Die Abstände der Parteien von diesem Idealpunkt bestimmen ihre Präferenzordnung.

Formal ausgedrückt ergibt dies als Theorie für die empirische Beobachtung $x \succ y$ (=x wird gegenüber y präferiert oder x dominiert y):

(1)     $x \succ y$ genau dann, wenn $|s(i)-s(x)| < |s(i)-s(y)|$ ,

wobei s(i) der Skalenwert des Idealpunktes ist, und s(x) und s(y) die Skalenwerte der Wahlobjekte x und y.

**Falten und Entfalten**

In Abbildung 9.1 haben wir die Theorie graphisch dargestellt. Die Buchstaben a, ..., d symbolisieren hier irgendwelche Objekte, der Punkt i den Idealpunkt einer Person i. Falten wir die Skala im Punkt i wie angedeutet, dann liegt i ganz oben und darunter das Objekt c, dann b, dann a und schließlich d. Das ist genau die Präferenz-Ordnung, die die Person i nach obiger Theorie für die Objekte a, ..., d haben sollte. Im *Unfolding (Entfalten*; Coombs, 1950) stellen wir uns die Aufgabe, derartige Faltungen umzukehren.

Nehmen wir an, eine größere Stichprobe von Personen habe ihre Präferenz-Rangordnungen für die Objekte a, ..., d angegeben. Dabei seien die folgenden sieben Personentypen (=Ketten, Struktupel) aufgetreten:

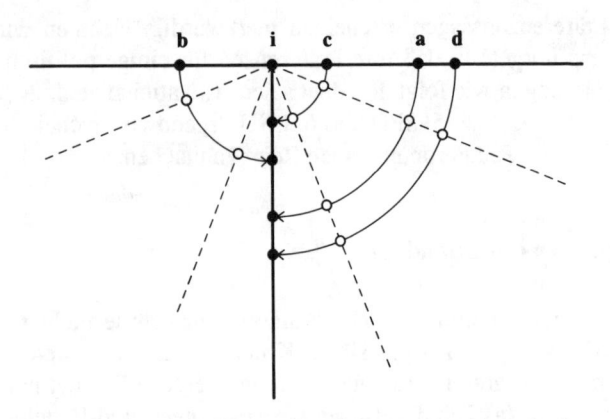

**Abbildung 9.1.** Demonstration des Entfaltungsprinzips.

| Typ | Kette |
|-----|-------|
| 1 | a-b-d-c |
| 2 | b-a-d-c |
| 3 | d-b-c-a |
| 4 | c-d-b-a |
| 5 | d-c-b-a |
| 6 | b-d-a-c |
| 7 | b-d-c-a |

Dabei ist das erste Element in jeder Kette immer das am stärksten präferierte, das letzte das am wenigsten geschätzte. Wenn die Theorie richtig ist, sollten alle Personen die vier Objekte auf der gleichen Dimension in der gleichen Weise wahrnehmen, aber jeweils einen anderen Idealpunkt haben. Das ist nicht unwahrscheinlich, weil sich die meisten Personen darin, was sie wahrnehmen, recht einig sind, nicht aber darin, was gut oder schlecht ist. Wie süß z. B. eine Tasse Kaffee ist, kann jeder in gleicher Weise herausschmecken. Der eine mag es aber lieber süß, der andere ohne Zucker.

Bei der Betrachtung der sieben Präferenzketten erkennt man, daß die Kette 4 ein Spiegelbild von Kette 1 ist. Ansonsten gibt es keine Spiegelbilder. Außerdem ist bemerkenswert, daß nur sieben verschiedene Ketten aufgetreten sind. Logisch wären viel mehr möglich gewesen, nämlich $4!=4\cdot 3\cdot 2\cdot 1=24$, weil man an der ersten Stelle 4, an zweiter noch 3, an dritter 2 und schließlich nur noch 1 Objekt zur Auswahl hat.

Alles deutet also auf eine gewisse verborgene Struktur in den Daten hin.

Betrachten wir nochmals Abbildung 9.1, dann sehen wir, daß auch hier nur zwei spiegelbildliche Präferenzordnungen möglich sind, nämlich b-c-a-d für Personen, deren Idealpunkt ganz links liegt, und d-a-c-b für solche am rechten Rande der Skala. Man kann also aus den Spiegelbildern sogleich entnehmen, in welcher Weise die Objekte auf der latenten Skala geordnet sind. Wir legen nun die Objekte in dieser Reihenfolge -- gleichabständig, aus Mangel an weiterer Information -- auf der Dimension in Abbildung 9.2 ab.

Wenn wir festzulegen versuchen, wo die Idealpunkte der Personen liegen, von denen die erste Kette stammt, dann sehen wir, daß sie irgendwo links vom Mittelpunkt zwischen den Punkten a und b, M(a,b), liegen müssen. Überschreitet man diesen Mittelpunkt nach rechts, dann entsteht die Präferenzordnung b-a-d-c, also die zweite Kette -- vorausgesetzt man kommt nicht über M(a,d) nach rechts hinaus, denn dann entsteht die Kette b-d-a-c. In Abbildung 9.3 haben wir diese Beziehungen angedeutet.

Fährt man in dieser Weise fort, so kann man noch die Ketten d-b-c-a und c-d-b-a erzeugen. Die beobachtete Kette b-d-c-a ergibt sich jedoch nicht. Für sie sollte der Idealpunkt am nächsten an b liegen, am zweit-nächsten an d, dann an c und am weitesten von a entfernt sein. Man wird feststellen, daß man einen Idealpunkt mit diesen Eigenschaften in Abbildung 9.3 nicht unterbringen kann. Am ehesten könnte man ihn noch ganz nah an der Mitte zwischen b und d lokalisieren. Das Problem ist hier offensichtlich, daß M(b,d)=M(a,c) infolge der Gleichabständigkeit der Punkte a, ..., d gilt. Verschiebt man a ein bißchen nach links, dann löst sich das Problem.

Betrachten wir alles nochmals etwas systematischer. Hierzu ordnen wir zunächst die Präferenzkette um: Die beiden Spiegelbilder kommen an den Anfang bzw. das Ende, die anderen Ketten so dazwischen, daß sich Nachbarn jeweils durch die Vertauschung von zwei Objekten unterscheiden:

| Typ | Kette |
|---|---|
| 1 | a-b-d-c |
| 2 | b-a-d-c |
| 6 | b-d-a-c |
| 7 | b-d-c-a |
| 3 | d-b-c-a |
| 5 | d-c-b-a |
| 4 | c-d-b-a |

Diese neue Ordnung der Ketten entspricht einer Bewegung des Idealpunktes von ganz links nach ganz rechts auf der latenten Dimension. Dabei resultiert zunächst Kette 1. Beim Überschreiten des Mittelpunktes M(a,b) entsteht Kette 2. Geht man weiter, dann entsteht Kette 6, wenn M(a,d) überschritten

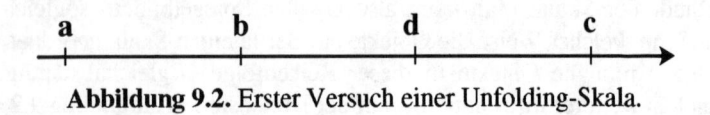

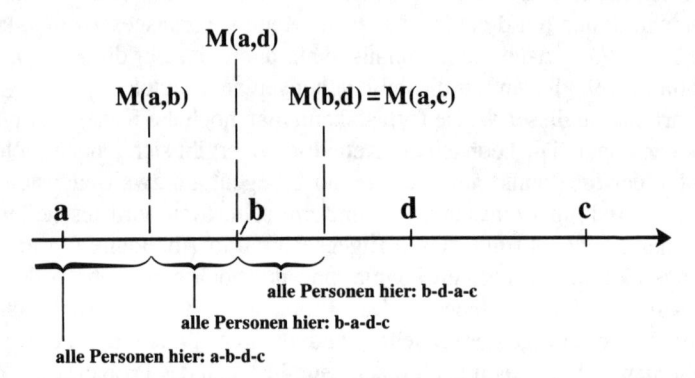

**Abbildung 9.2.** Erster Versuch einer Unfolding-Skala.

**Abbildung 9.3.** Lage der Idealpunkte von Personen mit den Ketten a-b-d-c, b-a-d-c bzw. b-d-a-c.

wird. Das Überschreiten des Mittelpunktes $M(x,y)$ führt also zu einer neuen Kette, die sich von der alten durch die Vertauschung der Objekte x und y unterscheidet.

Wir können somit aus dem Obigen entnehmen, daß $M(a,b)<M(a,d)<M(a,c)<M(b,d)<M(b,c)<M(c,d)$. Diese Ordnung der Mittelpunkte enthält eine interessante Implikation. Da

(2) $\quad M(x,y) = (1/2) \cdot [s(x)+s(y)]$

ist, folgt

$$M(a,c) < M(b,d) \; ,$$
$$(1/2) \cdot [s(a)+s(c)] < (1/2) \cdot [s(b)+s(d)] \; ,$$
$$s(a)+s(c) < s(b)+s(d) \; ,$$
(3) $\quad\quad\quad s(c)-s(d) < s(b)-s(a) \; ,$

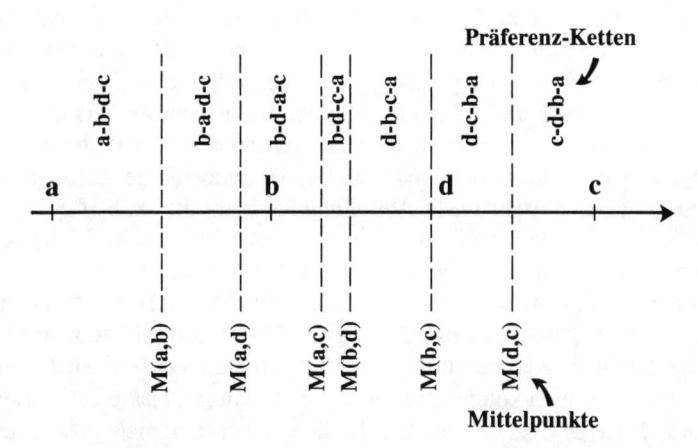

```
                              Präferenz-Ketten
         a-b-d-c   b-a-d-c  b-d-a-c  b-d-c-a  d-b-c-a  d-c-b-a  c-d-b-a  ↙
    a              b              d              c
    ├──────┼───────┼──────┼──┼──────┼──────┼──────┼──────────→
           
         M(a,b)  M(a,d)  M(a,c)  M(b,c)  M(d,c)
                         M(b,d)
                                              ↖
                                          Mittelpunkte
```

**Abbildung 9.4.** Korrigierte Unfolding-Skala mit allen Präferenz-Ketten, die sie darstellen kann.

---

oder, anders ausgedrückt, der Abstand zwischen Punkt a und b ist größer als der Abstand zwischen Punkt d und c. Abbildung 9.3 repräsentiert also, wie wir schon wissen, die Wahrnehmungsstruktur der Personen noch nicht richtig. Vielmehr muß man die Abstände verändern, z. B. so, daß a weiter nach links gerückt wird. Dies führt zu Abbildung 9.4, in der neben den Mittelpunkten auch die Intervalle identifiziert sind, in denen die Idealpunkte der Personen liegen, die die verschiedenen Präferenzketten erzeugt haben.

Wir sehen hieraus, daß das Unfolding-Modell aus den Rangordnungen der *Objekte* Ordnungsinformationen über *Abstände* abzuleiten erlaubt. Die entstehende Skala ist daher mehr als nur eine Ordinalskala, nämlich, wie Coombs (1964) sagt, eine *ordered metric*-Skala. Auf ihr sind nicht nur die Punkte, sondern zudem noch gewisse *Metriken* (=Abstände, Distanzen) der Punkte geordnet.

In unserem obigen Datensatz finden wir neben der Relation (3) weitere solcher Relationen. Z. B. folgt aus M(a,b)<M(a,d), daß d(a,b)<d(a,d), d. h. daß die Distanz zwischen den Punkten a und b kleiner ist als die zwischen a und d. Das ist aber keine neue Einsicht, weil es sich schon aus der Ordnung der Punkte selbst, die uns die Spiegelbilder gegeben haben, ergibt.

### I-Skalen und J-Skalen

Coombs (1964) hat eine Reihe von Bezeichnungen eingeführt, die auch heute noch im Unfolding verwendet werden. Er nennt die empirischen Präferenzrangreihen *I-Skalen*. Die aus den Spiegelbildern abgeleitete Skala nennt er *qualitative J-Skala*. Dabei steht das "J" für *joint*, weil die Skala Objekte und Personen *gemeinsam* repräsentiert. Sie heißt qualitativ, weil in ihr die Abstände zwischen den Punkten beliebig sind: Sie repräsentiert die Ketten nur ordinal in dem Sinn, daß, ausgehend von Punkt x, die Reihenfolge der Objektpunkte nach links bzw. nach rechts der Reihenfolge der Objekte in der Kette x-y-z-... entspricht. In Abbildung 9.4 heißt dies z. B. für x=b, daß die Kette b-d-c-a darin qualitativ richtig repräsentiert ist, weil wir, ausgehend von Punkt b, nach rechts hin zunächst auf d, dann auf c, und nach links hin auf a stoßen. Die Kette ist somit, ordinal betrachtet, richtig entfaltet. Berücksichtigt man noch zusätzlich die Abstands-Implikationen für die Ordnung der Distanzen, kommt man schließlich zur *quantitativen J-Skala*.

Wie viele I-Skalen können auftreten, wenn man n Objekte hat? Offenbar n!=(n)·(n−1)·(n−2)· ... ·(1), weil man für den ersten Rangplatz n Objekte zur Auswahl hat, für den zweiten n−1, für den dritten n−2 usw. Bei 8 Objekten sind dies beispielsweise 40320. Wie viele dieser I-Skalen passen nun bestenfalls im Sinne des Unfolding-Modells zusammen? Nur 29, weil man bei 8 Punkten nur 28 Mittelpunkte hat. Die Zahl der Mittelpunkte ist allgemein (n)·(n−1)/2; hinzu kommt noch eine Kette, da man z. B. bei 2 Punkten nur einen Mittelpunkt, aber 2 mögliche Ketten hat; also: (n)·(n−1)/2+1.

Ähnlich wie bei der Guttman-Skala sehen wir auch hier wieder, daß die Zahl der prinzipiell möglichen die Zahl der vom Modell zugelassenen I-Skalen enorm übersteigt. Das Modell ist also in höchstem Grade falsifizierbar.

Coombs (1964) gibt noch einige weitere Formeln an, mit deren Hilfe man z. B. berechnen kann, wie viele I-Skalen bei n Objekten mindestens bzw. höchstens im Sinne einer qualitativen oder quantitativen J-Skala zusammenpassen. Alles läuft auf den Schluß hinaus, daß »common qualitative and quantitative J-scales are not likely by chance« (Coombs, 1964, S. 91).

**Modell- und Konsistenz-Tests**

Das Unfolding-Modell besitzt eine ganze Reihe prüfbarer Implikationen. Nehmen wir an, wir hielten das Modell für plausibel im Kontext der Präferenzbildung für politische Parteien. Inhaltlich sei es ergänzt durch die Hypothese einer latenten links-rechts Dimension, auf der sich die Präferenzbildung abspielt. Wir könnten diese Hypothese nun dadurch prüfen, daß wir für eine bestimmte Population von Personen Stichproben in Form von Präferenzrangreihen politischer Parteien entnehmen.

Hierbei dürfen zunächst nur höchstens (n)·(n-1)/2+1 verschiedene Ketten auftreten. Darunter dürfen nicht mehr als zwei Spiegelbilder sein. Die Spiegelbilder liefern uns die qualitative J-Skala. Aus ihr folgt, daß alle aufgetretenen Ketten in einem von zwei Objekten enden müssen. In Abbildung 9.4 sieht man z. B., daß in allen Ketten, die in diese J-Skala passen, entweder a oder c das am wenigsten präferierte Objekt sein muß. Weiterhin sieht man, daß auch damit noch nicht garantiert ist, daß sich -- auch nach Adjustierung der Abstände -- eine Kette wie a-d-b-c in dieser Skala unterbringen läßt.

Tritt nun irgendeine Kette auf, die eine der obigen Bedingungen verletzt, ist die Unfolding-Theorie für diese Daten im strengen Sinn gescheitert. Angesichts der Vielzahl von Bedingungen wäre das Unfolding-Modell damit wohl nur mehr theoretisch von Interesse. Offensichtlich ergibt sich auch hier wieder die Frage, ob man dann nicht eine *optimale* Unfolding-Skala konstruieren kann, und wie gut diese die Daten repräsentiert.

## 9.2 Reformulierungen und Berechnung

**Unfolding-Daten als Ähnlichkeitsdaten**

Um das Unfolding-Modell einer Berechenbarkeit zugänglich zu machen, hat man es dadurch leicht verändert, daß man statt der Intervalle für die Idealpunkte tatsächlich Punkte festsetzt. Aus Abbildung 9.4 sieht man, daß das eigentlich nur in den beiden äußeren Intervallen relativ willkürlich ist. Die "Innen-Intervalle" sind so eng, daß hier nicht viel Freiheitsgrade in der Wahl solcher Idealpunkte bestehen.

Durch diese Umformulierung kommt man zu einem Rechenverfahren, das wir schon kennen. Um dies zu zeigen, schreiben wir zunächst unsere sieben Ketten von oben in anderer Form, nämlich durch ihre Rangplätze in einer Matrix mit festen Eingängen:

|     | Objekt |   |   |   |
| --- | --- | --- | --- | --- |
| Typ | a | b | c | d |
| 1 | 1 | 2 | 4 | 3 |
| 2 | 2 | 1 | 4 | 3 |
| 6 | 3 | 1 | 4 | 2 |
| 7 | 4 | 1 | 3 | 2 |
| 3 | 4 | 2 | 3 | 1 |
| 5 | 4 | 3 | 2 | 1 |
| 4 | 4 | 3 | 1 | 2 |

Die Rangzahlen in dieser Matrix kann man als Abstandsmaße auffassen: Je kleiner der Wert ist, desto näher liegt der Idealpunkt des jeweiligen Personentyps am Objekt x.

Abbildung 9.5 zeigt, daß man diese Matrix als Teilmatrix einer größeren Ähnlichkeitsmatrix auffassen kann. Der graue Teil dieser Super-Matrix entspricht unserer obigen Matrix, einmal so wie sie ist, und einmal gekippt. Für die Ähnlichkeiten der Personentypen untereinander bzw. der Objekte untereinander haben wir keine Informationen (*Missing Data*).

Zur Skalierung derartiger Ähnlichkeitsmatrizen können wir im Prinzip ein Programm der MDS verwenden. Das eröffnet auch gleich die Möglichkeit, die Beschränkung auf die 1-Dimensionalität der Unfolding-Skala aufzuheben.

## Zur multidimensionalen Skalierung von Unfolding-Daten

Wir gehen davon aus, daß wir die Unfolding-Rangdaten ordinal behandeln wollen, weil die Vpn nur Rangordnungen der Objekte produziert haben. Als Optimierungskriterium ist dann allerdings der in der MDS übliche Stress-Koeffizient nicht geeignet. Er führt zu degenerierten Lösungen, d. h. zu Fehlrepräsentationen, die zwar einen sehr kleinen Stress-Wert haben (nahe Null), aber die Daten falsch abbilden. Das ergibt sich aus der Stress-Formel,

$$(4) \quad \text{Stress} = \sqrt{\frac{\sum_{i<j}^{n}\{d(i,j) - f[u(i,j)]\}^2}{\sum_{i<j}^{n} d^2(i,j)}},$$

worin $d(i,j)$ die Distanz von Punkt i und j ist, $u(i,j)$ die Unähnlichkeit von i und j, und f die Modell-Funktion der MDS (z. B. monoton steigend). Im Unfolding-Fall gibt es nur eine Teilmenge der $u(i,j)$, nämlich die, bei denen das i immer einen Personentyp oder Idealpunkt bezeichnet und j ein Objekt. Nur diese Distanzen (sog. *Zwischen*-Distanzen, weil sie nur Abstände zwischen den Personen- und den Objektpunkten messen) werden in der Skalierungskonfiguration von den Daten bestimmt; alle anderen (*Innerhalb*-Distanzen, die die Abstände der Personenpunkte bzw. der Objektpunkte untereinander bezeichnen) sind beliebig wählbar.

Das Kriterium (4) erlaubt es dem MDS-Algorithmus, die Innerhalb-Distanzen sehr klein und die Zwischen-Distanzen sehr groß zu machen. Das kann sich geometrisch z. B. so zeigen, daß alle Personen- bzw. alle Objektpunkte jeweils zu ganz dichten Clustern zusammenrücken und diese Cluster deutlich auseinander liegen. Dann gilt aber ungefähr $d(i,j)=f[u(i,j)]=$konstant, für alle i, j, und somit ist der Zähler in (4) fast gleich Null, der Nenner

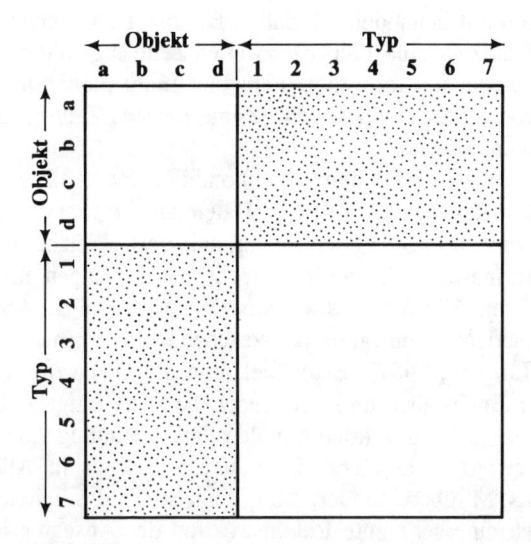

**Abbildung 9.5.** Unfolding-Daten als Teilmenge einer vollständigen Ähnlichkeitsmatrix.

aber nicht. Ob nun in dieser degenerierten Lösung die u(i,j)-Werte noch den geforderten monotonen Zusammenhang mit den d(i,j)-Werten haben, spielt für den Stress keine Rolle: Er ist in jedem Fall praktisch gleich Null.

Um diese Möglichkeit auszuschließen, hat Kruskal (1965) ein modifiziertes Stress-Kriterium vorgeschlagen:

$$(5) \quad \text{Stress2} = \sqrt{\frac{\sum_{i<j}^{n}\{d(i,j)-f[u(i,j)]\}^2}{\sum_{i<j}^{n}\{d(i,j)-\bar{d}\}^2}} \; .$$

In der Stress2-Formel wird im Unterschied zum Stress in (4) $\bar{d}$, der Mittelwert aller d(i,j), subtrahiert. Werden bei der Skalierung die Zwischen-Distanzen -- und nur die gehen ja in (5) ein -- immer ähnlicher, dann wird auch der Nenner immer kleiner und verhindert so, daß Stress2 gegen 0 geht.

Stress2 kann man noch dadurch variieren, daß man *zeilenkonditional* oder *unkonditional* vorgeht. Im zweiten Fall wird versucht, gleiche Werte der Datenmatrix in gleiche Distanzen abzubilden. Im ersten Fall wird die Datenmatrix gewissermaßen zeilenweise zerschnitten. Diese Zeilen werden dann völlig getrennt behandelt, so daß z. B. eine 1 aus der ersten Zeile in eine andere Distanz als eine 1 aus der zweiten Zeile abgebildet werden kann. Mathematisch betrachtet minimiert man hier nicht mehr Stress2, sondern eine Summe von Stress2-Funktionen, je eine für jede Zeile i. In Formel (2) würde dadurch das f zu $f_i$.

Natürlich werden durch den zeilenkonditionalen Ansatz die ohnehin schon spärlichen Restriktionen, die die Daten auf die Distanzen der Skalierungskonfiguration ausüben, noch weiter reduziert. Trotzdem reicht selbst diese Dateninformation u. U. noch für recht gute Lösungen aus. Betrachten wir einen kleinen Versuch 2-dimensionalen Unfoldings. Abbildung 9.6a zeigt eine synthetische Konfiguration, bestehend aus den Buchstaben 'A' und 'M' (Borg & Lingoes, 1987). Berechnet man die Distanzen zwischen den Punkten dieser Buchstaben und verwendet diese als Eingabe für ordinales Unfolding, ergibt sich im unkonditionalen Fall Abbildung 9.6b und im zeilenkonditionalen Abbildung 9.6c. Legt man allerdings in Abbildung 9.6a das 'A' und das 'M' übereinander, dann zeigt selbst das zeilenkonditionale Unfolding noch eine sehr gute Rekonstruktion der Ausgangskonfiguration (Abbildung 9.6d). Psychologisch heißt dies, daß dann, wenn es bei den Personen genug Variation gibt derart, daß eine ganze Reihe verschiedener Objekte erste Wahl sind, eine besonders stabile Unfolding-Lösung zu erwarten ist.

**Ein Beispiel**

Norpoth (1979) berichtet die Präferenzordnungen, die zwei große Stichproben von Wählern bezüglich der Parteien CDU/CSU, SPD, FDP, NPD und DKP/ADF 1969 bzw. 1972 abgaben. Unter den 46 bzw. 48 verschiedenen Ketten befanden sich ein paar recht "merkwürdige", ähnlich denen im einführenden Beispiel zu diesem Kapitel. Sie waren allerdings recht selten. Die weitaus überwiegende Zahl der Personen produzierte Rangordnungen, die im Sinne eines Unfolding-Modells mit einer politischen links-rechts Dimension plausibel erscheinen. In Tabelle 9.1 sind diese gezeigt. Sie umfassen 90% (1969) bzw. 94% (1972) aller Beobachtungen (Norpoth, 1979, S. 355). Bei fünf Parteien wären maximal 11 verschiedene Präferenzordnungen mit dem Unfolding-Modell verträglich. Dies ist genau die Zahl, die wir für 1969 vorliegen haben, 1972 sind es drei mehr. Zudem enden 1969 alle (bis auf eine) Kette, wie gefordert, in einem von zwei Objekten, nämlich K oder N. 1972 gibt es drei Fehler in dieser Beziehung, zwei Mal C und einmal S. Mehr als zwei Spiegelbilder kommen in keiner der Stichproben vor.

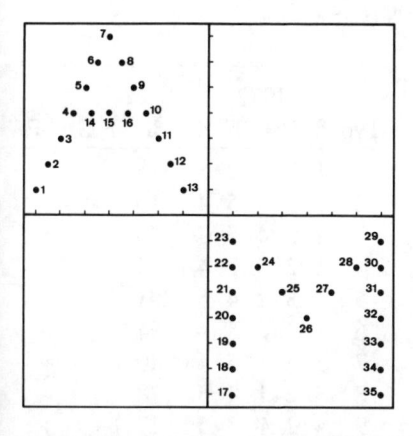

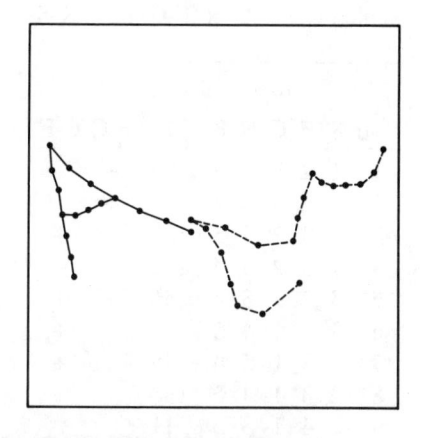

**Abbildung 9.6a.** Eine synthetische Konfiguration von 35 Punkten.

**Abbildung 9.6b.** Lösungskonfiguration für unkonditionales, ordinales Unfolding der Distanzen aus Abbildung 9.6a.

**Abbildung 9.6c.** Lösungskonfiguration für zeilenkonditionales, ordinales Unfolding der Distanzen aus Abbildung 9.6a.

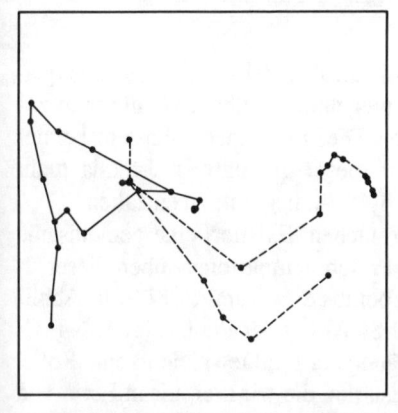

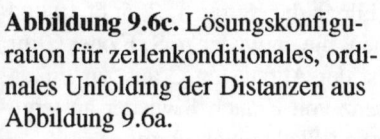

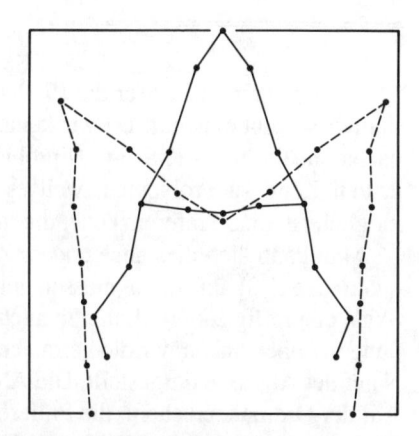

**Abbildung 9.6d.** Lösungskonfiguration für zeilenkonditionales, ordinales Unfolding der Distanzen einer Konfiguration wie in Abbildung 9.6a, aber mit übereinandergeschobenen 'A' und 'M'.

**Tabelle 9.1.** Präferenzordnungen der deutschen Wählerschaft 1969 und 1972 bezüglich der Parteien CDU/CSU (C), SPD (S), FDP (F), NPD (N) und DKP/ADF (K) mit Auftretenshäufigkeit (h) und Darstellbarkeit durch die Skalen K-S-F-C-N (F-C) bzw. K-S-C-F-N (C-F).

| \ | 1969 | | | | | | | |
|---|---|---|---|---|---|---|---|---|
| Typ | S | F | C | N | K | h | F-C | C-F |
| 1  | 1 | 2 | 3 | 4 | 5 | 29  | + |   |
| 2  | 1 | 2 | 3 | 5 | 4 | 85  | + |   |
| 3  | 1 | 3 | 2 | 4 | 5 | 122 |   | + |
| 4  | 1 | 3 | 2 | 5 | 4 | 141 |   | + |
| 5  | 3 | 2 | 1 | 5 | 4 | 56  | + | + |
| 6  | 3 | 2 | 1 | 4 | 5 | 66  | + | + |
| 7  | 2 | 3 | 1 | 5 | 4 | 135 |   | + |
| 8  | 2 | 3 | 1 | 4 | 5 | 138 |   | + |
| 9  | 2 | 4 | 1 | 3 | 5 | 11  |   |   |
| 10 | 2 | 1 | 3 | 5 | 4 | 16  | + |   |
| 11 | 3 | 1 | 2 | 4 | 5 | 19  | + | + |
| Gesamtzahl: |  |  |  |  |  | 818 | 271 | 677 |
| in Prozent: |  |  |  |  |  |     | 33.1 | 82.8 |

| \ | 1972 | | | | | | | |
|---|---|---|---|---|---|---|---|---|
| Typ | S | F | C | N | K | h | F-C | C-F |
| 1  | 1 | 2 | 3 | 4 | 5 | 315 | + |   |
| 2  | 1 | 2 | 3 | 5 | 4 | 210 | + |   |
| 3  | 1 | 2 | 4 | 5 | 3 | 45  | + |   |
| 4  | 1 | 2 | 5 | 3 | 4 | 25  |   |   |
| 5  | 1 | 3 | 2 | 4 | 5 | 201 |   | + |
| 6  | 1 | 3 | 2 | 5 | 4 | 94  |   | + |
| 7  | 3 | 2 | 1 | 5 | 4 | 40  | + | + |
| 8  | 3 | 2 | 1 | 4 | 5 | 178 | + | + |
| 9  | 4 | 2 | 1 | 3 | 5 | 17  | + | + |
| 10 | 2 | 3 | 1 | 5 | 4 | 97  |   | + |
| 11 | 2 | 3 | 1 | 4 | 5 | 351 |   | + |
| 12 | 2 | 1 | 3 | 4 | 5 | 35  | + |   |
| 13 | 2 | 1 | 3 | 5 | 4 | 33  | + |   |
| 14 | 3 | 1 | 2 | 4 | 5 | 31  | + | + |
| Gesamtzahl: |  |  |  |  |  | 1672 | 904 | 1009 |
| in Prozent: |  |  |  |  |  |      | 54.1 | 60.3 |

Fragen wir zunächst für die 1969er Stichprobe, ob eine gemeinsame qualitative J-Skala existiert. Da wir keine Spiegelbilder haben, könnte man zunächst die Ordnung K-S-F-C-N probieren. Dies führt aber spätestens bei der dritten Kette zu Problemen, weil es auf dieser qualitativen J-Skala nicht möglich ist, eine Präferenzkette, die mit S-C-F-.. beginnt, zu entfalten.

Man kann sich dies auch anders klarmachen. Existiert eine gemeinsame qualitative J-Skala, dann müssen alle Präferenzfunktionen über dieser J-Skala eingipflig sein (vgl. hierzu auch Coombs & Avrunin, 1977). In Abbildung 9.7 oben haben wir die vermutete J-Skala mit der Punktfolge K-S-F-C-N auf der Abszisse dargestellt. Die Abstände der Punkte spielen keine Rolle. Auf der Ordinate erscheint die Präferenzstärke, die wir hier nur in Form von Präferenzrängen kennen. Wie man sieht, bilden die Ketten 1, 2, 5, 6, 10 und 11 über dieser Skala eingipflige Funktionen, die entweder in S, F oder C ihr Maximum haben. Für Kette 9 dagegen ist der Abfall von C aus zur linken Seite hin nicht monoton, weil die Präferenz von F nach S wieder ansteigt. Diese Kette ist also auf keinen Fall in dieser J-Skala unterzubringen.

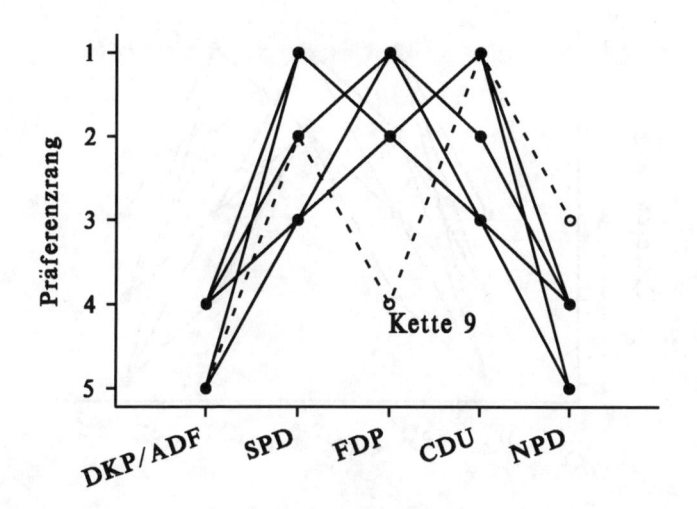

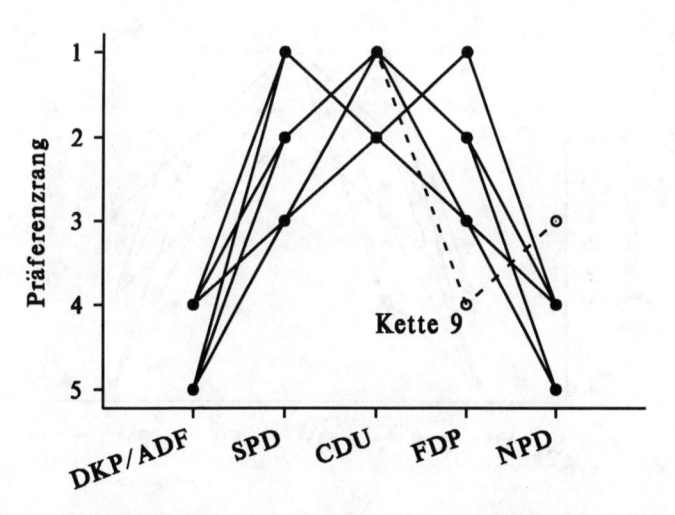

**Abbildung 9.7.** Zwei qualitative J-Skalen vs. Rangreihen für die Ketten aus Tabelle 9.1 (Stichprobe 1969).

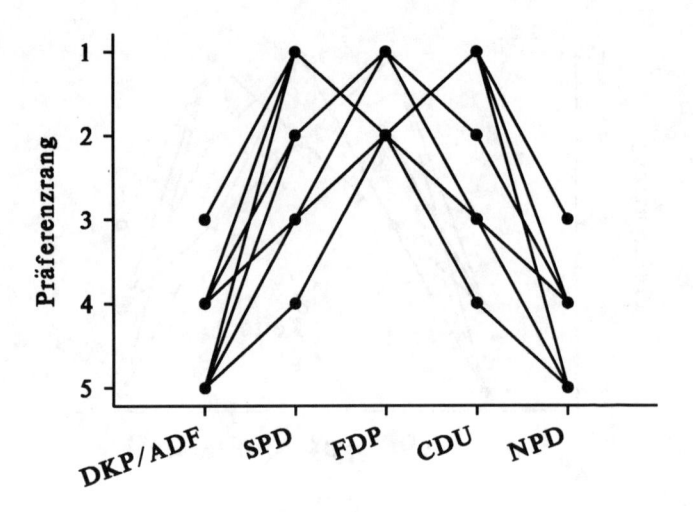

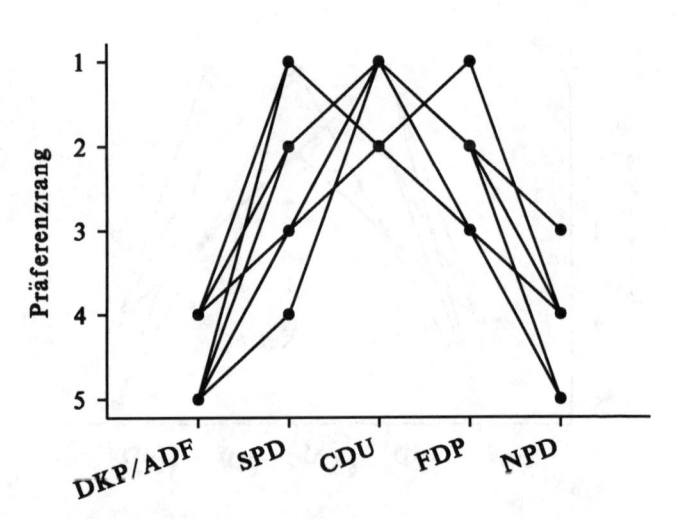

**Abbildung 9.8.** Zwei qualitative J-Skalen vs. Rangreihen für die Ketten aus Tabelle 9.1 (Stichprobe 1972).

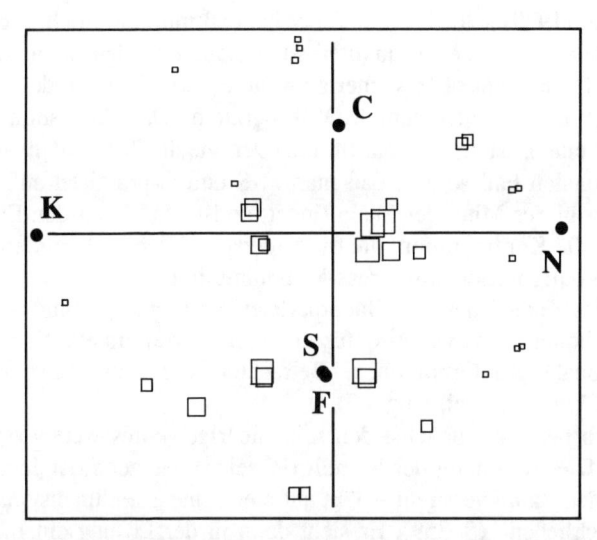

**Abbildung 9.9.** 2-dimensionale Unfolding-Repräsentation für die Wahldaten von 1972 (aus Norpoth, 1979). K=Kommunisten, S=SPD, F=FDP, C= CDU/CSU, N=NPD; Idealpunkte repräsentiert durch Kästchen unterschiedlicher Größe in Abhängigkeit von der Zahl der Personen.

Das Problem löst sich für diese Kette auch nicht dadurch, daß man F rechts von C lokalisiert (Abbildung 9.7 unten), weil dann von F nach rechts ein Anstieg zu N entsteht. Andererseits kann über dieser J-Skala fast der gesamte Rest der Präferenzordnungen eingipflig dargestellt werden. Die beiden qualitativen J-Skalen repräsentieren zusammen 99% der Beobachtungen aus Tabelle 9.1. Für die 1972er Daten ergibt sich ein sehr ähnliches Bild (Abbildung 9.8): Wieder brauchen wir die beiden verschiedenen qualitativen J-Skalen; und auch diesmal paßt eine Kette (4) in keine der Skalen.

Die Zuordnung eines Teiles der Profile zu den qualitativen J-Skalen ist allerdings nicht eindeutig. Wie in den Spalten 'F-C' und 'C-F' in Tabelle 9.1 zu sehen, lassen sich in der 1969er Stichprobe die Ketten 5, 6 und 11 durch beide Skalen darstellen. Entsprechendes gilt für die Ketten 7, 8, 9 und 14 bei den 1972er Daten. In beiden Stichproben repräsentiert die K-S-C-F-N Skala mehr Profile (83% und 60%) als die Variante K-S-F-C-N (33% und 54%). 1972 sahen aber offenbar vergleichsweise mehr Wähler die FDP links von der CDU und damit näher bei der SPD als 1969.

Die Umwandlung dieser vier qualitativen J-Skalen in quantitative Skalen führt jedoch zu Problemen. Offenbar ist nicht klar, *wie* "links" oder *wie* "rechts" etwa K bzw. N ist.

Norpoth (1979) selbst ist die Tatsache, daß man die Stichprobe in zwei Gruppen mit verschiedenen qualitativen J-Skala einteilen kann, entgangen. Er versuchte vielmehr ohne vorherige weitere Betrachtungen der Daten eine Unfolding-Analyse mit einem MDS-Programm. Das Programm liefert in jedem Fall eine Lösung. Sowohl für die 69er wie die 72er Daten sieht sie im 1-dimensionalen Fall so aus, daß man F, S und C praktisch auf dem gleichen Punkt in der Mitte der Skala findet, und K und N an den Enden. Das ist einfach die Konfiguration, die die widersprüchlichen Anforderungen der Daten an Konfiguration und Stress-Maß minimiert.

Um »das Knäuel der drei Hauptparteien zu entwirren« und »wegen des ungemein hohen Stresswertes« (für die 72er Werte) erstellt Norpoth daher 2-dimensionale Konfigurationen. Betrachten wir seine Lösung für die 1972er Stichprobe (Abbildung 9.9).

Norpoth bemerkt zunächst den sehr niedrigen Stresswert von 0.01 und schließt: »Die Verteilung der Stimuli (Parteien) wie auch der Individuen -- weit über den Raum verstreut -- läßt auf eine echte zweidimensionale Konfiguration schließen« (S. 359). Er sieht dann in der Lösung einen Ausdruck des »Spannungsverhältnis zwischen SPD und FDP als Regierungsparteien und der CDU/CSU als Oppositionspartei. Dadurch ist eine neue Achse entstanden, die rechtwinklig zur bereits bestehenden Achse verläuft, auf der NPD und DKP die Endpunkte besetzen« (S. 360). Es folgen lange Erklärungen für diese Deutung.

Das Beispiel sollte als Warnung vor allzu schnellem Einsatz von computerisierten Skalierungsverfahren dienen. Dies gilt insbesondere im mehrdimensionalen Fall und, noch verstärkt, für das Unfolding, das allein schon rein mathematisch betrachtet (wegen seiner eigenartigen Missing-Data Struktur) problematisch bleibt.

## 10 Magnitude-Skalierung

### 10.1 Klassische Magnitude-Skalierung

**Indirekte und direkte Skalierung**

Fechner (1860) war davon überzeugt, daß es unmöglich ist, Empfindungen direkt zu messen. Er meinte vielmehr, sie könnten nur aus bestimmten Indikatoren -- wie z. B. den empirisch beobachteten Unterschiedsschwellen -- erschlossen werden. Stevens (1957, 1961) dagegen vertrat die Auffassung, daß man die Vpn auch ganz direkt nach ihren Empfindungen oder, genauer, nach ihren Empfindungsstärken fragen könne.

Dabei geht er wie folgt vor. Der Vp wird zunächst ein Standardreiz S präsentiert, dem auf dem interessierenden Merkmal willkürlich ein bestimmter Wert (z. B. 10) zugewiesen wird. Die Vp hat dann die Aufgabe, jedem der danach präsentierten Reize x jeweils eine Zahl f(x) derart zuzuweisen, daß das Verhältnis f(x):10 das Verhältnis der Empfindungsstärke von x zu S ausdrückt (*Magnitude-Skalierung*). Die Vpn haben keinerlei Probleme, in dieser Weise z. B. unterschiedliche Helligkeiten oder Lautstärken zu beschreiben. Wiederholt man zudem die Prozedur einige Male, dann ergeben sich i. allg. außerordentlich ähnliche Skalenwerte.

Die Reliabilität der Werte steigt noch, wenn man, wie dies heute üblich ist, keinen Standardreiz mehr vorgibt (Snodgrass, 1975; Cross, 1982). Man instruiert die Vp dann, direkt durch Angabe von (positiven) Zahlenwerten auszudrücken, als wie stark oder wie schwach sie die Reize hinsichtlich der interessierenden Eigenschaft erlebt. Bisweilen wird hier vorab eine Stichprobe der Reize gezeigt, damit die Vp ein Bezugssystem aufbauen kann.

Im Gebrauch der Zahlen treten u. U. einige Besonderheiten auf. Stevens (1975) berichtet z. B., daß manche Vpn Vorlieben für gewisse ganze Zahlen wie 1, 2, 5 oder 10 zeigen; daß sie glauben, daß dann, wenn sie mit einem zu kleinen Wert (z. B. 5) beginnen würden, sie später möglicherweise "nach unten hin" keinen Platz mehr haben könnten; daß sie schon an gewisse Ratingskalen wie z. B. die Schulnoten gewöhnt seien; usw. Um diese Probleme zu reduzieren und um die Person an die Aufgabe zu gewöhnen, schaltet man meist eine Aufwärmaufgabe vor, in der die Vp die Längenverhältnisse verschiedener Linien mit beliebig gewählten Zahlenwerten einschätzt (Abbildung 10.1). Normalerweise ergeben sich bei dieser Aufgabe Werte, die -- bis auf unsystematische Abweichungsfehler -- den objektiven Längen der Linien direkt proportional sind. In jedem Fall kann man den besonderen Verschätzungsfaktor dieser Person berechnen und diesen dann evtl. in anderen Schätzaufgaben zur Fehlerkorrektur berücksichtigen (Teghtsoonian, 1965).

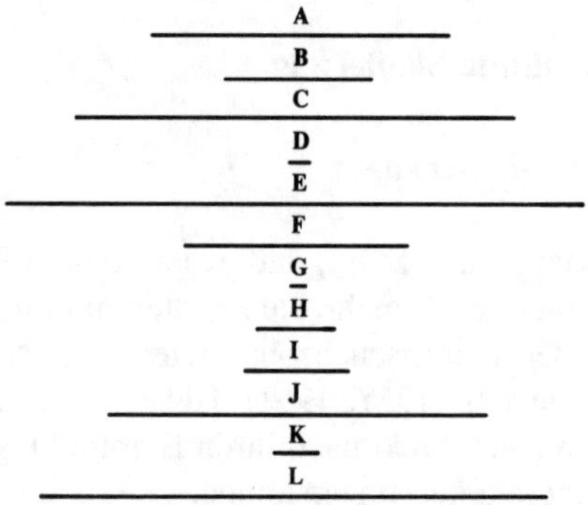

```
      A
      B
      C
      D
      E
      F
      G
      H
      I
      J
      K
      L
```

**Abbildung 10.1.** Instruktion: Betrachten Sie hier die Linien A, ..., L. Linie A sei Ihr Vergleichsstandard. Wir geben ihr die (willkürliche) Länge 100. Vergleichen Sie nun die Linien B, ..., L mit A und geben Sie jeweils an, welche Längen B, ..., L relativ zu A haben. Wenn eine Linie doppelt so lang erscheint wie A, dann sagen Sie "200". Erscheint sie halb so lang wie A, dann "50", usw. Bitte verwenden Sie keine Lineale oder andere Meßinstrumente, sondern nur Ihr Augenmaß.

## Magnitude-Schätzwerte und objektive Größen

Es liegt nahe zu fragen, welchen Zusammenhang die numerischen Schätzwerte, die sich aus einer Aufgabe wie in Abbildung 10.1 ergeben, und die entsprechenden physikalischen Meßgrößen der Reize haben. In Hunderten von Experimenten hat sich gezeigt, daß dieser Zusammenhang fast immer durch Funktionen wie in Abbildung 10.2a approximiert werden kann. Die gezeigten Kurven sind Potenzfunktionen, d. h. sie sind beschrieben durch

(1) $\quad f(x) = k \cdot i(x)^c$ ,

wobei $i(x)$ die physikalische Intensität des Reizes x ist. Der Exponent c ist eine für die betrachtete Wahrnehmungsmodalität typische Konstante und k ist ein Skalenfaktor, der die Einheit widerspiegelt, in der die physikalische Intensität gemessen wurde (bei Linienlänge z. B. in Millimeter, Zentimeter, etc.). Logarithmiert man (1), dann wird daraus

(2) $\quad \log[f(x)] = \log(k) + c \cdot \log[i(x)]$ ,

also eine lineare Beziehung, in der c der Steigungsparameter ist. Durch Log-

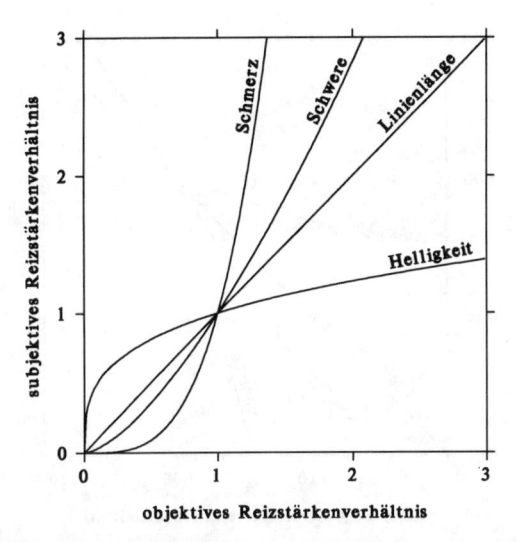

**Abbildung 10.2a.** Drei psychophysische Funktionen, jeweils erzeugt über Magnitude-Skalierung; Exponenten der Funktionen wie in Tabelle 10.1.

arithmieren der Achsen werden somit aus den Kurven in Abbildung 10.2a die Geraden in Abbildung 10.2b. Die Beziehung (1) oder, graphisch ausgedrückt, die Linearität der Kurven im log-log-Diagramm, ist Stevens *Potenzgesetz* (*power law*). Es ist empirisch vielfach bestätigt; dabei wurden u. a. die in Tabelle 10.1 gezeigten Exponenten c für verschiedene Wahrnehmungsmodalitäten (bei numerischen Schätzurteilen) gefunden. Je größer sie sind, umso größer ist die Sensitivität der Modalität ("Sinnesschärfe").

Berücksichtigt man, daß die Vp bei der Magnitude-Schätzung der Instruktion nach ein Verhältnisurteil abgibt oder abgeben soll, dann könnte man statt (1) auch ausführlicher

(3) $f(x) / f(S) = k \cdot i(x)^c / [k \cdot i(S)^c]$

schreiben, wobei S den ex- oder impliziten Standardreiz darstellt. Daraus wird dann durch Logarithmieren

(4) $\log[f(x)] = \text{konst} + c \cdot \log[i(x)]$ ,

mit konst=Funktion des Standards S, was das Gleiche impliziert wie (2). Aus Abbildung 10.2a bzw. Formel (3) und den c-Werten in Tabelle 10.1

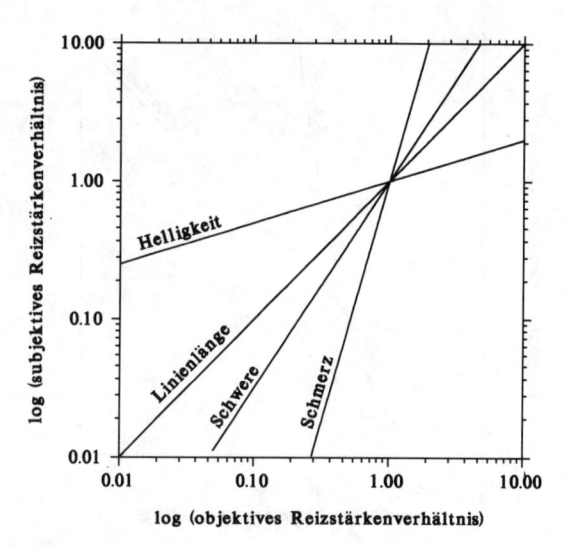

**Abbildung 10.2b.** Funktionen aus Abbildung 10.2a in log-log Koordinaten.

**Tabelle 10.1.** Experimentell ermittelte Exponenten c im Potenzgesetz (1) für verschiedene Reizmodalitäten (Mittelwerte).

| Reizmodalität | c |
|---|---|
| elektrische Hautreizung (an Finger) | 3.5 |
| Sättigung (rot-grau) | 1.7 |
| Schwere (Gewicht heben) | 1.5 |
| Geschmack (salzig) | 1.4 |
| Fingerspannweite (Dicke von Klötzchen) | 1.3 |
| Visuelle Länge (projizierte Linie) | 1.0 |
| Hautvibration (250 Hz Amplitude am Finger) | 0.6 |
| Geruch (Kaffee) | 0.6 |
| Lautstärke (Schalldruck bei 1000 Hz) | 0.3 |
| Helligkeit (5°-Scheibe im Dunkeln) | 0.3 |

sieht man z. B., daß eine Verdoppelung der Energie einer Lichtquelle nur als eine geringe Helligkeitserhöhung erlebt wird (um den Faktor $2^{0.3}=1.23$). Eine Verdoppelung der Spannung bei der elektrischen Hautreizung führt dagegen zu einer über 11-fachen Verstärkung des subjektiven Schmerzempfindens.

**Cross-Modality Matching**

In der Psychophysik ist man in der glücklichen Lage, die Bedeutung der Magnitude-Schätzwerte dadurch prüfen zu können, daß man sie mit objektiven Maßen vergleicht. Ganz anders ist die Lage, wenn man beispielsweise Schätzwerte bekommt für die Frage, um wie viel mal verwerflicher Mord gegenüber Diebstahl ist, wenn f(Diebstahl)=10? Wie soll man dann einen beobachteten Skalenwert von, sagen wir, f(Mord)=500 beurteilen? Ist er mehr als nur eine Verlegenheitsantwort?

Hier hilft das *cross-modality matching* weiter. Es beinhaltet den naheliegenden Gedanken, die obige Frage an die Vp mit einem oder mehreren anderen Reaktionsmodi zu replizieren, z. B. so, daß die Vp kein numerisches Urteil abgibt, sondern durch das Drücken eines Handgriffs mit Federwiderstand die relative Schwere des Verbrechens Mord buchstäblich "ausdrückt". Man kann auch andere Sinnes-Modalitäten nehmen, wie z. B. das Einstellen der Intensität einer Lichtquelle (Stevens & Marks, 1965), das Variieren der Länge eines Tones (Dawson & Mirando, 1975) oder eines Wortes wie "seeeeeeeehr verwerflich".

Cross (1982) berichtet eine Untersuchung, in der das Prestige verschiedener Berufe einmal über das Einstellen der Helligkeit einer Lichtquelle, einmal über die Lautstärke einer Tonquelle erhoben wurde. Abbildung 10.3 zeigt die beiden dabei ermittelten Skalen graphisch -- in log-log Einheiten -- gegeneinander dargestellt. Offenbar ist der Zusammenhang zwischen beiden Skalen fast perfekt linear. Die Gerade in Abbildung 10.3 hat die Steigung 1. Wenn die Reizfrequenz bei 1000 Hz lag und die Lichtquelle eine 5°-Scheibe war -- bei Cross (1982) finden sich hierzu keine Angaben -- dann war diese Steigung zu erwarten, weil Tabelle 10.1 zeigt, daß die Steigungsparameter für die Modalitäten Helligkeit und Lautstärke gleich sind. Würden wir die Skalierung replizieren, aber statt Helligkeit elektrische Hautreizung verwenden, dann sollte die Steigung der Geraden 3.5/0.3=11.7 sein.

Da der Zusammenhang zwischen den verschiedenen Datensätzen aus rein logischen Gründen weder eng, noch linear, noch mit vorhergesagter Steigung verlaufen muß, ist die empirische Beobachtung, daß alles so ist wie vorhergesagt, ein bemerkenswerter Konsistenz-Befund.

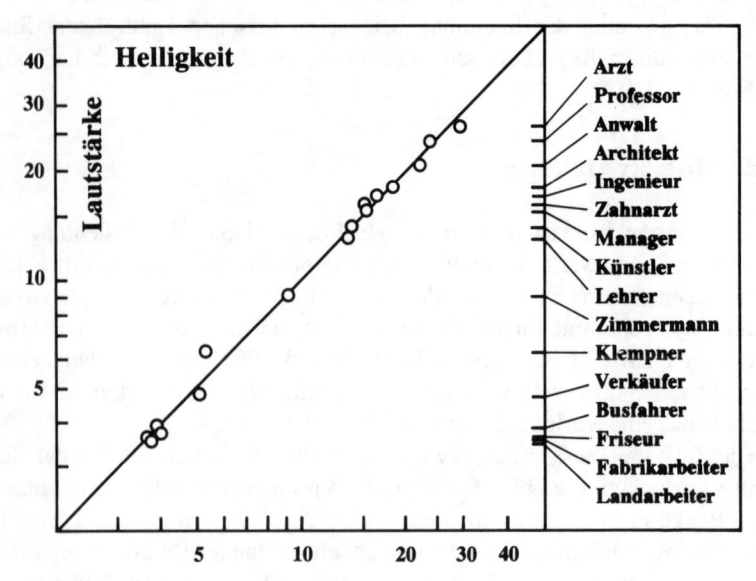

**Abbildung 10.3.** Berufs-Prestige Skala von 16 Beschäftigungen nach indirektem Cross-Modality Matching von Helligkeit (x-Achse) und Lautheit (y-Achse); Mittelwerte in log-log-Koordinaten.

## Magnitude-Skalen und Kategorien-Skalen

Weitaus verbreiteter als die Magnitude-Skalierung ist allerdings ein anderes "direktes" Verfahren, die Kategorien-Methode. Im Rahmen der Psychophysik wird die Vp hierbei meist aufgefordert, die Reize a, b, c, ... in jeweils eine der bereitgestellten Kategorien einer Rating-Skala einzuordnen. Hierbei zeigt man der Vp manchmal vorab den größten und den kleinsten Reiz, um die Enden der Skala zu markieren. Zudem kann man auch noch die Anweisung geben, darauf zu achten, daß der subjektive Abstand der Kategorien gleich groß ist. Im nicht-psychophysischen Kontext ist es statt dessen üblich, die Kategorien mit Bezeichnungen wie "sehr groß", "groß", ..., "sehr klein" zu versehen, von denen man dann annimmt, daß sie ebenfalls den Effekt haben, gleiche Abstände der Kategorien herzustellen.

Während die Vpn bei der Magnitude-Skalierung die *Verhältnisse* von Reizgrößen zu einem explizit gegebenem Ankerreiz in irgendeiner Modalität ausdrücken, geben sie auf den Kategorien-Skalen, so wird angenommen, die wahrgenommenen *Unterschiede* der Reize zu dem impliziten Ankerreiz

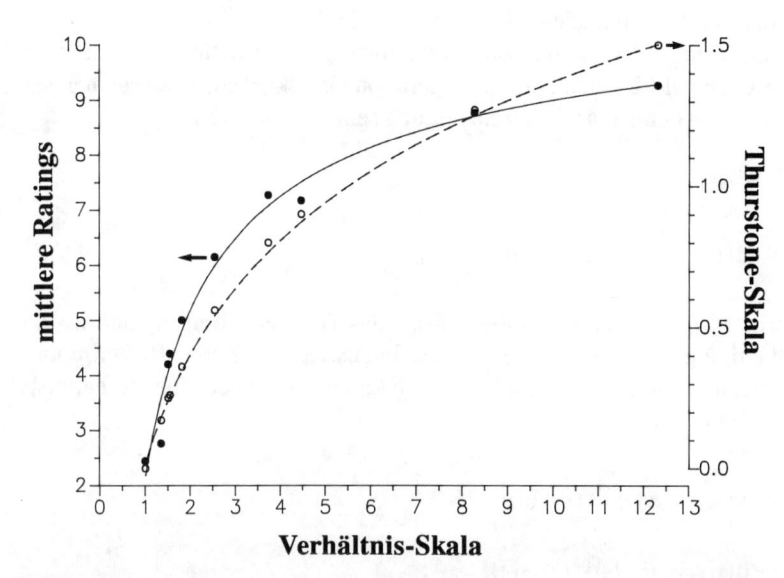

**Abbildung 10.4.** Mittlere Ratings (Punkte) und Thurstone LCJ-Skala (Kreise) für zehn Vergehen/Verbrechen, aufgetragen über einer Verhältnisskala für dieselben Objekte.

der Vp für diesen Reizbereich (Prototyp, Norm) an, wenn auch jeweils nur im groben Raster der vorgegebenen wenigen Kategorien. Abbildung 10.4 zeigt den hierbei typischen logarithmischen Zusammenhang der mittleren Ratings und der Verhältnis-Skalenwerte (Lodge, 1981), hier noch ergänzt durch Thurstone-LCJ-Skalenwerte für die gleichen Reize, die den mittleren Ratings offensichtlich sehr ähnlich sind. Die Daten entstammen einer Befragung von 68 bzw. 88 Psychologie-StudentInnen (im Zeitraum 1984 bis 1988) über die Verwerflichkeit der bereits in Kapitel 5 behandelten Vergehen/Verbrechen (Borg, Müller & Staufenbiel, 1990). Die Ratings wurden auf einer 10-Punkte Skala mit den Enden 0="nicht verwerflich" und 10= "außerordentlich verwerflich" erhoben.

Die Tatsache, daß sich überhaupt eine einfache Beziehung zwischen diesen beiden Skalierungsmethoden angeben läßt, könnte eine tiefere Bedeutung haben (Birnbaum, 1982). Abbildung 10.4 zeigt nämlich, daß jede *bestimmte* Differenz jeweils in etwa immer dem *gleichen* Verhältnis zugeordnet ist, und umgekehrt*. Bildet man beispielsweise mit den Rating-Werten die Differenzen 4–3 und 8–7, dann findet man, daß die Verhältnisse der zugehörigen Skalenwerte -- verwendet man die gestrichelte Kurve -- auf der Verhältnisskala in beiden Fällen etwa 1.4 sind.

Das bedeutet aber, daß die Verhältnis- und die Differenzurteile möglicherweise auf eine gemeinsame Operation zurückgehen. Diese gemeinsame Operation könnte eine Differenzbildung sein:

(5) $\quad v(i,j) = a_v \cdot e^{s(i)-s(j)}$ ,

(6) $\quad d(i,j) = a_d \cdot [s(i)-s(j)]$ ,

worin v(i,j) das Verhältnisurteil, d(i,j) das Differenzurteil, $a_v$ und $a_d$ Konstanten, und s(i) und s(j) die erlebten Intensitäten von zwei Reizen, i und j, bezeichnet. Die gemeinsame Operation könnte aber auch eine Verhältnisbildung sein:

(7) $\quad v(i,j) = a_v \cdot [s'(i)/s'(j)]$ ,

(8) $\quad d(i,j) = a_d \cdot \ln[s(i)-s(j)]$ ,

wobei nun s' eine andere Funktion der Reizintensität darstellt, die zu s die Beziehung s'=$e^s$ hat. Man kann sich s und s' als *Empfindungsstärken* und die übrigen Parameter als *Urteilsfunktion* vorstellen, die eine instruktionsgerechte verbale Reaktion erzeugen. Welche der Theorien ist nun richtig? Folgt man Birnbaum (1982), dann ist es die erstere. Verhältnis-Urteile gäben damit letztlich doch nur erlebte Differenzen wieder. Eisler (1978) und Marks (1979, 1982) ziehen einen anderen Schluß; sie gehen dabei jedoch von vornherein nicht davon aus, daß die Skalenwerte (s' bzw. s) unter den verschiedenen Instruktionen gleich sind.

**Magnitude-Schätzwerte und Absolut-Skalierung**

Zwislocki & Goodman (1980) argumentieren, daß numerische Schätzwerte der Magnitude-Skalierung ohne vorgegebenen Standard nicht nur Verhältnisniveau haben, sondern sogar absolut festliegen. Absolute Skalen haben

---

\* Diese Aussage gilt dann exakt, wenn die Beziehung zwischen Ratings und Verhältniswerten eine Exponentialfunktion ist. Dann ist z. B. 4→$e^4$ und 3→$e^3$ und damit 4–3→$e^4/e^3=e^{4-3}=e^1$. Für 8–7 ist dann das entsprechende Verhältnis ebenfalls $e^1$.

nicht nur einen festen Ursprung, sondern auch feste Einheiten. Sie sind überhaupt nicht mehr transformierbar: Ihre Skalenwerte entsprechen direkt psychologischen Größen.

Dieser Gedanke »is intuitively hard to accept ... and would hardly be considered were it not for extensive empirical evidence suggesting it« (Zwislocki & Goodman, 1980, S. 28). Die empirische Evidenz kommt aus psychophysischen Experimenten und besagt z. B.: (a) Ohne Vorgabe eines Standards sind die Skalen verschiedener Gruppen von Vpn nahezu gleich; (b) Gibt man einen Standard vor, dann konvergieren die Skalen auf diese absoluten Skalen, je weiter man sich von dem Standard entfernt; (c) Ist der erste Reiz der Versuchsreihe schwach, dann geben ihm die Vpn einen relativ kleinen Skalenwert; ist er stark, einen relativ großen; die resultierende Skala ist unter beiden Bedingungen gleich; (d) Kinder verwenden den gleichen mittleren Skalenwert wie Erwachsene; da sie noch keine Brüche kennen, schneiden sie die Skala beim Wert 1 ab.

Aus (d) kann man schließen, daß die Herstellung einer absoluten Korrespondenz von Zahlen und Empfindungsgrößen daran liegt, daß Zahlen von Kindern (unter 6 Jahren) im Sinne des Abzählens gelernt werden, d. h. als "Kardinalzahlen" mit absoluter Bedeutung.

## 10.2 Magnitude-Skalierung für vollständige Paarvergleiche

### Vollständige Paarvergleiche in der Magnitude-Skalierung

Neben dem cross-modality matching gibt es noch einen anderen Ansatz, die Validität der direkten Skalenwerte zu prüfen. Statt nur einen Standard zu verwenden, dient im vollständigen Paarvergleich jeder Reiz einmal als Standard für alle anderen Reize.

In Tabelle 10.2 sehen wir eine Matrix, in der eine Vp jeweils ein Gewichtsverhältnis angegeben hat, mit dem das Zeilenobjekt über das Spaltenobjekt dominiert hinsichtlich seines Beitrags zu einem Kriterium K. Die Zeilen/Spalten der Werte A und B sind in der Matrix leer, weil die Vp hier von vornherein sagte, daß weder A noch B irgend etwas zu K beiträgt.

Inhaltlich handelt es sich hier um Daten aus der Forschung zur Arbeitszufriedenheit (Borg, 1987b). Die Vp drückte durch die Verhältnisangaben aus, wie stark die Arbeitsaspekte A, ..., F (inhaltlich beschrieben in Tabelle 10.5) zu ihrer Zufriedenheit mit den 'materiellen Ergebnissen' (Kriterium K) ihrer Arbeit beitragen.

Die Daten in Tabelle 10.2 sind mit der *Methode der konstanten Summen* (Sydow & Petzold, 1982) erzeugt, bei der sich die Elemente der Dominanzverhältnisse stets auf 10 summieren. Statt dessen hätte man die Vp bitten

**Tabelle 10.2.** Matrix der empirischen Dominanzgewichte der Zeilenobjekte über die Spaltenobjekte bezüglich ihres Beitrages zu einem Kriterium K.

|   | A | B | C | D | E | F |
|---|---|---|---|---|---|---|
| A | -- | | | | | |
| B | | -- | | | | |
| C | | | -- | 6:4 | 1:9 | 2:8 |
| D | | | 4:6 | -- | 1:9 | 1:9 |
| E | | | 9:1 | 9:1 | -- | 6:4 |
| F | | | 8:2 | 9:1 | 4:6 | -- |

**Tabelle 10.3.** Matrix der Verhältnisse der empirischen Dominanzgewichte.

|   | C | D | E | F |
|---|---|---|---|---|
| C | 1 | 1.500 | 0.111 | 0.250 |
| D | 0.667 | 1 | 0.111 | 0.111 |
| E | 9.000 | 9.000 | 1 | 1.500 |
| F | 4.000 | 9.000 | 0.667 | 1 |

können, nur eine Dominanzzahl anzugeben, also z. B. statt 6:4 den Wert 1.5 (für "1.5 Mal so wichtig"). Das ist möglicherweise besser, weil die Vp auf Befragen oft angeben, daß ihnen etwa 9:1 nur "etwas" stärker erscheint als 8:2, während rein mathematisch die Dominanz im ersteren Fall 9-fach, im zweiten nur 4-fach ist.

Schreiben wir die Proportionen in Tabelle 10.2 als Dezimalbrüche und ersetzen die Hauptdiagonal-Elemente durch 1.0, dann erhalten wir Tabelle 10.3. Jede ihrer Spalten stellt eine Verhältnisskala dar, jeweils bezogen auf einen anderen Standardreiz mit dem Skalenwert 1. Im Grunde genommen haben wir also vier Replikationen der Magnitude-Skalierung, jeweils mit anderem Standard. In Spalte 1 sind die Verhältnisse relativ zu $s(C)=1$ ausgedrückt, in Spalte 2 relativ zu $s(D)=1$, usw. Wäre die Vp völlig konsistent, dann sollten alle vier Skalen, abgesehen von einem Skalenfaktor, gleich sein. Um zu sehen, ob dies so ist, zeichnen wir zunächst alle vier Skalen nebeneinander (Abbildung 10.5a). Da die verschiedenen Längen der Skalen den Vergleich behindern, strecken wir die beiden linken auf die Länge der beiden rechten (Abbildung 10.5b).

Wie man sieht, sind die vier Skalen ähnlich, aber nicht gleich. Um den

Meßfehler in den einzelnen Verhältniswerten auszugleichen, könnte man sie mitteln und damit eine einzige, "durchschnittliche" Skala erzeugen. Dies ist in Abbildung 10.5b veranschaulicht.

Die Ähnlichkeit der vier Skalen ist ein Konsistenzhinweis: Implizieren die Urteile mit wechselndem Standard immer die gleiche Skala, dann hat die Vp offenbar tatsächlich feste Vorstellungen. Die Konsistenz der Urteile läßt sich auch in der Datenmatrix selbst sehen. Bei perfekter Konsistenz sind alle Spalten einander proportional. Mathematisch gleichbedeutend hiermit ist die *kardinale Konsistenz*\* (Saaty, 1977, S. 244):

(9)    $v(i,k) = v(i,j) \cdot v(j,k)$ , für alle i, j, k ,

in der $v(i,j)$ das empirische Dominanzverhältnis von Reiz i über Reiz j bezeichnet. Gleichung (9) besagt beispielsweise, daß, wenn eine Vp Reiz i als 3-mal so groß wie Reiz j beurteilt und j als 2-mal so groß wie k, sie dann auch sagen muß -- will sie kardinal konsistent sein --, daß i 6-mal so groß ist wie k. Borg & Tremmel (1988) haben gezeigt, daß Bedingung (9) im Urteilsverhalten von Vpn systematisch verletzt wird: Impliziert $v(i,j) \cdot v(j,k)$ einen recht großen/kleinen Wert für $v(i,k)$, dann geben die Vpn meist einen weniger extremen Wert an. Ist also z. B. $v(i,j)=10$ und $v(j,k)=20$, dann sagen sie nicht $v(i,k)=200$, sondern vielleicht nur $v(i,k)=120$. Man kann diese Fehler-Tendenz aber dadurch reduzieren, daß man die Urteile nicht numerisch, sondern in einer anderen Modalität (z. B. graphisch) erhebt.

**Optimale Skalen für inkonsistente Magnitude-Paarvergleichsmatrizen**

Statt die Konsistenz-Frage direkt an der Magnitude-Paarvergleichsmatrix zu testen, könnte man aus der Matrix direkt eine optimale Skala errechnen und dann testen, wie gut diese die Daten repräsentiert. Wie soll man aber solch eine optimale Skala berechnen?
In Abbildung 10.5b schien sich anzubieten, eine optimale Skala einfach durch Mittelung der vier Skalen zu erstellen. Das ist aber unbefriedigend, da wir bei der Streckung der beiden rechten Skalen lediglich einen einzigen Punkt, E, berücksichtigt haben. In welcher Weise dies "optimal" ist, ist völlig offen. Transparenter wäre es, zuerst durch Angabe einer Verlustfunktion L die Optimalitätsfrage zu klären und sich danach der Minimierung dieser Verlustfunktion zuzuwenden. Eine naheliegende Verlustfunktion ist z. B. die Kleinste-Quadrate-Funktion von Jensen (1984),

---

\* Der Begriff *kardinal* wird bisweilen, vor allem in den Wirtschaftswissenschaften, an Stelle von *verhältnisskaliert* verwendet.

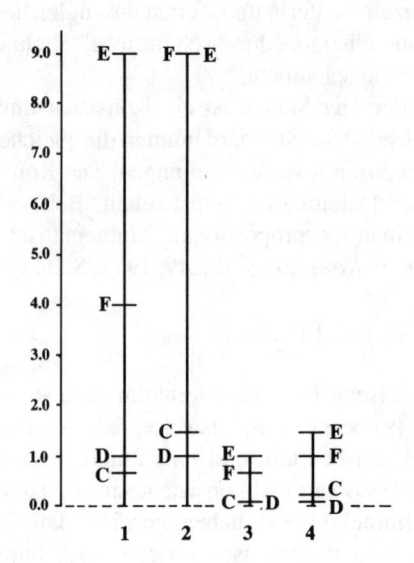

**Abbildung 10.5a.** Graphische Darstellung der Dominanzgewichte in den vier Spalten von Tabelle 10.3.

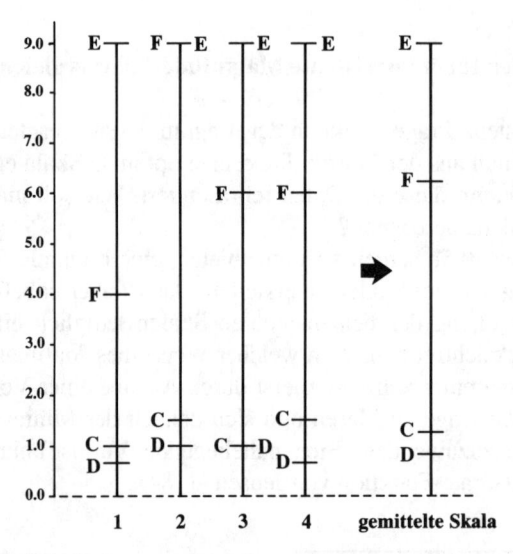

**Abbildung 10.5b.** Mittelung der vier Skalen aus Abbildung 10.5a, nach vorheriger Streckung auf die gleiche Länge 9.

$$(10) \quad L = \sum_{i<j}^{n} \left[ v(i,j) - s(i)/s(j) \right]^2 ,$$

in der s(i) und s(j) die (positiven) Skalenwerte für i und j sind, und n die Anzahl der beurteilten Objekte (=Zahl der Zeileneingänge in der Matrix). Die Funktion (10) ist nicht das einzige Kriterium, das vorgeschlagen wurde. Meistens wird Saatys (1977) Methode verwendet, die den zum größten reellen Eigenwert, $e_{max}$, gehörigen Eigenvektor als Skala nimmt. Diese Methode ist aber letztlich nichts anderes, als ein verfeinertes Verfahren, die Spalten der Datenmatrix gewichtet zu mitteln. Die dabei entstehende mittlere Spalte ist der Eigenvektor. Zu ihm gehört eine Zahl, der Eigenwert $e_{max}$, der für uns interessant ist, weil $e_{max}$=n ist, wenn die Daten konsistent sind; ansonsten gilt $e_{max}$>n. Als Konsistenzindex hat $e_{max}$ allerdings den Nachteil, daß er, wenn n größer wird, ebenfalls größer wird, selbst wenn dabei die durchschnittliche Inkonsistenz [etwa im Sinne von Gleichung (9)] gleichbleibt. Saaty (1977) definiert daher eine Art mittlerer Verlustfunktion als *consistency index*, CI=($e_{max}$–n)/(n–1).

Tabelle 10.4 zeigt die verschiedenen Skalen, die sich für Tabelle 10.3 nach Kriterium (10), der Saaty Eigenwert-Methode und einer einfachen arithmetischen bzw. geometrischen Mittelung (Budescu, Zwick & Rapoport, 1986) der zuvor wie in Abbildung 10.5b gestreckten Spalten 3 und 4 ergeben. Aus Gründen einfacherer Vergleichbarkeit haben wir hier die Werte in allen Spalten so normiert, daß sie sich auf 100 aufsummieren.

Offensichtlich gibt es in den Skalen keine großen Unterschiede. Zudem gilt, daß dann, wenn eine perfekte Lösung existiert (wenn also die Matrix konsistent ist), alle Lösungen identisch sind. Ansonsten läßt sich nicht allgemein sagen, welche Lösung die beste ist. Mathematisch unbefriedigend sind lediglich unsere hemdsärmeligen Mittelwertsapproximationen, weil sich für sie nicht allgemein sagen läßt, welche Eigenschaften sie haben. Im Vergleich der Kleinste-Quadrate- und der Eigenwert-Methode findet Jensen (1986), daß erstere natürlich die beste Übereinstimmung der v(i,j) und der s(i)/s(j) im Sinne kleinster quadratischer Abweichungen aufweist, daß die Eigenwert-Lösung dagegen die Ordnung der v(i,j)-Urteile besser repräsentiert. Was wichtiger ist, kommt auf den Zweck der Skalierung an.

**Statistische Signifikanz der Magnitude-Skala**

Wie kann man nun feststellen, ob eine aus einer Paarvergleichsmatrix abgeleitete Skala statistisch signifikant ist? Eine Antwort hierauf ergibt sich, wenn man per Computer einige Tausend Magnitude-Paarvergleichsmatrizen

**Tabelle 10.4.** Skalenwerte für die Daten in Tabelle 10.3, bestimmt mit vier verschiedenen Methoden.

|   | Eigenwert | Least-Squares | arithm. Mittel | geom. Mittel |
|---|---|---|---|---|
| C | 7.18 | 6.60 | 7.33 | 7.16 |
| D | 4.79 | 4.99 | 4.87 | 4.81 |
| E | 52.82 | 50.33 | 52.85 | 52.82 |
| F | 35.21 | 38.08 | 36.70 | 35.21 |

mit Zufallsdaten füllt und jeweils prüft, wie gut sie sich durch die aus ihnen errechneten Skalen repräsentieren lassen. Das wird einmal besser, einmal schlechter gehen, je nach Konsistenz der Zufallswerte. Ist dann die Repräsentationsgenauigkeit (im Sinne des zur Skalenkonstruktion verwendeten Kriteriums) der Daten genauer als für 95% der Zufallswerte, kann man die empirische Skala als signifikant bezeichnen. Saaty (1982) berichtet für seine Eigenwert-Methode die folgenden Erwartungswerte für CI: 0.58 (bei n=3), 0.90 (4), 1.12 (5), 1.24 (6), 1.32 (7), 1.41 (8), 1.45 (9) und 1.49 (10). »If we divide CI by the random consistency number for the same size matrix, we obtain the consistency ratio CR. The value of CR should be around 10 percent or less to be acceptable« (S. 25). Für die Skala in Tabelle 10.4 ist $e_{max}$= 4.041 und somit CI=(4.041–4)/3=0.0137 und CR=0.0137/0.90=0.015 oder 1.5%. Saaty würde die Skala also als überzufällig konsistent akzeptieren. Andererseits sieht man an den Zufalls-CI-Werten, daß man bei sehr kleinen Matrizen formal nicht oder kaum ausschließen kann, daß die Konsistenz nur zufällig ist. Die Antwort auf die Signifikanzfrage hängt aber stark davon ab, welche Eigenschaften man den Zufallswerten gibt. Borg & Staufenbiel (im Druck) zeigen, daß die obigen CI-Normen sehr konservativ sind.

**Hierarchische Modelle**

Die Normierung der Skalen auf die Summe 100 in Tabelle 10.4 ist zwar willkürlich, vereinfacht aber gewisse Aussagen. Man kann die Skalenwerte nun wie Prozentwerte lesen: Das erlaubt es, im Kontext der hier vorliegenden Aufgabe zu sagen, daß die Vp glaubt, daß die Zufriedenheit mit den materiellen Arbeitsergebnissen zu gut 50% von 'Wohlstand/Geld' (E), zu ca. 35% von der 'Sicherheit des Arbeitsplatzes' (F) und nur zu jeweils weniger als 10% von 'persönlicher Wertschätzung' (D) und 'Respekt/Status' (C) bestimmt wird.

In Abbildung 10.6 (nach Borg, 1987b) finden wir dieses Kriterium K der

## Abbildung 10.6

```
                           AZ
              /            |            \
        kognitiv        affektiv       materiell
```

Hierarchieebenen (Bestimmungsparameter):

Selbst- | Interesse | Respekt, | persönl. | materieller | Sicherheit
verwirk. | an Tätigkt. | Status | Wertschtzg. | Wohlstand |

Kriterien (untere Ebene):

sinnvolle Arbeit | Einsatz von Skills | Eigenverantwortg. | persönl. Einfluß | Anerkennung | Kollegen | Aufstiegschancen | Geld & Zusatz. | Arbeitsbedingungen

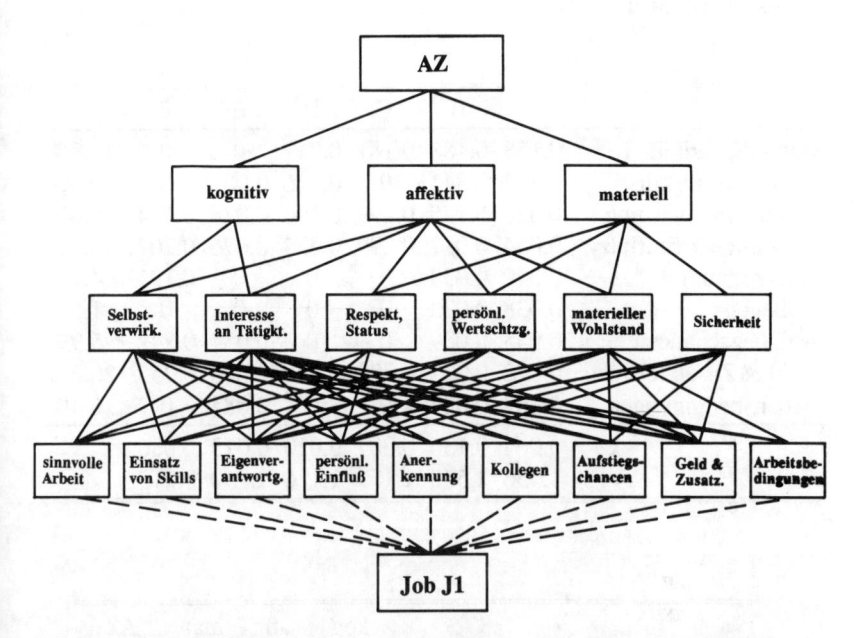

Job J1

**Abbildung 10.6.** Hierarchie der Arbeitswerte einer Person bezüglich Arbeitszufriedenheit (AZ).

---

'materiellen Arbeitswerte' und seine vier Bestimmungsparameter in der rechten oberen Hälfte der hierarchischen Struktur eingebettet wieder. Das Kriterium 'materielle Arbeitsergebnisse' ist selbst wieder ein Bestimmungsparameter für das höhere Kriterium 'Arbeitszufriedenheit'. Andererseits ist auch der Parameter 'Respekt/Status' selbst wieder Kriterium für die in der darunter liegenden Ebene dargestellten Werte. Die von oben nach unten laufenden Linien verbinden Bestimmungsparameter und Kriterien. Man sieht, daß 'Selbstverwirklichung' nicht mit dem Bereich materieller Arbeitsergebnisse verbunden ist. Der Grund ist der, daß die Vp hier überhaupt keine Abhängigkeit sah (wie schon in Tabelle 10.2 festgestellt).

Stellt man sich die Aufgabe, die Hierarchie in Abbildung 10.6 zu quantifizieren, muß man zunächst für jedes Kriterium eine Paarvergleichsmatrix aufstellen, bestehend aus den Elementen der darunter liegenden Ebene, die zu diesem Kriterium Pfade aufweisen. Anschaulich ausgedrückt muß man so viele Paarvergleichssysteme aufstellen, wie man nach oben hin konvergierende Pfadbündel hat. Das sind hier offensichtlich 10.

**Tabelle 10.5.** Beitragsgewichte der Arbeitswerte in den Zeilen zu den Arbeitswerten in den Spalten und Beiträge der Arbeitswerte in den Zeilen zur Arbeitszufriedenheit (AZ).

|                        | A     | B     | C     | D     | E     | F     | AZ    |
|------------------------|-------|-------|-------|-------|-------|-------|-------|
| sinnvolle Arbeit       | 0.153 | 0.188 | 0.181 | 0.312 | 0     | 0     | 13.3% |
| Einsatz von Skills     | 0.215 | 0.341 | 0     | 0.126 | 0.067 | 0     | 16.6% |
| Eigenverantwortung     | 0.320 | 0.175 | 0.299 | 0.190 | 0.076 | 0.104 | 19.6% |
| persönlicher Einfluß   | 0.064 | 0.087 | 0.299 | 0.224 | 0.076 | 0.207 | 12.3% |
| Anerkennung            | 0.040 | 0.037 | 0     | 0     | 0     | 0.191 | 4.1%  |
| Kollegen               | 0.038 | 0.023 | 0     | 0     | 0     | 0     | 1.5%  |
| Aufstiegschancen       | 0.045 | 0.039 | 0     | 0     | 0.054 | 0.242 | 5.9%  |
| Geld & Zusatzleistgen. | 0.022 | 0.027 | 0.222 | 0.148 | 0.640 | 0.255 | 20.2% |
| Arbeitsbedingungen     | 0.102 | 0.084 | 0     | 0     | 0.087 | 0     | 6.4%  |
| CI =                   | 0.064 | 0.136 | 0.007 | 0.010 | 0.013 | 0.036 |       |
| VF =                   | 1.356 | 1.558 | 1.109 | 1.126 | 1.150 | 1.275 |       |

|                              | kog   | aff   | mat   | AZ    |
|------------------------------|-------|-------|-------|-------|
| A = Selbstverwirklichung     | 0.500 | 0.100 | 0     | 26.0% |
| B = Interesse an der Tätigkeit | 0.500 | 0.024 | 0     | 24.4% |
| C = Respekt & Status         | 0     | 0.257 | 0.072 | 7.6%  |
| D = persönliche Wertschätzung | 0    | 0.454 | 0.048 | 10.9% |
| E = materieller Wohlstand    | 0     | 0.164 | 0.528 | 20.0% |
| F = Sicherheit               | 0     | 0     | 0.352 | 11.1% |
| CI =                         | 0.000 | 0.120 | 0.014 |       |
| VF =                         | 1.000 | 1.553 | 1.150 |       |

|                                   | AZ    | AZ    |
|-----------------------------------|-------|-------|
| kog = kognitiv-intellektuell      | 0.478 | 47.8% |
| aff = affektiv-sozial             | 0.207 | 20.7% |
| mat = materiell-instrumentell     | 0.315 | 31.5% |
| CI =                              | 0.000 |       |
| VF =                              | 1.012 |       |

Tabelle 10.5 zeigt die zehn Skalen, die sich aus den Paarvergleichsmatrizen einer Person errechnen (Staufenbiel & Borg, 1992). Der als VF bezeichnete Fitindex, der für diese Skalen angegeben ist, ist der Faktor, um den die aus den Skalen zurückgerechneten Verhältnisse die beobachteten Verhältnisse im Durchschnitt über- oder unterschätzen (Verschätzungsfaktor). Tabelle 10.5 zeigt weiter, welchen Beitrag die verschiedenen Ergebnisbereiche nach Meinung dieser Vp zur 'Arbeitszufriedenheit' leisten. Wir sehen, daß 'sinnvolle Arbeit' hier mit 13.3% beteiligt ist. Dieser Wert ergibt sich dadurch, daß man in Abbildung 10.6 alle von diesem Parameter nach oben führenden Pfade verfolgt. 'sinnvolle Arbeit' bestimmt also Selbstverwirklichung (A) zu 15.3%; A wiederum bestimmt den kognitiv-intellektuellen Wertebereich (kog) zu 50%; und 'kognitiv' schließlich bestimmt die Arbeitszufriedenheit (AZ) zu 47.8%. Hieraus ergibt sich, auf diesem Pfad, ein Beitrag von 'sinnvoller Arbeit' zu AZ von 15.3% von 50% von 47.8%, also von 3.66%. Summiert man in dieser Weise alle Beiträge, kommt man zu den 13.3%. Ganz direkt kommt man zu den AZ-Beiträgen, wenn man die obere Matrix mit der mittleren und dann der unteren Matrix multipliziert. Die AZ-Beiträge der zweiten Matrix ergeben sich analog durch Multiplikation dieser Matrix mit der unteren Matrix.

## 11 Conjoint Measurement

### 11.1 Grundfragen des CM

**Ein einführendes Beispiel**

Die bislang betrachteten Modelle waren allesamt solche, bei denen sich eine anschaulich-geometrische und oft dimensionale Betrachtung anbietet. Derartige Deutungen treten bei den nun folgenden Modellen ganz in den Hintergrund. Sie zielen vielmehr direkt darauf ab, numerische Skalenwerte bestimmter Art zu konstruieren.

Betrachten wir ein Beispiel. Gegeben seien die folgenden Daten in einem 2 x 3 faktoriellen Entwurf:

|  | Spalte | | | | |
|---|---|---|---|---|---|
| Zeile | 1 | 2 | 3 | Mittel | Effekt |
| 1 | 1 | 4 | 9 | 4.67 | −2.50 |
| 2 | 4 | 9 | 16 | 9.67 | +2.50 |
| Mittel: | 2.50 | 6.50 | 12.50 | 7.17 | |
| Effekt: | −4.67 | −0.67 | +5.33 | | |

Varianzanalytisch ausgedrückt erklären sich die Werte dieser Datenmatrix als Zellenwert(i,j)=Additive Konstante + Zeileneffekt(i) + Spalteneffekt(j) + Interaktion(i,j). Beispielsweise ist 16=7.17+2.50+5.33+1.00. Nehmen wir nun an, daß die Daten nicht (wie in der Varianzanalyse vorausgesetzt) Intervall-, sondern nur ordinales Skalenniveau haben. Dann ist jede ordnungserhaltende Transformation zulässig. Wir können also aus den Datenwerten z. B. die Quadratwurzel ziehen. Dann resultiert:

|  | Spalte | | | | |
|---|---|---|---|---|---|
| Zeile | 1 | 2 | 3 | Mittel | Effekt |
| 1 | 1 | 2 | 3 | 2.00 | −0.50 |
| 2 | 2 | 3 | 4 | 3.00 | +0.50 |
| Mittel: | 1.50 | 2.50 | 3.50 | 2.50 | |
| Effekt: | −1.00 | 0.00 | +1.00 | | |

Die Interaktion ist nun verschwunden, oder, anders ausgedrückt, die Werte sind nun vollständig aus ihren Zeilen- und Spalteneffekten heraus erklärbar. (Die additive Konstante ist auf ordinalem wie auch auf Intervall-Skalenniveau bedeutungslos und durch Zentrierung der Datenwerte eliminierbar.) Das Beispiel illustriert eine Fragestellung des *Conjoint Measurement* (CM) (Luce & Tukey, 1964). Gemessen wird hier eine Variable unter einer Reihe zusammen variierter, *verbundener* Bedingungen (daher im Deutschen auch der Name *Verbundmessung* für CM). Das entspricht im Prinzip einem Experiment mit mehreren Faktoren und einer abhängigen Variablen. Untersucht wird dann, ob sich die Meßwerte direkt oder nach zulässiger Transformation als eine bestimmte, meist additive Funktion von Skalenwerten der Faktor-"Stufen" erklären lassen. Die Aufgabe der Skalierung ist es, sowohl die Stufen-Skalenwerte als auch die zulässige Transformation der Daten zu finden, die das Modell so weit wie möglich erfüllen.

**Ordinales additives Conjoint Measurement**

Die typischen Anwendungen des CM verwenden das ordinale, additive Modell. Inhaltlich entstammen die allermeisten der Marktforschung. (Obwohl dort erst seit Anfang der 70er Jahre verwendet, zählen Cattin & Wittink, 1982, schon über 1000 kommerzielle Anwendungen.) Wir betrachten daher ein Beispiel dieser Art etwas genauer.

Green & Wind (1975) berichten Präferenzen einer Vp für 18 Fleckentferner für Polstermöbel und Teppiche. Sie nahmen an, daß der subjektive Wert oder *Nutzen* der Fleckentferner abhängt von fünf Faktoren. Diese Faktoren wurden wie in Tabelle 11.1 dargestellt variiert: $F_1$='Design' der Flasche (mit den gezeigten drei Stufen, A, B und C); $F_2$='Markenname' (K2R, Glory, Bissell); $F_3$='Preis' ($1.19, $1.39, $1.59); $F_4$='Haushaltssiegel' (Ja, Nein); $F_5$='Geld-zurück-Garantie' (Ja, Nein).

Die Kombinationen sind, mathematisch betrachtet, Elemente der Produktmenge der Faktoren, $F_1 \times F_2 \times F_3 \times F_4 \times F_5$. Eine Kombination $K_i$ (Eigenschaftsbündel) ist dann das 5-tupel $(k_{i1}, k_{i2}, k_{i3}, k_{i4}, k_{i5})$, worin $k_{im}$ die Ausprägung der Kombination $K_i$ auf dem Faktor $F_m$ ist, also z. B. $K_7$=(C, K2R, $1.59, Nein, Ja). Mit den obigen fünf Faktoren ergeben sich $3 \cdot 3 \cdot 3 \cdot 2 \cdot 2=108$ Kombinationen. Verwendet wurden davon aber nur die gezeigten 18. (Warum nicht alle, diskutieren wir später.)

Für die 18 Kombinationen kann man die für eine CM-Analyse benötigten Urteile z. B. so erheben, daß man Kärtchen, auf denen die Kombinationen durch ihre Eigenschaftsbündel (Tabelle 11.1 und Abbildung 11.1) charakterisiert sind, von den Vpn ihren Präferenzen gemäß in eine Rangreihe ordnen läßt. Die direkte Erstellung einer vollständigen Rangreihe fällt den Vpn jedoch i. allg. recht schwer. Daher wird meist schrittweise z. B. wie folgt verfahren. Die Vp soll die Objekte in einem ersten Schritt zunächst in "gute" und "schlechte" trennen und die Kärtchen entsprechend zu zwei

**Tabelle 11.1.** Präferenz-Rangordnung einer Vp für die Eigenschaftskombinationen $K_1,... K_{18}$ von Fleckentfernern; Rang 1= höchste Präferenz.

| $K_i$ | Design | Marke | Preis | Siegel | Garantie | Rang |
|---|---|---|---|---|---|---|
| 1 | A | K2R | $1.19 | Nein | Nein | 13 |
| 2 | A | Glory | $1.39 | Nein | Ja | 11 |
| 3 | A | Bissell | $1.59 | Ja | Nein | 17 |
| 4 | B | K2R | $1.39 | Ja | Ja | 2 |
| 5 | B | Glory | $1.59 | Nein | Nein | 14 |
| 6 | B | Bissell | $1.19 | Nein | Nein | 3 |
| 7 | C | K2R | $1.59 | Nein | Ja | 12 |
| 8 | C | Glory | $1.19 | Ja | Nein | 7 |
| 9 | C | Bissell | $1.39 | Nein | Nein | 9 |
| 10 | A | K2R | $1.59 | Ja | Nein | 18 |
| 11 | A | Glory | $1.19 | Nein | Ja | 8 |
| 12 | A | Bissell | $1.39 | Nein | Nein | 15 |
| 13 | B | K2R | $1.19 | Nein | Nein | 4 |
| 14 | B | Glory | $1.39 | Ja | Nein | 6 |
| 15 | B | Bissell | $1.59 | Nein | Ja | 5 |
| 16 | C | K2R | $1.39 | Nein | Nein | 10 |
| 17 | C | Glory | $1.59 | Nein | Nein | 16 |
| 18 | C | Bissell | $1.19 | Ja | Ja | 1 |

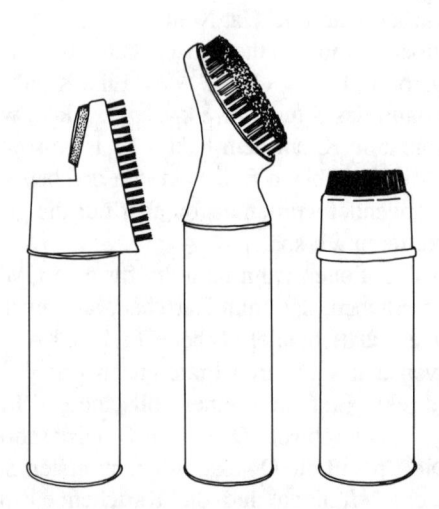

**Abbildung 11.1.** Designs A, B und C für Fleckentferner-Flaschen.

Häufchen zusammenlegen. Danach soll die Vp jeden dieser Haufen wiederum in der gleichen Weise unterteilen, bis sie die Objekte in jedem Häufchen nicht weiter unterscheiden kann. Die Häufchen werden dann der Präferenz nach durchnummeriert. So erhält jedes Objekt $K_i$ den Wert $x(K_i)$ entsprechend der Nummer des Häufchens, in dem seine Karte liegt. Wir fragen nun, ob man die Daten aus Tabelle 11.1 darstellen kann im Modell

(1)     $f[x(K_i)] = s(K_i)$

mit

(2)     $s(K_i) = s_1(k_{i1}) + ... + s_5(k_{i5})$ ,

für alle $K_i$ (i=1, ..., n=18). Dabei ist f eine monotone Funktion der Präferenzdaten; s ist eine *Gesamtnutzen*-Funktion und die $s_m$ sind *Teilnutzen*-Funktionen, die jeder Ausprägung $k_{im}$ einen Wert zuweisen.

Gleichung (2) fordert also, daß sich der Gesamtnutzen eines Objektes (hier: eines Fleckentferners) als Summe der Teilnutzen seiner Eigenschaftsausprägungen ergibt. Dieser Gesamtnutzen soll dann in einer durch f festgelegten Beziehung zu der empirischen Präferenz $x(K_i)$ tehen. Dies bedeutet also in unserem Beispiel, daß sich die Präferenz einer Person für einen bestimmten Fleckentferner -- z. B. für die Marke K2R mit dem Design A, mit Haushaltssiegel, Geld-zurück Garantie zum Preis von $1.19 -- als Summe der Teilnutzen (der Skalenwerte) ergibt, die die Person im Markennamen K2R, im Design A usw. sieht.

Anders ausgedrückt soll also gelten:

(3)     Wenn $K_i$ gegenüber $K_j$ präferiert wird, dann gilt auch
        $s(K_i) = s_1(k_{i1}) + ... + s_5(k_{i5}) > s(K_j) = s_1(k_{j1}) + ... + s_5(k_{j5})$ ,

d. h. also, daß dann auch der aus den Teilnutzen summierte Gesamtnutzen von $K_i$ größer als der von $K_j$ ist.

Die Aufgabe im CM besteht darin, Skalenwerte zu finden, die wir an Stelle der Faktorausprägungen A, K2R, $1.19 usw. einsetzen können und die so beschaffen sind, daß sie sich zu Nutzenwerten aufaddieren, die in ihrer Ordnung den beobachteten Präferenzdaten entsprechen. Hat man Daten wie in Tabelle 11.1, bei denen ein kleiner Rang eine hohe Präferenz anzeigt, müssen die Nutzenwerte umso größer sein, je kleiner die Rangzahl des Objektes ist.

Gilt (3), dann liegen die Teilnutzen $s_p$ und $s_q$ der Merkmale für die Faktoren $F_p$ und $F_q$ auf Intervallskalen mit gemeinsamer Einheit, d. h. dann sind $s'_p = k \cdot s_p + a$ und $s'_q = k \cdot s_q + b$ zulässig transformierte Skalenwerte. Daß dies stimmt, kann man dadurch nachprüfen, daß man die s' an Stelle der s-Skalenwerte in (3) einsetzt. Bei verschiedenen multiplikativen Konstanten k, also verschiedenen Einheiten der Intervallskalen, stimmt die Ungleichung nicht mehr allgemein.

Abbildung 11.2 zeigt, in graphischer Form, die mit dem Programm MONANOVA (=MONotone ANalysis Of VAriance; Kruskal, 1965) gefundenen Skalenwerte für die verschiedenen Ausprägungen der Faktoren. Sie erfüllen das geforderte additive Modell fast perfekt.

In diesem Beispiel sieht man z. B., daß der Teilnutzen des Preises, wie zu erwarten, zunehmend stärker fällt, je höher der Preis wird. Aus dem Verlauf dieses Abfalls wird deutlich, daß der Preisanstieg von \$1.19 zu \$1.39 subjektiv nicht so schwer wiegt wie der von \$1.39 auf \$1.59, obwohl er objektiv gleich groß ist (nämlich 20 Cents). Man erkennt auch, daß es relativ wenig ausmacht, ob ein Haushaltssiegel vorhanden ist oder nicht, während sich eine Geld-zurück-Garantie auf die Gesamtbewertung recht deutlich auswirkt. Leicht zu sehen ist ebenfalls, daß z. B. Unterschiede im Markennamen weniger ausmachen als Unterschiede in der Flasche; insofern ist die Flasche viel wichtiger als der Markenname.

Weiterhin könnte man eine Frage der folgenden Art beantworten. Wenn Flasche B 10 Cents mehr in der Herstellung kostet als Flasche A, sollte man als Produzent dann diese Flasche wählen und dafür den Verkaufspreis von z. B. \$1.39 auf \$1.49 erhöhen? D. h., wäre Flasche B nun um mehr als 10 Cent attraktiver als Flasche A? Die Frage ist aus Abbildung 11.2 heraus positiv zu beantworten: Der Nutzen-Zuwachs beim Übergang von Flasche A zu B ist viel größer als der Nutzen-Abfall von \$1.39 auf \$1.49. Derartige Informationen sind offensichtlich wertvoll für die Gestaltung eines Produktes.

## 11.2 Rechentechnische Aspekte des CM

**Technische Aspekte der ordinalen CM-Skalierung**

Wie kommt man zu den Gewichten in Abbildung 11.2? Das MONANOVA-Programm nimmt zunächst an, daß die Daten nur ordinaler Art sind. Das ist hier natürlich sinnvoll, da als Daten nur Ränge gegeben sind. Wir wissen somit z. B. nicht, wie groß der Wert von Produkt 18 ist, sondern nur, daß es am stärksten präferiert wird.

Das Programm wählt dann "zufällig" Skalenwerte für die Ausprägungen der verschiedenen Faktoren und addiert diese Werte zu $s(K_j)$ für jedes $K_j$. Für die Zellen des Entwurfs, für die Daten gegeben sind, wird jedes $s(K_j)$ mit dem entsprechenden Beobachtungswert, $x(K_j)$, verglichen. Statt hierfür aber direkt $s(K_j)-x(K_j)$ zu nehmen, wird $x(K_j)$ zunächst zu $f[x(k_j)]$ transfor-

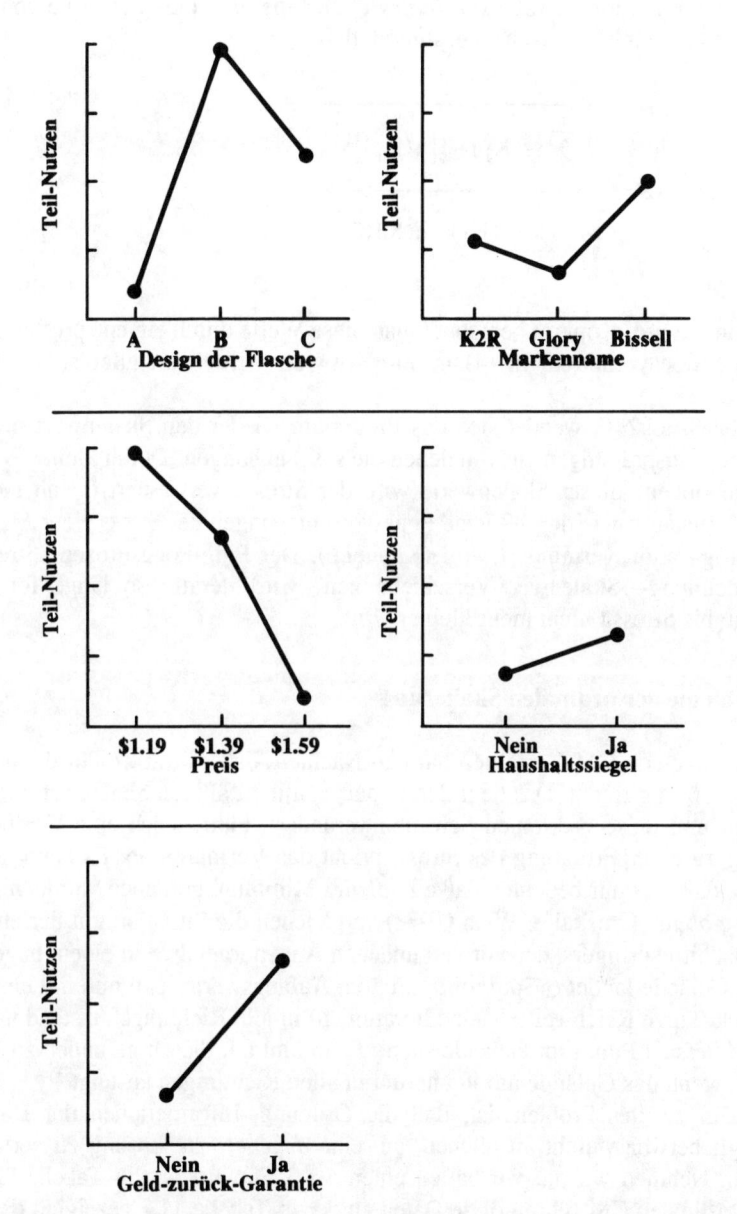

**Abbildung 11.2.** Teilnutzen für die fünf Faktoren der Kombinationen in Tabelle 11.1.

miert, wobei f die für das CM-Modell charakteristische Funktion ist. Dabei wird im CM für f meist eine beliebige entweder monoton steigende oder fallende Funktion gewählt (*ordinales CM*). Innerhalb dieser Familie von f's werden die f[x(K)]'s dann so bestimmt, daß

$$(4) \quad \text{Stress2} = \sqrt{\frac{\sum_{i=1}^{n}\{s(K_i) - f[x(K_i)]\}^2}{\sum_{i=1}^{n}\{s(K_i) - \bar{s}(K)\}^2}}$$

minimal wird. Konkret berechnet man diese Werte durch ein entsprechendes Regressionsverfahren. In (4) ist mit $\bar{s}(K)$ der Mittelwert aller $s(K_i)$'s bezeichnet.

Ist Stress2≠0, wendet sich das Programm wieder den Skalenwerten der Faktor-Ausprägungen zu, von denen die $s(K_i)$ abhängen. Durch kleine "Verschiebungen" dieser Skalenwerte wird der Stress2 verkleinert (wenn möglich), genauso wie durch kleine Punktverschiebungen der Stress einer MDS-Konfiguration vermindert wird (Kapitel 6). Der Ping-Pong-Prozeß "Stress-Berechnung↔Skalenwert-Verschiebungen" wird iterativ so lange fortgesetzt, bis Stress2 nicht mehr kleiner wird.

**Probleme der ordinalen Skalierung**

Das skizzierte CM-Verfahren hat den Nachteil, daß es u. U. nicht die optimale Lösung findet. Das liegt daran, daß es mit zufälligen Skalenwerten beginnt und diese in kleinen Schritten verändert. Führt solch eine Veränderung zu einer Erhöhung des Stress, bricht das Verfahren ab. Es kann aber sein, daß dies nur bedeutet, daß ein *lokales* Minimum gefunden wurde, nicht das *globale*. Kruskal & Wish (1978) vergleichen die Situation mit der eines Fallschirmspringers, der mit verbundenen Augen irgendwo in einem hügeligen Gelände landet (=Startkonfiguration, Anfangswerte) und nun mit einem Stock (kurze Reichweite=kleine Iterationen) in alle Richtungen tastend nach dem tiefsten Punkt im Gelände sucht. Er nimmt an, diesen gefunden zu haben, wenn das Gelände um ihn herum in allen Richtungen ansteigt.

Ein zweites Problem ist, daß die Ordnungs-Informationen der Daten möglicherweise nicht ausreichen, um eine *degenerierte* Lösung zu verhindern. Nehmen wir an, wir hätten einen 4 x 3 Entwurf wie in Tabelle 11.2. Im ordinalen CM führen diese Daten zu der in Tabelle 11.3 gezeigten degenerierten Lösung: Die Daten in den Spalten 3 und 4 der Matrix werden da-

**Tabelle 11.2.** Fiktive Daten in einem 3 x 4 Entwurf.

|  |  | \multicolumn{4}{c}{Faktor A} |
|---|---|---|---|---|---|
|  |  | 1 | 2 | 3 | 4 |
| Faktor | 1 | 1 | 1 | 10 | 13 |
| B | 2 | 0 | 3 | 12 | 20 |
|  | 3 | 2 | 2 | 15 | 10 |

**Tabelle 11.3.** Ordinale CM-Lösung für die Daten in Tabelle 11.2.

|  |  | \multicolumn{4}{c}{Faktor A} |
|---|---|---|---|---|---|
|  |  | -0.10 | -0.09 | 1.75 | 1.74 |
| Faktor | 0.59 | 0.49 | 0.50 | 2.34 | 2.33 |
| B | 0.58 | 0.48 | 0.49 | 2.33 | 2.32 |
|  | 0.57 | 0.47 | 0.48 | 2.32 | 2.31 |

bei so reskaliert, daß ihre Werte relativ groß werden; die Daten in den Spalten 1 und 2 bekommen relativ kleine Werte; in beiden 6-Felder-Blöcken sind die Werte einander sehr ähnlich. Der Stress wird dadurch praktisch gleich Null, ganz gleich, ob die Ordnung der Daten innerhalb der Spalten 1 und 2 bzw. 3 und 4 erhalten bleibt oder nicht. Warum dies so ist, zeigt die Stress-Formel. Setzen wir als monotone Regressionswerte $f[x(K)]$ für die linken 6 Zellen der Tabelle 0.48, für die rechten 6 Zellen 2.32, ergibt sich nach (4) für Stress2

$$(4) \quad \text{Stress2} = \sqrt{\frac{(0.49-0.48)^2 + ... + (2.31-2.32)^2}{(0.49-1.405)^2 + ... + (2.31-1.405)^2}} = \sqrt{\frac{0.001}{10.16}} = 0.0099$$

Der Stress2-Wert ist also sehr klein, obwohl die $s(K_i)$-Werte in den beiden Blöcken ganz und gar nicht so geordnet sind wie die Originaldaten in Tabelle 11.2. Läßt man den Computer immer weiter iterieren, verringert er sogar diesen Stress-Wert noch beliebig weiter dadurch, daß er die Skalenwerte für die ersten beiden Spalten immer weiter verkleinert und die für die letzten beiden Spalten immer weiter vergrößert.

Das Problem entspricht exakt dem Degenerationsproblem der ordinalen MDS. Es ist auch in der gleichen Weise diagnostizierbar: Der Stress ist nahe Null; das Streudiagramm der $s(K_i)$- und der $x(K_i)$-Werte zeigt eine einfache Stufenform (wie in Abbildung 6.15). Ermöglicht wird die degenerierte Lösung immer durch eine Blockstruktur der Daten, in der alle Zellen eines Blockes über alle Zellen des anderen Blockes dominieren. Derartige Daten stellen in der ordinalen Skalierung zu schwache Restriktionen für eine sinnvolle Lösung dar. Wenn allerdings diese Blöcke nicht genau dieser Art sind, also z. B. in Tabelle 11.2 nur zwei Zellen aus den beiden Daten-Blöcken vertauscht werden, dann genügt dies bereits, um eine Degeneration zu verhindern.

Um bei gegebenen Daten degenerierte Lösungen zu vermeiden, muß man die Freiheitsgrade für die Wahl der Skalenwerte einschränken, d. h. die Verlustfunktion (=Stress2) mit zusätzlichen Forderungen versehen. Eine Möglichkeit wäre z. B., für die Funktion f zu fordern, daß sie linear sein soll. Wir betrachten dies im folgenden.

**Lineare Regression mit Dummy-Variablen**

In vielen Fällen wird man aus inhaltlichen Gründen ein ordinales CM für angezeigt halten. Es läßt sich aber fragen, welche praktischen Auswirkungen es hat, wenn man trotzdem die Funktion f in (1) linear wählt. Cattin & Wittink (1976) und Carmone, Green & Jain (1978) haben gezeigt, daß sich dadurch die Ergebnisse nur wenig ändern -- vorausgesetzt, man ersetzt die beobachteten Werte zunächst durch ihre Rangzahlen (was als *rang-linearer* Ansatz bezeichnet wird).

Man kann sich diese Beobachtung zu Nutze machen und die CM-Skalierung gänzlich linear mit der multiplen Regression durchführen. Schreiben wir dazu Tabelle 11.2 zunächst in einer Form wie wir sie schon für die Daten in Tabelle 11.1 verwendet haben (Tabelle 11.4). Ein multiples Regressionsproblem ist nun, Gewichte derart zu finden, daß die gewichtete Summe der Spalten A und B den Werten in der Spalte der beobachteten Werte Y so weit wie möglich entspricht. Genauer und allgemeiner:

(5)  Spalte(Y) = $w_0 + w_1 \cdot$ Spalte (1) $+ w_2 \cdot$ Spalte (2) $+ ... + w_n \cdot$ Spalte (n) ,

wobei $w_i$ das Gewicht der Spalte i ist und $w_0$ eine additive Konstante. Das Regressionsproblem ist einfach zu lösen: Für Tabelle 11.4 findet man $w_A$=5.03 und $w_B$=0.50. Zusammen mit der additiven Konstante −6.17 kommt die gewichtete Summe von A und B hiermit den beobachteten Werten recht nahe (r=0.88).

Diese Lösung ist allerdings für das CM *nicht* geeignet, weil wir für die Faktorstufen nur nominales Skalenniveau angenommen hatten. In Tabelle 11.1 beispielsweise hatten wir auf dem ersten Faktor drei Flaschen-Typen. Natürlich könnten wir diese statt mit A, B und C mit den Zahlen 1, 2 und 3

**Tabelle 11.4.** Tabelle 11.2, anders dargestellt.

| Zelle | A | B | Y |
|---|---|---|---|
| 1 | 1 | 1 | 1 |
| 2 | 2 | 1 | 1 |
| 3 | 3 | 1 | 10 |
| 4 | 4 | 1 | 13 |
| 5 | 1 | 2 | 0 |
| 6 | 2 | 2 | 3 |
| 7 | 3 | 2 | 12 |
| 8 | 4 | 2 | 20 |
| 9 | 1 | 3 | 2 |
| 10 | 2 | 3 | 2 |
| 11 | 3 | 3 | 15 |
| 12 | 4 | 3 | 10 |

kennzeichnen, aber auch mit 1, 3 und 2 oder mit irgendwelchen anderen Zahlen, so lange diese nur verschieden sind. Die Zahlen repräsentieren stets nur die verschiedenen Flaschen. Ihre Verrechnung wie in der obigen Regressionsrechnung ist daher unsinnig.

In solchen Fällen nominal-skalierter Variablen löst man die Variablen in eine Reihe von Hilfsvariablen (*Dummy-Variablen*) auf, die nur die Werte 0 oder 1 annehmen können. Jeder Faktor mit k Kategorien wird in k−1 Dummy-Spalten rekodiert. Die Regression wird dann, ganz normal, mit diesen Dummy-Spalten gerechnet.

Wir demonstrieren das Verfahren für die Daten in Tabelle 11.1. Der Faktor 'Design' mit den Abstufungen A, B und C wird durch zwei Dummy-Variablen $D_1$ und $D_2$ wie folgt rekodiert: (1) Flasche A bekommt auf $D_1$ den Wert 1, auf $D_2$ den Wert 0; (2) Flasche B bekommt auf $D_1$ den Wert 0, auf $D_2$ den Wert 1; (3) Flasche C bekommt auf beiden Dummy-Variablen den Wert 0. Damit können wir von den beiden Werten auf $D_1$ und $D_2$ eindeutig auf den Wert des Faktors zurückschließen. Die entsprechenden Umsetzungen für die anderen Faktoren zeigt Tabelle 11.5.

Eine multiple Regression mit den acht unabhängigen Variablen $D_1$, ..., Z und den empirischen Rangzahlen R als abhängiger Variable ergibt die in Tabelle 11.6 gezeigten Regressionsgewichte $\hat{w}_i$. Die Tabelle zeigt zudem explizit die gewichtete Summe der Spalten, $\hat{R}$, die offensichtlich den Rangzahlen sehr nahe kommt.

In Abbildung 11.3 sind die Gewichte als Teilnutzen dargestellt. Im Vergleich zu Abbildung 11.2 erkennt man sofort die große Ähnlichkeit der Ergebnisse. Der einzige Unterschied ist der, daß hier die Nutzen-Achsen an-

**Tabelle 11.5.** Daten aus Tabelle 11.1 kodiert mit Dummy-Variablen.

| Nr. | $D_1$ | $D_2$ | $M_1$ | $M_2$ | $P_1$ | $P_2$ | S | Z | Rang |
|---|---|---|---|---|---|---|---|---|---|
| 1  | 1 | 0 | 1 | 0 | 0 | 0 | 0 | 0 | 13 |
| 2  | 1 | 0 | 0 | 1 | 0 | 1 | 0 | 1 | 11 |
| 3  | 1 | 0 | 0 | 0 | 1 | 0 | 1 | 0 | 17 |
| 4  | 0 | 1 | 1 | 0 | 0 | 1 | 1 | 1 | 2 |
| 5  | 0 | 1 | 0 | 1 | 1 | 0 | 0 | 0 | 14 |
| 6  | 0 | 1 | 0 | 0 | 0 | 0 | 0 | 0 | 3 |
| 7  | 0 | 0 | 1 | 0 | 1 | 0 | 0 | 1 | 12 |
| 8  | 0 | 0 | 0 | 1 | 0 | 0 | 1 | 0 | 7 |
| 9  | 0 | 0 | 0 | 0 | 0 | 1 | 0 | 0 | 9 |
| 10 | 1 | 0 | 1 | 0 | 1 | 0 | 1 | 0 | 18 |
| 11 | 1 | 0 | 0 | 1 | 0 | 0 | 0 | 1 | 8 |
| 12 | 1 | 0 | 0 | 0 | 0 | 1 | 0 | 0 | 15 |
| 13 | 0 | 1 | 1 | 0 | 0 | 0 | 0 | 0 | 4 |
| 14 | 0 | 1 | 0 | 1 | 0 | 1 | 1 | 0 | 6 |
| 15 | 0 | 1 | 0 | 0 | 1 | 0 | 0 | 1 | 5 |
| 16 | 0 | 0 | 1 | 0 | 0 | 1 | 0 | 0 | 10 |
| 17 | 0 | 0 | 0 | 1 | 1 | 0 | 0 | 0 | 16 |
| 18 | 0 | 0 | 0 | 0 | 0 | 0 | 1 | 1 | 1 |

ders herum gepolt sind, weil die Rangzahl 1 den größten und Rangzahl 18 den kleinsten Gesamtnutzen darstellen. Wählt man die Rangzahlen in umgekehrter Zuordnung, dann entsprechen sich die Diagramme weitgehend. Dies gilt auch für jede andere Dummy-Kodierung der Faktoren.

Es ist allerdings nicht immer wünschenswert, für die Faktorstufen nur nominales Skalenniveau anzunehmen. In unserem Beispiel etwa sind die Preisstufen in natürlicher Weise geordnet. Die Teilnutzen-Kurve in Abbildung 11.3 gibt dies auch richtig wieder, aber man kann dem Regressionsverfahren nicht aufzwingen, nur derartig geordnete Nutzen-Werte zu produzieren. Falls man eine im Sinne der Theorie falsche Lösung bekommt, kann man jedoch mit dem Programm LINMAP (Srinivasan & Shocker, 1973), das externe Restriktionen dieser Art berücksichtigt, eine Reanalyse rechnen.

### Trivialität der Lösung, interne Konsistenz und Validitätsprüfung

Die statistische Signifikanz einer CM-Lösung läßt sich in verschiedener Weise prüfen. Zunächst kann man durch Simulation feststellen, welche

**Tabelle 11.6.** Regressionsgleichungen für die Variablen in Tabelle 11.5. Die Gewichte sind errechnet durch multiple Regression der acht Prädiktoren $D_1$, $D_2$, ..., Z auf die abhängige Variable Rang (R).

| Nr. | $w_0$ | $w_1 \cdot D_1$ | $w_2 \cdot D_2$ | $w_3 \cdot M_1$ | $w_4 \cdot M_2$ | $w_5 \cdot P_1$ | $w_6 \cdot P_2$ | $w_7 \cdot S$ | $w_8 \cdot Z$ | $\hat{R}$ | R |
|---|---|---|---|---|---|---|---|---|---|---|---|
| 1 | 6.5 | +4.5(1) | −3.5(0) | +1.5(1) | +2.0(0) | +7.7(0) | +2.8(0) | −1.5(0) | −4.5(0) | =12.5 | 13 |
| 2 | 6.5 | +4.5(1) | −3.5(0) | +1.5(0) | +2.0(1) | +7.7(0) | +2.8(1) | −1.5(0) | −4.5(1) | =11.3 | 11 |
| 3 | 6.5 | +4.5(1) | −3.5(0) | +1.5(0) | +2.0(0) | +7.7(1) | +2.8(0) | −1.5(1) | −4.5(0) | =17.2 | 17 |
| 4 | 6.5 | +4.5(0) | −3.5(1) | +1.5(1) | +2.0(0) | +7.7(0) | +2.8(1) | −1.5(1) | −4.5(1) | = 1.3 | 2 |
| 5 | 6.5 | +4.5(0) | −3.5(1) | +1.5(0) | +2.0(1) | +7.7(1) | +2.8(0) | −1.5(0) | −4.5(0) | =12.7 | 14 |
| 6 | 6.5 | +4.5(0) | −3.5(1) | +1.5(0) | +2.0(0) | +7.7(0) | +2.8(0) | −1.5(0) | −4.5(0) | = 3.0 | 3 |
| 7 | 6.5 | +4.5(0) | −3.5(0) | +1.5(1) | +2.0(0) | +7.7(1) | +2.8(0) | −1.5(0) | −4.5(1) | =11.2 | 12 |
| 8 | 6.5 | +4.5(0) | −3.5(0) | +1.5(0) | +2.0(1) | +7.7(0) | +2.8(0) | −1.5(1) | −4.5(0) | = 7.0 | 7 |
| 9 | 6.5 | +4.5(0) | −3.5(0) | +1.5(0) | +2.0(0) | +7.7(0) | +2.8(1) | −1.5(0) | −4.5(0) | = 9.3 | 9 |
| 10 | 6.5 | +4.5(1) | −3.5(0) | +1.5(1) | +2.0(0) | +7.7(1) | +2.8(0) | −1.5(1) | −4.5(0) | =18.7 | 18 |
| 11 | 6.5 | +4.5(1) | −3.5(0) | +1.5(0) | +2.0(1) | +7.7(0) | +2.8(0) | −1.5(0) | −4.5(1) | = 8.5 | 8 |
| 12 | 6.5 | +4.5(1) | −3.5(0) | +1.5(0) | +2.0(0) | +7.7(0) | +2.8(1) | −1.5(0) | −4.5(0) | =13.8 | 15 |
| 13 | 6.5 | +4.5(0) | −3.5(1) | +1.5(1) | +2.0(0) | +7.7(0) | +2.8(0) | −1.5(0) | −4.5(0) | = 4.5 | 4 |
| 14 | 6.5 | +4.5(0) | −3.5(1) | +1.5(0) | +2.0(1) | +7.7(0) | +2.8(1) | −1.5(1) | −4.5(0) | = 6.3 | 6 |
| 15 | 6.5 | +4.5(0) | −3.5(1) | +1.5(0) | +2.0(0) | +7.7(1) | +2.8(0) | −1.5(0) | −4.5(1) | = 6.2 | 5 |
| 16 | 6.5 | +4.5(0) | −3.5(0) | +1.5(1) | +2.0(0) | +7.7(0) | +2.8(1) | −1.5(0) | −4.5(0) | =10.8 | 10 |
| 17 | 6.5 | +4.5(0) | −3.5(0) | +1.5(0) | +2.0(1) | +7.7(1) | +2.8(0) | −1.5(0) | −4.5(0) | =16.2 | 16 |
| 18 | 6.5 | +4.5(0) | −3.5(0) | +1.5(0) | +2.0(0) | +7.7(0) | +2.8(0) | −1.5(1) | −4.5(1) | = 0.5 | 1 |

Stress-Werte für Zufallsdaten zu erwarten sind. Am sinnvollsten erscheint dabei ein Randomisationstest, der die gegebenen Daten über die besetzten Zellen des Entwurfs "wirbelt" und jeweils den Stress der CM-Skalierung feststellt. Man vermeidet so die Frage, aus welcher Verteilung die "Zufallsdaten" zu ziehen sind. Ist der beobachtete Stress dann kleiner als, sagen wir, 95% der Stress-Werte der randomisierten Daten, kann man von einem statistisch signifikanten Ergebnis sprechen.

Die interne Konsistenz der CM-Lösung kann man z. B. prüfen, indem man aus den Teilnutzen der Fleckentferner-Studie auch den Gesamtnutzen der 90 Produkte bestimmt, die nicht untersucht wurden. Die Kombination (A, K2R, $1.39, Ja, Ja) wurde z. B. nicht getestet. Für sie sagt man aus den Skalenwerten in Tabelle 11.6 den Nutzen 6.5+4.5+1.5+2.8−1.5−4.5=9.3 voraus. Damit sollte dieses Produkt etwa in der Mitte in der Präferenzordnung der 18 getesteten Kombinationen landen. Ob das wirklich so ist, läßt sich leicht dadurch prüfen, daß man die Vp bittet, auch diese Kombination noch einzustufen.

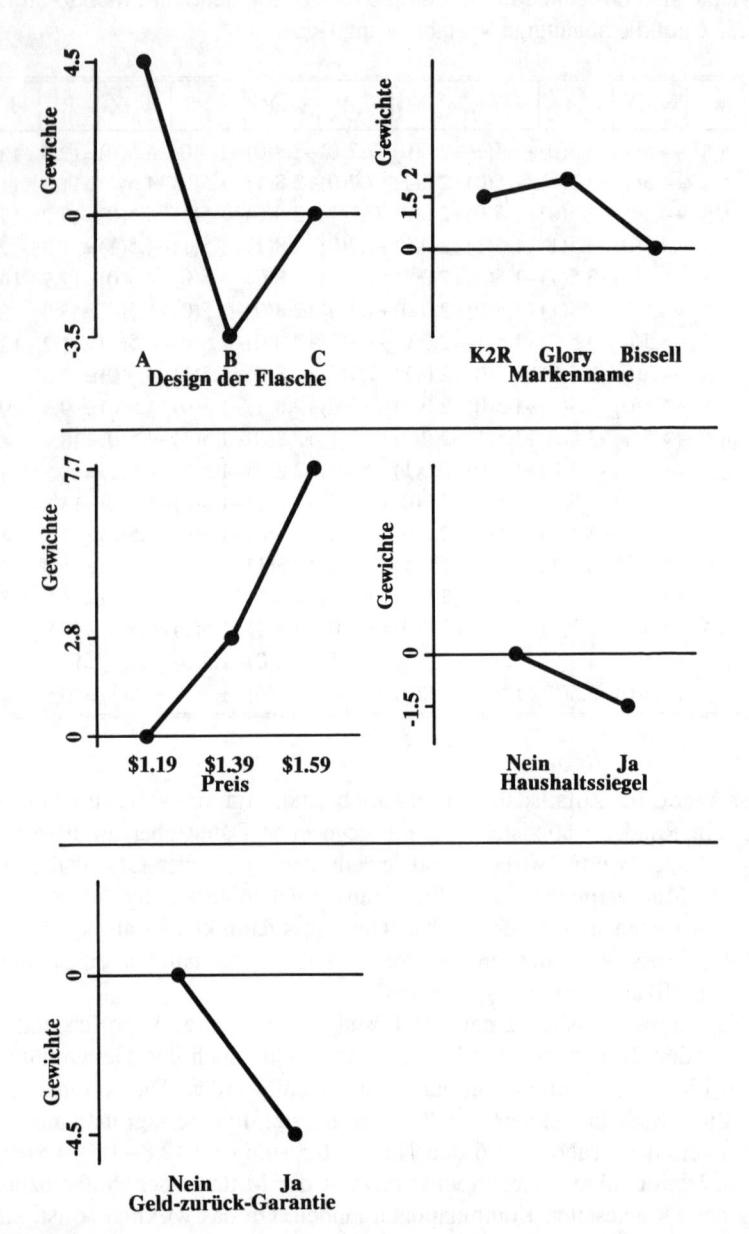

**Abbildung 11.3.** Teilnutzen für die fünf Faktoren aus Tabelle 11.1, berechnet mit linearer Dummy-Regression.

Die Validität des CM-Modells könnte man in obigem Beispiel z. B. prüfen, indem man bestimmte Vorhersagen über die Präferenz von Produkten mit dem tatsächlichen Kaufverhalten vergleicht.

Schließlich sei noch erwähnt, daß das CM in der axiomatischen Meßtheorie lange die Hauptrolle gespielt hat (Krantz, Luce, Suppes & Tversky, 1971; Roberts, 1979). Die Meßtheoretiker haben eine ganze Reihe von Bedingungen identifiziert, die die Daten erfüllen müssen, damit sie im CM-Sinn repräsentiert werden können. Die interessanten Tests laufen darauf hinaus, daß die Unabhängigkeit der Faktoren (oder ihre "Nicht-Interaktion") in den Ordnungsbeziehungen der Daten geprüft wird. Die Unabhängigkeit ist verletzt, wenn in unserem Fleckentferner-Beispiel etwa K2R gegenüber Bissell dann vorgezogen wird, wenn beide in einer Flasche vom Typ A abgefüllt sind, jedoch das Umgekehrte gilt, wenn die Flaschen vom B-Typ sind. Im Gegensatz zur Skalierung, wo sich alle Verletzungen des Modells global im Stress-Maß ausdrücken, kann man bei der axiomatischen Prüfung exakter diagnostizieren, an welchen Stellen genau z. B. Interaktionen auftreten. Insofern eignen sich derartige Methoden oft als Ergänzung zur Skalierung.

### 11.3 Datenerhebungsmethoden

In Abbildung 11.4 ist eine Form der Datenerhebung für CM dargestellt, die man als *Profil-Ansatz* oder als *Multiple Factor Evaluation* bezeichnet. Daneben findet man noch oft die *2-factor evaluation* oder den *Trade-Off Matrix Ansatz* (Johnson, 1974). Letzterer ist in Abbildung 11.4 mit zwei Seiten aus einer Marktforschungs-Umfrage aus den frühen 70er Jahren illustriert. Die Vp betrachtet dabei jeweils nur zwei Faktoren und wägt ihre Teilnutzen gegeneinander ab.

Die Objekte sind hier Autos; die betrachteten 6 Faktoren sind 'Verbrauch', 'Preis', 'Höchstgeschwindigkeit', 'Wiederverkauf/Solidität', 'Ausstattung' und 'Herstellerland'. Als Aufwärm-Faktor wird eine variable Garantiezeit verwendet: Man sieht hierfür beispielsweise aus der Matrix an der Vergabe von Rangplatz 2 und 3 in Schritt 2, daß die Vp lieber 1000 DM mehr bezahlt als auf eines von drei Jahren Garantie zu verzichten. Aus einem derartigen "Trade-Off"-Verhalten folgt, daß die subjektive Nutzen-Abnahme des Mehrpreises kleiner ist als die der Einbuße von einem Garantiejahr.

Die Methode ist recht einfach und überfordert die Vp nicht. Zudem ist der Ansatz mehr verbaler Art und daher in Umfragen beliebt. Andererseits hat er das Problem, daß der Vp oft nicht klar ist, was sie bezüglich der jeweils nicht angesprochenen übrigen Faktoren annehmen soll. Nicht möglich ist hierbei auch, die gesamten Eigenschaftsbündel entweder in Bildern oder als ganz konkretes Produkt zu präsentieren.

**Abbildung 11.4.** Conjoint-Measurement Datenerhebung über Trade-Off-Matrizen; modifizierte Teile eines Fragebogens aus der Marktforschung.

---

**Was ist Ihnen wichtiger?**
Manchmal muß man auf eine Sache verzichten, um eine andere zu bekommen. Dem einen ist dies, dem anderen jenes wichtig. Die Automobil-Industrie möchte nun wissen, was *Ihnen* wichtig ist. Im folgenden werden wir hierzu einige Fragen stellen.

**Ein Beispiel:** Garantie-Dauer gegenüber Preis.
Vorgehen: Schreiben Sie bitte eine 1 in die Zelle, die Ihrer Meinung nach die beste Wahl ist. Dann schreiben Sie eine 2 in diejenige der verbleibenden Zellen, die Ihrer Meinung nach die zweitbeste Wahl darstellt. Fahren Sie dann in der gleichen Weise fort, bis Sie mit der Zahl 9 die letzte leere Zelle bezeichnet haben.

---

Sie würden am liebsten den niedrigsten Preis zahlen und die längste Garantiedauer bekommen. 1=Ihre erste Wahl.

| Preis des Autos (DM) | Garantie-Dauer (Jahre) | | |
|---|---|---|---|
| | 3 | 2 | 1 |
| 23.000 | | | |
| 22.000 | | | |
| 21.000 | 1 | | |

Ihre zweite Wahl wäre, lieber etwas mehr zu zahlen, aber dafür die längste Garantie-Dauer zu bekommen.

| Preis des Autos (DM) | Garantie-Dauer (Jahre) | | |
|---|---|---|---|
| | 3 | 2 | 1 |
| 23.000 | | | |
| 22.000 | 2 | | |
| 21.000 | 1 | | |

Ihre dritte Wahl fällt auf die Kombination "Preis=21.000 DM" und "2 Jahre Garantie-Dauer".

So könnte das Schema aussehen, wenn Sie damit fertig sind. Der höchste Preis und die kürzeste Garantie-Dauer erscheint Ihnen am wenigsten wünschenswert.

| Preis des Autos (DM) | Garantie-Dauer (Jahre) | | |
|---|---|---|---|
| | 3 | 2 | 1 |
| 23.000 | | | |
| 22.000 | 2 | | |
| 21.000 | 1 | 3 | |

| Preis des Autos (DM) | Garantie-Dauer (Jahre) | | |
|---|---|---|---|
| | 3 | 2 | 1 |
| 23.000 | 4 | 7 | 9 |
| 22.000 | 2 | 5 | 8 |
| 21.000 | 1 | 3 | 6 |

Vergleichen Sie nun bitte in der gleichen Weise eine Reihe von Merkmalen. Schreiben Sie wieder eine 1 in die Zelle, die aus Ihrer Sicht die beste Kombination darstellt; eine 2 in die Zelle Ihrer zweiten Wahl, usw. Die Zelle, die Ihrer Meinung nach die schlechteste Kombination bietet, bekommt eine 9.

| Preis des | Verbrauch (Liter/100km) | | |
|---|---|---|---|
| Autos (DM) | 8 | 10 | 12 |
| 23.000 | | | |
| 22.000 | | | |
| 21.000 | | | |

| Höchstge- | Verbrauch (Liter/100km) | | |
|---|---|---|---|
| schwindigkeit | 8 | 10 | 12 |
| 180 km/h | | | |
| 165 km/h | | | |
| 150 km/h | | | |

| Hersteller | Verbrauch (Liter/100km) | | |
|---|---|---|---|
| Land | 8 | 10 | 12 |
| Deutschland | | | |
| europ. Ausl. | | | |
| Japan | | | |

| Ausstattung | Verbrauch (Liter/100km) | | |
|---|---|---|---|
| | 8 | 10 | 12 |
| luxuriös | | | |
| normal | | | |
| spärlich | | | |

| Zahl der | Verbrauch (Liter/100km) | | |
|---|---|---|---|
| Türen | 8 | 10 | 12 |
| 3 | | | |
| 4 | | | |
| 5 | | | |

| Wiederver- kaufswert, | Verbrauch (Liter/100km) | | |
|---|---|---|---|
| Solidität | 8 | 10 | 12 |
| unbekannt | | | |
| durchschnittl. | | | |
| hoch | | | |

| Preis des | Herstellerland | | |
|---|---|---|---|
| Autos (DM) | D | Eur. | Jap. |
| 23.000 | | | |
| 22.000 | | | |
| 21.000 | | | |

| Höchstge- | Herstellerland | | |
|---|---|---|---|
| schwindigkeit | D | Eur. | Jap. |
| 180 km/h | | | |
| 165 km/h | | | |
| 150 km/h | | | |

Für eine vollständige Datenerhebung in Abbildung 11.3 braucht man allgemein $n \cdot (n-1)/2$, hier also 15 solcher Trade-Off Matrizen, die jeweils 9 Urteile erfordern (wenn wie im Beispiel je 3 Abstufungen pro Faktor abgefragt werden). Bei der Profil-Methode müßte die Vp dagegen $3^6 = 729$ Kombinationen ordnen. Wie wir aber schon in Tabelle 11.1 gesehen haben, kann man bei der Profil-Methode auch mit unvollständigen Entwürfen arbeiten.

Aus der Versuchsplanung sind verschiedene unvollständige faktorielle Entwürfe bekannt. Sie dienen dazu, Experimente zu entwerfen, in denen viele Faktoren mit vielen Stufen erforderlich sind. Man verzichtet dabei auf die experimentelle Realisierung bestimmter Faktorkombinationen: Das hat den Vorteil, daß man sich evtl. sehr viele Beobachtungen sparen kann; es hat den Nachteil, daß man nicht mehr alle Interaktionen schätzen kann. Welche Interaktionen dies sind, ist Teil der Planung des Entwurfes. So kann man z. B. im lateinischen Quadrat, einem Entwurf für 3 Faktoren, nur noch die Haupteffekte schätzen, braucht dafür aber bei beispielsweise jeweils drei Faktorstufen nur noch 9 Beobachtungen statt der 27 im vollständigen faktoriellen Entwurf. Ähnliche Entwürfe für mehr als 3 Faktoren finden sich bei Winer (1973). Noch sparsamer sind sog. orthogonale Arrays (Raghavarao, 1971), in denen gelten muß, daß jede Stufe eines Faktors mit den Stufen jedes anderen Faktors in proportionaler Häufigkeit kombiniert sein muß. Green (1974) zeigt am Beispiel eines $4 \cdot 3 \cdot 2^7$ Entwurfs, der 1536 Zellen hat, daß 16 Beobachtungen zur Schätzung der Haupteffekte genügen. Die Haupteffekte sind es aber gerade, die im additiven CM-Modell interessieren. Alle übrigen Effekte, falls sie existieren, sind "Fehler". Inwieweit eine derartige Datenreduktion die Validität der geschätzten Skalenwerte beeinträchtigt, wie robust also die CM-Skalierung unter diesen Bedingungen ist, ist nicht allgemein zu beantworten. Das hängt vielmehr von der Qualität der einzelnen Daten ab.

Bei der Konstruktion der Profile darf man zudem nicht blind nur mit dem Ziel möglichst sparsamer Entwürfe vorgehen. Im Kontext des Auto-Beispiels aus Abbildung 11.4 etwa wäre eine Kombination von enormer Fahrleistung und minimalem Verbrauch schon technisch unsinnig und somit unglaubwürdig.

## 11.4 Verwandte Methoden, Erweiterungen

Die grundlegende Idee des CM-Modells, daß sich der Gesamtnutzen eines Reizes aus einer (z. B. additiven) Verknüpfung der Nutzen-Werte seiner Komponenten ergibt, ist nicht sonderlich originell. Man kennt ihn beispielsweise aus den Erwartung x Wert-Modellen (Fishbein, 1965; Rosenberg, 1956). Hier geht man in der Skalierung allerdings so vor, daß man die

Vp die einzelnen Komponenten des Modells direkt auf Ratingskalen einstufen läßt und dann diese Werte zu einem geschätzten Gesamtnutzen zusammenrechnet. Im CM dagegen *zerlegt* man den direkt ermittelten Gesamtnutzen bzw. die Rangordnung des Gesamtnutzens der Reize, um so zu den Teilnutzen zu kommen. Green & Srinivasan (1978) nennen die beiden Ansätze entsprechend "compositional" bzw. "decompositional".

Neben den additiven Dekompositions-Modellen sind auch andere diskutiert und verwendet worden. Nehmen wir z. B. an, wir hätten Rangdaten für das Leistungsverhalten L von Ratten zusammen mit drei Indikatoren für 'Hunger', 'Vorfreude' und 'Ziel-Mittel-Erwartung'. Die Indikatoren sind die experimentellen Faktoren 'Nahrungsdeprivation' (D), 'Nahrungs-Belohnung' (B) und 'Gewohnheitsstärke' (G). Zwei Kombinationen dieser Faktoren seien mit (dbg) und (d'b'g') bezeichnet; die Leistung unter der Kombination mit L(dbg). Dann argumentiert Hull (1952), daß, wenn L(dbg) über L(d'b'g') dominiert,

$$s_D(d) \cdot s_B(b) \cdot s_G(g) > s_D(d') \cdot s_B(b') \cdot s_G(g') \;,$$

während Spence (1956) meint, daß

$$[s_D(d)+s_B(b)] \cdot s_G(g) > [s_D(d')+s_B(b')] \cdot s_G(g')$$

gelten sollte, für alle (dbg) und (d'b'g'). Der erste Fall ist ein multiplikatives CM-Modell, der letztere ein "distributives".

Verwendet wird gelegentlich auch ein *conjoint main-effects-plus-selected interactions model* (Akaah & Korgaonkar, 1983). Im Marktforschungskontext ist das dann sinnvoll, wenn man erwarten kann, daß die Teilnutzen-Kurve eines Faktors unter den verschiedenen Stufen eines anderen Faktors nicht konstant bleibt. In unserem Fleckentferner-Beispiel könnte es etwa sein, daß der Teilnutzen des Haushaltssiegels für die drei Marken unterschiedlich ist und z. B. bei der unbekannteren Marke einen größeren Wert hat. Um das zu testen, müßte man (2) um einen Produktterm erweitern zu $s_1(k_{i1})+ ... +s_5(k_{i5})+s_2(k_{i2}) \cdot s_4(k_{i4})$.

## 12 Abschließende Anmerkungen zum Begriff Skalierung

### 12.1 Traditionelle Unterscheidungen

Die bisherige Darstellung war eher anwendungsorientiert und weniger theoretisch. Wir wollen aber die Herausarbeitung verschiedener Begriffsverwendungen und theoretischer Perspektiven in der Skalierung nicht ganz ausklammern. Sie ist letztlich auch von praktischem Nutzen, weil sie dazu führt, daß man das Thema nicht bei jeder Gelegenheit wieder aufwärmen muß, sondern vielmehr zur empirischen Arbeit übergehen kann.

Zunächst seien nochmals die Hauptformen des Begriffs "Skalierung", so wie er heute in der Literatur Verwendung findet, unterschieden:

(1) Die Erhebung numerisch kodierter Beobachtungen, wie etwa Beurteilungen vorgegebener Feststellungen auf einer 7-Punkt Rating-Skala von 1="stimme nicht zu" bis 7="stimme voll zu". In diesem Sinn wird der Begriff oft in Statistikbüchern verwendet: »Zuordnung von Zahlen zu Gegenständen der Beobachtung nach irgendeiner Regel« -- eine oft zitierte (allerdings entstellend verkürzte!) Definition des Messens nach Stevens (1959).

(2) Die Anwendung fertiger Skalen (im Sinne von Fragen- oder Item-Batterien) zur Einstufung von Personen auf einer Skala, wie etwa einer Extraversions-Skala. Eine Person wird dann dadurch skaliert, daß man aus ihren Antworten ihren Skalenwert auf dem zu messenden Merkmal errechnet. Dieses Errechnen könnte etwa in der Mittelung der Skalenwerte der Fragen bestehen, denen sie zustimmt.

(3) Die Konstruktion derartiger Skalen, oft auch behandelt unter dem Namen Itemanalyse.

(4) Die Darstellung von Daten in einer anderen, meist visuell anschaulicheren Form, insbesondere ihre (triviale) Repräsentation in graphischer Form.

(5) Die Darstellung von Daten in (falsifizierbaren) Skalierungs-Modellen, in denen Beobachtungsobjekte durch Punkte auf einer Dimension derart repräsentiert werden sollen, daß die Klassen-, Ordnungs- bzw. Abstandsrelationen der Punkte entsprechende empirische Relationen der Objekte so gut wie möglich repräsentiert.

(6) Verallgemeinerungen von (5) auf mehrdimensionale Systeme, wo die Daten nicht auf eine, sondern auf mehrere Dimensionen gleichzeitig abgebildet werden können.

Während sich der Zweck der Skalierung im Sinne von (1) bis (3) selbst erklärt, liegt er für (4) ausschließlich darin, einen besseren Zugang zu gegebenen Daten herzustellen. Bei (5) und (6) wird zudem gefragt, ob die Daten überhaupt in dem jeweils gewählten Skalierungsmodell darstellbar sind bzw. wie gut dies approximativ möglich ist. Die Darstellbarkeit ist nur für Daten mit besonderen Eigenschaften garantiert und somit nicht trivial. Sie verweist auf eine besondere Struktur in den Daten. Bei theoretisch begründeter Auswahl des Modells ist dies bereits ein Validitätsnachweis -- in bezug auf die innere Konsistenz der Daten --, während man für (1) bis (3) stets externe Kriterien benötigt (z. B. Vorhersagbarkeit anderer Testleistungen).

Zur Unterscheidung trivialer und nicht-trivialer Modelle muß man allerdings anmerken, daß sie mehr theoretischer als praktischer Natur ist. Man kann jedes triviale Modell durch externe Zusatzforderungen an die Darstellung zu einem nicht-trivialen machen. Zudem kann ein allgemein nicht-triviales Modell dann trivial werden, wenn man es stets nur mit bestimmten Daten zu tun hat. Untersucht man z. B. nur Korrelationen, dann ist die Hauptkomponentenanalyse trivial, relativ zu diesem Kontext. Wichtiger ist jedoch, daß bei der Skalierung oft zusätzlich gewisse strukturelle Erwartungen formuliert werden, die sich in der Repräsentation zeigen sollen. So kann man etwa in der Clusteranalyse vorhersagen, daß sich bestimmte Variablen zu Clustern zusammenfinden; in der Faktorenanalyse, daß die Dimensionalität der Repräsentation "klein" ist und/oder daß alle Ladungen nicht-negativ sind; in der MDS, daß die Lösung in bestimmte Regionen partitionierbar ist; in der Thurstone-Skalierung, daß sich eine bestimmte Ordnung der Punkte ergibt; etc.

Andererseits werden nicht-triviale Modelle vielfach mit trivialer Absicht eingesetzt. So findet man z. B. in den meisten angewandten Methoden-Lehrbüchern, daß in der Fechner-Skalierung die Frage nach der Darstellbarkeit der Daten überhaupt nicht gestellt wird: Man will eine Skala. Wie gut diese die Daten repräsentiert interessiert nicht weiter. Auch die MDS soll in vielen -- wenn nicht den meisten -- Anwendungsfällen lediglich dazu dienen, ein ungefähres 2-dimensionales "Bild" der Datenstruktur zu liefern. Wie gut die Repräsentation ist, ist dabei von nebensächlicher Bedeutung.

## 12.2 Allgemeinere theoretische Perspektiven: Fünf Auffassungen

Die traditionellen Unterscheidungen sind historisch wild gewachsen. Sie sind ungenau und willkürlich, weil sie nicht weiter begründet sind. Im folgenden unterscheiden wir fünf Gesichtspunkte der Skalierung, die sich aus allgemeineren theoretischen Fundierungen ergeben. Sie sind eng verbunden mit dem Begriff *Messen*, der in der Literatur zwar i.allg. eine ebenso unscharfe Bedeutung hat wie Skalierung -- und oft mit dieser gleichgesetzt wird --, zu dem es aber eine gewisse Theorie gibt, die die Rolle der Skalierung in der empirischen Forschung klarer macht.

## 12.2.1 Skalierung im Kontext des fundamentalen Messens

Das *fundamentale* oder *axiomatische* Messen beschäftigt sich damit, die empirischen Voraussetzungen des Messens herauszuarbeiten. Dies geschieht so, daß man prototypische *empirische Relative* (Mengen, für deren Elemente verschiedene Relationen und/oder Operationen definiert sind) darstellt, die durch ein bestimmtes *numerisches Relativ* (Zahlenmengen, mit entsprechenden Relationen und/oder Operationen) repräsentiert werden können. Die Beziehung der empirischen und der numerischen Relative soll *homomorph* sein, d. h. das numerische Relativ soll ein strukturtreues Abbild (ein vereinfachtes Modell) des empirischen Relativs sein.

Das fundamentale Messen wird dominiert von Meßtheorie, die die folgenden Fragen stellt:

(1) *Existenzfrage*: Für welche Beobachtungen "existiert" die Repräsentation, d. h. welcher Art müssen die Beobachtungen sein, damit sie im Modell (numerisches Relativ) repräsentierbar sind oder eben, anders formuliert, im Modell-Sinn "gemessen" werden können?

(2) *Eindeutigkeitsfrage*: Bis auf welche ("zulässigen") Transformationen liegt die Repräsentation fest? Unter welchen Veränderungen der Repräsentation bleiben die empirisch bedeutsamen Relationen erhalten? Im 1-dimensionalen Fall wird diese Frage unter dem Stichwort Skalenniveau behandelt.

(3) *Deutbarkeitsfrage*: Welche Informationen kann man der Repräsentation "empirisch begründet" entnehmen? Allgemein lautet die Antwort: Genau die Befunde, die unter zulässigen Transformationen der Repräsentation unverändert (invariant) bleiben. Alles Übrige ist bedeutungslos.

(4) *Konstruktions*- bzw. *Skalierungsfrage*: Wie konstruiert man die Repräsentation, wenn man weiß, daß sie existiert? Die obigen Analysen haben nur gezeigt, unter welchen Voraussetzungen die Repräsentation existiert und welche Eigenschaften sie dann hat. Beim Skalieren geht es um die eigentliche Zuordnung der Zahlenwerte zu den Beobachtungsgegenständen derart, daß das numerische Relativ dann auch die gewünschten Eigenschaften hat.

Skalierung ist hier also nur der letzte Schritt des Messens. Der Thematik wird im übrigen im Kontext des axiomatischen Messens wenig Aufmerksamkeit gewidmet. Da die Voraussetzungen eines Meßmodells empirisch sowieso fast immer verletzt sind, sind diejenigen, die fundamentale Meßmodelle in der Praxis verwenden, typischerweise vor allem daran interessiert, welche der Modell-Voraussetzungen besonders stark verletzt sind. Eine Analyse dieser Fehler kann oft wertvolle Informationen dafür liefern, wie man seine Vorstellungen über das Zustandekommen der Beobachtungen weiterentwickeln kann.

## 12.2.2 Skalierung als bedingtes Messen

Im Kontext des fundamentalen Messens erscheinen also Aussagen über das Skalenniveau von Daten als Annahmen und damit als Hypothesen. Man kann aber auch anders vorgehen und das Skalenniveau der numerischen Daten per Definition festlegen und weiterfragen, ob und unter welchen Bedingungen diese Zahlen dann in ein bestimmtes formales System (hier: ein Skalierungsmodell) abgebildet werden können. So lange die Abbildbarkeit nicht trivial ist, d. h. so lange sie von der speziellen Verteilung der Daten abhängt (die empirisch bedingt ist), so lange ist auch hier die Existenz der Modelldarstellung als solche schon informativ.

Dieser Ansatz der Skalierung, von gegebenen Zahlensystemen auszugehen und dann zu fragen, unter welchen Bedingungen diese Systeme in bestimmten Skalierungsmodellen repräsentierbar sind, heißt Skalierung als bedingtes Messen. Er wird deshalb als "bedingt" bezeichnet, weil die Wahrheit der Aussagen, die man auf Grund der Repräsentation macht, nur relativ ist zur Wahrheit der Annahmen über das Skalenniveau der Ausgangsdaten.

Bei der Skalierung als bedingtem (auch: konditionalem, relativem) Messen stellen sich die gleichen Fragen wie beim fundamentalen Messen: Existenz des Modells, Eindeutigkeit der Repräsentation, Deutbarkeit der Repräsentation und Konstruktion der Skala im Sinne der Zuordnung konkreter Zahlenwerte zu den Beobachtungsobjekten.

Eine ausführliche Behandlung der ersten drei Fragen für verschiedene Skalierungsmodelle findet sich in Schönemann & Borg (1983). Der Grundgedanke dieser Sichtweise liegt darin, daß man sich der "Interpretation" einer Repräsentation erst dann zuwendet, wenn Existenz- und Eindeutigkeitsfrage hinreichend geklärt sind, weil sonst nicht klar ist, welche Relationen der Repräsentation eigentlich empirisch bedeutsam sind.

Wichtig ist, daß die Klärung dieser Fragen in der Skalierung (im Gegensatz zum fundamentalen Messen) immer nur eingeschränkt erfolgt. Man versucht nicht, das Skalenniveau der Ausgangsdaten durch Rückfragen an die Empirie zu "begründen". Dieses wird vielmehr per Definition festgelegt.

## 12.2.3 Skalierung als Testen von Strukturhypothesen

Sowohl das fundamentale Messen, das weitgehend als Meßtheorie betrieben wird, wie auch das bedingte Messen sind vorwiegend Themenbereiche für Mathematiker und "reine" Methodiker. Sie untersuchen das Meß- oder Skalierungsmodell zunächst einmal gründlich als solches. Der Psychologe oder Sozialwissenschaftler kann sich dann in dem so bereitgestellten Modell-

Baukasten bedienen, muß aber die Parameter der Modelle selbst interpretieren bzw. entscheiden, wie er zu den jeweils erforderlichen Daten kommt.

Beide Ansätze reduzieren einen in der Praxis des Messens und Skalierens normalerweise ganz entscheidenden Gesichtspunkt, das "Motiv", auf eine formale Frage. Sie unterstellen, daß der Forscher lediglich die Frage verfolgt, ob bzw. welche Daten in welcher Weise repräsentierbar sind. Nehmen wir an, wir wollten die Intelligenz von Kindern messen. Dann ist es sehr wahrscheinlich, daß wir dies mit einer gewissen Hypothese tun, die die Intelligenzwerte mit einer anderen Variable (Schulnoten, Alter, Persönlichkeitsmerkmale, soziales Verhalten usw.) in Beziehung setzt. Die Hypothese könnte auch lauten, daß sich die verschiedenen Intelligenzscores empirisch nach vorab definierten inhaltlichen Merkmalen untereinander unterscheiden oder daß diese bestimmte Muster bilden. Nur im letzten Fall kommt man evtl. einem Modell wie der FA nahe, während eine Diskriminierbarkeitshypothese z. B. im Kontext der MDS keine Modellfunktion, sondern eine Zusatzhypothese für die Verteilung der Punkte im Raum ist.

Die Frage ist nun, in welchem Umfang man solche Zusatzhypothesen nachträglich auf die Repräsentierbarkeitshypothesen des fundamentalen bzw. abgeleiteten Messens aufpfropfen soll oder ob es nicht sinnvoller wäre, sie von vornherein in einer speziellen Verlustfunktion zu formulieren. Eine Verlustfunktion L (dazu gehören z. B. auch die Kleinste-Quadrate Funktionen der Statistik) mißt ganz global, wie schlecht die Daten einer Hypothese genügen. Wenn die Hypothese als Repräsentierbarkeitshypothese formuliert ist, dann ist L=0 bei perfekter Repräsentation. In diesem Fall wäre auch garantiert, daß sämtliche Existenzbedingungen für das Modell erfüllt sind.

In der Anwendung gilt jedoch fast immer L≠0. Man fragt trotzdem weiter, welchen Nutzen die Skalierung bietet. Dieser ist z. B. dann gegeben, wenn die ohne Umschweife erstellte "Skalierung" der Daten mit "kleinem" L möglich ist. Vor allem aber dann, wenn die Skalierung der gegebenen und ähnlicher Daten immer wieder dieselben oder sogar immer weiter verfeinerte theoretische Vorhersagen bestätigt (vgl. Borg & Lingoes, 1987; Guttman, 1972; Shepard, 1981). Da diese Korrespondenz bei entsprechend umfangreichen Daten und immer differenzierterer Theorie beliebig anspruchsvoll werden kann, liegt hierin die Möglichkeit des empirischen Scheiterns.

Man beachte, daß dieser Ansatz der Skalierung (wie auch der obige des bedingten Messens) nicht erfordert, daß man das Skalenniveau der Ausgangsdaten begründen oder per Annahme festlegen muß. Vielmehr wird es einfach definiert. Der grundlegende Unterschied dieser Ansätze besteht darin, daß sich bei Annahmen die Frage nach ihrer Wahrheit stellt, bei Definitionen nur die nach ihrer Nützlichkeit. Entscheidend ist dabei, daß auch dieser Ansatz nicht trivial ist, so lange Nützlichkeit im Sinne empirischer

Gesetze verstanden wird, d. h. so lange die in den Skalierungsmodellen vorgefundenen Strukturen von der Empirie und nicht von den Definitionen abhängen.

### 12.2.4 Skalierung als Mittel der Exploration

Bei allen der drei obigen Perspektiven spielen Tests vermuteter Strukturen eine wichtige Rolle. Daneben wird Skalierung aber auch im Rahmen reiner Daten-Exploration (Tukey, 1977; Barnett, 1981) eingesetzt. Zur Verwendung kommen dabei vor allem triviale Modelle bzw. Modelle, die mit trivialer Absicht eingesetzt werden. Man hat in diesem Fall keine Vermutungen darüber, welche Zusammenhänge die Daten aufweisen, sondern will vielmehr nur "sehen", ob man irgendwelche interessanten entdecken kann. Skalierungen verwendet man nur, um "Bilder" zu bekommen, die leichter interpretierbar sind als Zahlen oder Relative.

Die Interpretationen können eventuell später als Hypothesen weiter verwendet werden und auf ihre Replizierbarkeit geprüft werden.

### 12.2.5 Skalierung als Index-Bildung

Die letzte Sichtweise, die wissenschaftlich obskur, aber in der Anwendung von erheblicher Bedeutung ist, sei in Anlehnung an Dawes (1972) als Index-Bildung bezeichnet. Sie verlangt schlicht, eine Skala zu konstruieren, ohne danach zu fragen, ob sie im gewählten Kontext überhaupt existiert. Wichtig ist dabei fast ausschließlich, daß die Skala valide ist in dem Sinn, daß sie mit anderen Meßwerten korreliert. Der Ansatz ist empiristisch "wie bei einem Ingenieur" (Coombs, persönliche Mitteilung), der seine Berechnungen/Vorhersagen nach gegebenen Gesetzen und mit Konstanten aus Formelsammlungen macht; ein Verstehen der Formeln ist unerheblich; nur die Vorhersagen müssen stimmen.

Guttman (1981) hat diese (verbreitete) Perspektive als Wunscherfüllungs-Verfahren bezeichnet. Wenn man es sich wünsche, könne man z. B. auch erreichen, daß die Welt eine Scheibe "ist"; man muß dazu nur jegliche Evidenz ignorieren, die dagegen spricht. Das Beispiel ist aber harmlos, denn die Scheiben-Vorstellung führt vermutlich in den allermeisten praktischen Problemstellungen zu keinen Komplikationen. Konstruiert man dagegen z. B. mittels der üblichen mechanischen Itemanalyse-Technik eine Intelligenz-Skala, dann kann man damit unter Umständen trotz guter Vorhersage-Validierungen völlig falsche Einschätzungen vornehmen: Intelligenz ist ein mehr-dimensionales Phänomen, und die aus systematischer Elimination aller Evidenz dieser Art (per Skalenkonstruktion) kommende 1-dimensionale Skala somit nur ein "fauler Kompromiß", der "Äpfel und Birnen" (hier: Rechenfähigkeit, geometrisches Vorstellungsvermögen usw.) zusammenwirft. Das Fatale an der Situation ist, daß es letztlich weder völlig klar ist, für welchen Phänomen-Bereich eigentlich ein Skalenwert oder Index gebildet wird, noch unter welchen Rahmenbedingungen dieser Index funktioniert. Bei der Skalenkonstruktion geht man ja ursprünglich von einer inhaltlichen Vorstellung (z. B. der Intelligenz) aus und formuliert hieraus Items. In der Itemanalyse werden systematisch Items ausgeschieden, bis die Wunsch-Vorstellung einer 1-dimensionalen Skala erfüllt ist. Was diese Skala dann allerdings inhaltlich noch mißt, bleibt dunkel. Die externe Validierung kann an dieser Tatsache nichts ändern, zumal das Kriterium meist ebenso vage ist.

Trotz dieser prinzipiellen Bedenken ist die Skalierung als Index-Bildung insbesondere in der angewandten Psychologie unverzichtbar, weil man dort nicht darauf warten kann, bis die Grundlagenforschung Differenzierteres anzubieten hat. Im übrigen ist es ja denkbar, daß auch über die Bildung gut funktionierender Indizes ein Zugang zu weiterer Erkenntnis gelingt. Ermahnungen oder gar Vorschriften von Methodikern, man dürfe in dieser oder jener Weise nicht vorgehen, können eher zur Paralyse führen. Bemerkenswerterweise hat ja gerade der mit großem Aufwand betriebene axiomatische Ansatz, der zweifellos wissenschaftstheoretisch am attraktivsten erscheint, bislang nur zu relativ dürftigen empirischen Gesetzen geführt. So kommentiert Shepard (1981, S. 26) entsprechend: »... as the example of the temperature scale suggests, it is simplistic to suppose that one first erects a fully structured scale and then proceeds to relate the variable measured on this scale to other variables. Rather, what seems to have happened in physics is a bidirectional, mutually constraining interaction between these processes. It was, in fact, the attempt to perfect and simplify the relations with other variables that prescribed what form the internal structure of the [temperature] scale itself would finally have to take. Perhaps, then, the development of psychophysics [or: psychology] can only progress by means of a similar kind of cooperative alternation between the tightening of the structure of a scale and the simplifying of its relations with other variables.« Hier könnte man noch ergänzen, um auch Guttman gerecht zu werden, daß zu den Gegenständen der empirischen Struktur (=Skalenstruktur), der externen Variablen und ihrer Beziehungen noch das inhaltliche Definitionssystem kommen sollte. Auch Definitionen liegen nicht ein für alle mal fest, sondern müssen ihre Nützlichkeit erst im Rahmen bestimmter Fragestellungen erweisen.

# Literatur

Abelson, R. P. & Sermat, V. (1962). Multidimensional scaling of facial expressions. *Journal of Experimental Psychology, 63*, 546-554.

Akaah, I. P. & Korgaonkar, P. K. (1983). An empirical comparison of the predictive validity of self-explicated, Huber-hybrid, traditional conjoint, and hybrid conjoint models. *Journal of Marketing Research, 20*, 187-197.

Allen, M. J. & Yen, W. M. (1979). *Introduction to measurement theory.* Monterey, CA: Brooks/Cole Publishing.

Amthauer, R. (1953). *Intelligenzstrukturtest IST.* Göttingen: Hogrefe.

Andrews, D. F. (1972). Plots of high-dimensional data. *Biometrics, 28*, 125-136.

Bagozzi, R. P. (1980a). Performance and satisfaction in an industrial sales force: An examination of their antecedents and simultaneity. *Journal of Marketing, 44*, 65-77.

Bagozzi, R. P. (1980b). *Causal models in marketing.* New York: Wiley.

Baird, J. C. & Noma, E. (1978). *Fundamentals of scaling and psychophysics.* New York: Wiley.

Barnett, V. (Hrsg.) (1981). *Interpreting multivariate data.* New York: Wiley.

Bentler, P. M. & Weeks, D. G. (1978). Restricted multidimensional scaling models. *Journal of Mathematical Psychology, 17*, 138-151.

Birnbaum, M. H. (1982). Controversies in psychological measurement. In B. Wegener (Hrsg.), *Social attitudes and psychophysical measurement* (S. 401-485). Hillsdale, NJ: Lawrence Erlbaum.

Borg, I. (1981). *Anwendungsorientierte multidimensionale Skalierung.* Heidelberg: Springer.

Borg, I. (1985). Judged seriousness of crimes and offenses: 1927, 1967, and 1984. *Archiv für Psychologie, 137*, 115-122.

Borg, I. (1986). Facettentheorie: Prinzipien und Beispiele. *Psychologische Rundschau, 37*, 121-137.

Borg, I. (1987a). Revisiting Thurstone's and Coombs' scales on the seriousness of crimes and offenses. *European Journal of Social Psychology*, *18*, 53-61.

Borg, I. (1987b). Arbeitszufriedenheit, Arbeitswerte und Jobauswahl: Ein hierarchischer, individuenzentrierter Ansatz. *Zeitschrift für Sozialpsychologie*, *18*, 28-39.

Borg, I. (1987c). A cross-cultural replication of Elizur's facets on work values. *Multivariate Behavioral Research*, *21*, 401-410.

Borg, I. (1992). *Facettentheorie*. Bern: Huber.

Borg, I. & Leutner, D. (1983). Dimensional models for the perception of rectangles. *Perception and Psychophysics*, *34*, 257-269.

Borg, I. & Lingoes, J. C. (1980). A model and algorithm for multidimensional scaling with external constraints on the distances. *Psychometrika*, *45*, 25-38.

Borg, I. & Lingoes, J. C. (1987). *Multidimensional similarity structure analysis*. New York: Springer.

Borg, I., Müller, M. & Staufenbiel, T. (1990). Ein empirischer Vergleich von fünf Standard-Verfahren zur eindimensionalen Skalierung. *Archiv für Psychologie*, *142*, 25-33.

Borg, I. & Staufenbiel, T. (1992). Factorial suns in the representation of multivariate data. *Multivariate Behavioral Research*, *27*, 43-55.

Borg, I. & Staufenbiel, T. (im Druck). Zur statistischen Bewertung der Konsistenz paarweiser Verhältnisurteile. *Archiv für Psychologie*.

Borg, I. & Tremmel, L. (1988). Compression effects in pairwise ratio scaling. *Methodika*, *2*, 1-15.

Budescu, D. V, Zwick, R. & Rapoport, A. (1986). A comparison of the eigenvalue method and the geometric mean procedure for ratio scaling. *Applied Psychological Measurement*, *10*, 69-78.

Burke, C. J. & Zinnes, J. L. (1965). A paired comparison of pair comparison. *Journal of Mathematical Psychology*, *2*, 53-75.

Carmone, F. J., Green, P. E. & Jain, A. K. (1978). Robustness of conjoint analysis: Some Monte Carlo results. *Journal of Marketing Research*, *15*, 300-303.

Cattin, P. & Wittink, D. R. (1976). A Mone Carlo study of metric and nonmetric estimation methods for multiattribute models. Research paper no. 341, Graduate School of Business, Stanford University.

Cattin, P. & Wittink, D. R. (1982). Commercial use of conjoint analysis: A survey. *Journal of Marketing, 46,* 44-53.

Chernoff, H. (1973). The use of faces to represent points in k-dimensional space graphically. *Journal of the American Statistical Associations, 70,* 548-554.

Cleveland, W. S. (1985). *The elements of graphing data.* Monterey, CA: Wadsworth Advanced Books.

Coombs, C. H. (1950). Psychological scaling without a unit of measurement. *Psychological Review, 57,* 145-158.

Coombs, C. H. (1964). *A theory of data.* New York: Wiley.

Coombs, C. H. (1967). Thurstone's measurement of social values revisited forty years later. *Journal of Personality and Social Psychology, 6,* 85-91.

Coombs,C.H. & Avrunin,G. (1977). Single-peaked functions and the theory of preference. *Psychological Review, 84,* 216-230.

Coombs, C. H., Coombs, L. C. & Lingoes, J. C. (1978). Stochastic cumulative scales. In S. Shye (Hrsg.), *Theory construction and data analysis in the behavioral sciences* (S. 280-298). San Francisco: Jossey-Bass.

Cronbach, L. J. & Meehl, P. E. (1955). Construct validity in psychological tests. *Psychological Bulletin, 52,* 281-302.

Cross, D. V. (1982). On judgments of magnitude. In B. Wegener (Hrsg.), *Social attitudes and psychophysical measurement* (S. 73-88). Hillsdale, NJ: Lawrence Erlbaum.

Davison, M. L. (1983). *Multidimensional scaling.* New York: Wiley.

Dawes, R. M. (1972). *Fundamentals of attitude measurement.* New York: Wiley.

Dawson, W. E. & Mirando, M. A. (1975). Sensory-modality opinion scales for individual subjects. *Perception & Psychophysics, 17,* 596-600.

Debreu, G. (1960). Rezension von "Individual choice behavior: A theoretical analysis" von R. D. Luce. *American Economic Review, 50,* 186-188.

De Leeuw, J. (1990). Data modeling and theory construction. In J. J. Hox & J. De Jong-Gierfeld (Hrsg.), *Operationalization and research strategy* (S. 229-246). Amsterdam: Swets & Zeitlinger.

Denison, D. R. (1982). Multidimensional scaling and structural equation modeling: a comparison of multivariate techniques for theory testing. *Multivariate Behavioral Research, 17*, 447-470.

Di Vesta, F. J. & Walls, R. T. (1970). Factor analysis of the semantic attributes of 487 words and some relationships to the conceptual behavior of fifth-grade children. *Journal of Educational Psychology, 61*, 6, Part 2, December (Monograph).

Edwards, A. E. (1948). On Guttman scale analysis. *Educational and Psychological Measurement, 8*, 313-318.

Edwards, A. E. (1957). *Techniques of attitude scale construction.* New York: Appleton-Century-Crofts.

Eiser, J. R. & van der Pligt, J. (1984). Accentuation theory, polarization, and the judgment of attitude statements. In J. R. Eiser (Hrsg.), *Attitudinal judgment* (S. 43-63). New York: Springer.

Eisler, H. (1978). On the ability to estimate differences: A note on Birnbaum's subtractive model. *Perception & Psychophysics, 24*, 185-189.

Ekman, G. (1954). Dimensions of color vision. *Journal of Psychology, 38*, 467-474.

Engen, T., Levy, N. & Schlosberg, H. (1958). The dimensional analysis of a new series of facial expressions. *Journal of Experimental Psychology, 55*, 454-458.

Fechner, G. T. (1860). *Elemente der Psychophysik.* Leipzig: Breitkopf & Hartel.

Fishbein, M. A. (1965). A consideration of beliefs, attitudes, and their relationships. In I. D. Steiner & M. A. Fishbein (Hrsg.), *Current studies in social psychology* (S. 107-120). New York: Holt, Rinehart & Winston.

Fruchter, B. (1954). *Introduction to factor analysis.* Princeton, NJ: Van Nostrand.

Galinat, W. H. & Borg, I. (1986). On symbolic temporal information: Beliefs about the experience of duration. *Memory & Cognition, 15*, 308-317.

Gnanadesikan, R. (1977). *Methods for statistical data analysis of multivariate observations.* New York: Wiley.

Goodenough, W. H. (1944). A technique for scale analysis. *Educational and Psychological Measurement, 4,* 179-190.

Green, P. E. (1974). On the design of choice experiments involving multifactor alternatives. *Journal of Consumer Research, 1,* 61-68.

Green, P. E. & Wind, Y. (1975). New way to measure consumers' judgments. *Harvard Business Review, 53,* July-August, 107-117.

Green, P. E. & Srinivasan, V. (1978). Conjoint analysis in consumer research: Issues and outlooks. *Journal of Marketing Research, 5,* 103-123.

Gulliksen, H. (1950). *Theory of mental tests.* New York: Wiley.

Gulliksen, H. (1956). A least-squares solution for paired comparisons with incomplete data. *Psychometrika, 21,* 125-134.

Guthrie, J. T. (1973). Models of reading and reading disability. *Journal of Educational Psychology, 65,* 9-18.

Guttman, L. (1941). The quantification of a class of attributes: A theory and method of scale construction. In P. Horst (Hrsg.), *The prediction of personal adjustment* (S. 321-348). New York: Social Science Research Council.

Guttman, L. (1944). A basis for scaling qualitative data. *American Sociological Review, 9,* 139-150.

Guttman, L. (1947). The Cornell technique for scale and intensity analysis. *Educational and Psychological Measurement, 7,* 247-279.

Guttman, L. (1972). Measurement as structural theory. *Psychometrika, 36,* 329-347.

Guttman, L. (1981). What is not what in statistics. In I. Borg (Hrsg.), *Multidimensional data representations: When and why* (S. 20-46). Ann Arbor, MI: Mathesis Press.

Haubensak, G. (1985). *Absolutes und vergleichendes Urteil: Eine Einführung in die Theorie psychischer Bezugssysteme.* Berlin: Springer.

Hörmann, H. (1961). Zur Validierung von Persönlichkeitstests, insbesondere von projektiven Verfahren. *Psychologische Rundschau, 12,* 44-49.

Hull, C. H. (1952). *A behavior system.* New Haven: Yale University Press.

Iaffaldano, M. T. & Muchinsky, P. M. (1985). Job satisfaction and job performance: a meta analysis. *Psychological Bulletin*, *97*, 251-273.

Indow, T. (1974). Applications of multidimensional scaling in perception. In E. C. Carterette & M. P. Friedman (Hrsg.), *Handbook of perception. Volume 2* (S. 493-531). New York: Academic Press.

Jensen, R. E. (1984). An alternative scaling method for priorities in hierarchical structures. *Journal of Mathematical Psychology*, *28*, 317-332.

Jensen, R. E. (1986). Comparisons of eigenvector, least squares, chi square, and logarithmic least squares methods of scaling a reciprocal matrix. Trinity University Business School, Working Paper 127.

Jöreskog, K. G. & Sörbom, D. (1989). *LISREL 7: A guide to the program and applications*. Chicago, IL: SPSS Inc.

Johnson, R. M. (1974). Trade-off analysis of consumer values. *Journal of Marketing Research*, *11*, 121-127.

Johnson, S. C. (1967). Hierarchical clustering schemes. *Psychometrika*, *32*, 241-254.

Kaiser, H. F. (1958). The varimax criterion for analytic rotation in factor analysis. *Psychometrika*, *23*, 187-200.

Krantz, D. H., Luce, R. D., Suppes, P. & Tversky, A. (1971). *Foundations of measurement*. New York: Academic Press.

Kruskal, J. B. (1964). Multidimensional scaling by optimizing goodness of fit to a nonmetric hypothesis. *Psychometrika*, *29*, 115-129.

Kruskal, J. B. (1965). Analysis of factorial experiments by estimating monotone transformations of the data. *Journal of the Royal Statistical Society B*, *27*, 251-263.

Kruskal, J. B. & Wish, M. (1978). *Multidimensional scaling*. Beverly Hills, CA: Sage.

Kruskal, J. B., Young, F. W. & Seery, J. B. (1978). How to use KYST-2A, a very flexible program to do multidimensional scaling and unfolding. Murray Hill, NJ: Bell Laboratories.

Lepsius, M. R., Scheuch, E. K. & Ziegler, R. (1982) (Hrsg.). Allbus 1982. Arbeitsbericht, Zentralarchiv für empirische Sozialforschung, Universität zu Köln.

Levy, S. (1981). Lawful roles of facets in social theories. In I. Borg (Hrsg.), *Multidimensional data representations: When and why* (S. 65-107). Ann Arbor, MI: Mathesis Press.

Lieblich, A. & Haran, S. (1969). Personal styles of reaction to the frustration of others, as portrayed by multidimensional analysis. *Multivariate Behavioral Research, 4*, 211-222.

Lienert, G. A. (1969). *Testaufbau und Testanalyse* (3. Auflage). Weinheim: Beltz.

Likert, R. (1932). A technique for the measurement of attitudes. *Archives of Psychology, 140*, 1-55.

Lingoes, J. C. (1979). Measurement. In J. C. Lingoes, E. E. Roskam & I. Borg (Hrsg.), *Geometric Representations of Relational Data* (S. 1-43). Ann Arbor, MI: Mathesis Press.

Lingoes, J. C. & Borg, I. (1978). A direct approach to individual differences scaling using increasingly complex transformations. *Psychometrika, 43*, 491-519.

Lodge, M. (1981). *Magnitude scaling*. Beverly Hills, CA: Sage.

Luce, R. D. (1959). *Individual choice behavior*. New York: Wiley.

Luce, R. D. & Tukey, J. W. (1964). Simultaneous conjoint measurement: A new type of fundamental measurement. *Journal of Mathematical Psychology, 1*, 1-27.

Marks, L. E. (1979). A theory of loudness and loudness judgments. *Psychological Review, 86*, 256-285.

Marks, L. E. (1982). Psychophysical measurement: Procedures, tasks, scales. In B. Wegener (Hrsg.), *Social attitudes and psychophysical measurement* (S. 43-71). Hillsdale, NJ: Lawrence Erlbaum.

McClelland, G. H. & Coombs, C. H. (1975). Ordmet: A general algorithm for constructing all numerical solutions to ordered metric data. *Psychometrika, 50*, 269-290.

McConaghy, M. J. (1975). Maximum possible error in Guttman scales. *Public Opinion Quarterly, 39*, 343-357.

Meili, R. (1971). *Analytischer Intelligenztest (AIT)*. Bern: Huber.

Messick, S. (1975). The standard problem: Meaning and values in measurement and evaluation. *American Psychologist, 30*, 955-966.

Mezzich, J. E. & Worthington, D. R. L. (1978). A comparison of graphical representations of multidimensional psychiatric diagnostic data. In P. C. Wang (Hrsg.), *Graphical Representation of Multivariate Data* (S. 123-141). New York: Academic Press.

Michel, L. M. & Conrad, W. (1982). Theoretische Grundlagen psychometrischer Tests. In K. J. Groffmann & L. Michel (Hrsg.), *Enzyklopädie der Psychologie: Grundlagen psychologischer Diagnostik* (S. 1-129). Göttingen: Hogrefe.

Mosteller, F. (1951). Remarks on the method of paired comparisons: III. A test of significance for paired comparisons when equal standard deviations and equal correlations are assumed. *Psychometrica, 16,* 207-218.

Noether, G. E. (1960). Remarks about a paired comparison model. *Psychometrika, 25,* 357-367.

Norpoth, H. (1979). Dimensionen des Parteienkonflikts und Präferenzordnungen der deutschen Wählerschaft: Eine Unfoldinganalyse. *Zeitschrift für Sozialpsychologie, 10,* 350-362.

Putz-Osterloh, W. (1977). Über Problemlösungsprozesse bei dem Test Würfelaufgaben aus dem Intelligenzstrukturtest IST und IST-70 von Amthauer. *Diagnostica, 23,* 252-265.

Raghavarao, D. (1971). *Constructions and combinatorial problems in the design of experiments.* New York: Wiley.

Roberts, F. S. (1979). *Measurement theory.* Reading, MA: Addison-Wesley.

Rosenberg, M. J. (1956). Cognitive structure and attitudinal affect. *Journal of Abnormal and Social Psychology, 53,* 367-372.

Rothkopf, E. Z. (1957). A measure of stimulus similarity and errors in some paired-associate learning. *Journal of Experimental Psychology, 53,* 94-101.

Saaty, T. L. (1977). A scaling method for priorities in hierarchical structures. *Journal of Mathematical Psychology, 15,* 234-281.

Saaty, T. L. (1982). *The Logic of Priorities.* Boston: Kluwer.

Saffir, M. A. (1937). A comparative study of scales constructed by three psychophysical methods. *Psychometrika, 2,* 179-198.

Scheuch, E. K. (1974). Auswahlverfahren in der Sozialforschung. In R. König (Hrsg.), *Handbuch der empirischen Sozialforschung, Band 3a* (S. 1-96). Stuttgart, Enke.

Schönemann, P. H. (1970). A note on Gulliksen's least squares solution for incomplete data. *British Journal of Mathematical and Statistical Psychology, 23*, 69-71.

Schönemann, P. H. & Borg, I. (1983). Grundlagen der metrischen mehrdimensionalen Skaliermethoden. In H. Feger & J. Bredenkamp (Hrsg.), *Enzyklopädie der Psychologie: Messen und Testen* (S. 257-345). Göttingen: Hogrefe.

Shepard, R. N. (1957). Stimulus and response generalization: A stochastic model for relating generalization to distance in psychologcial space. *Psychometrika, 22*, 325-345.

Shepard, R. N. (1974). Representation of structure in similarity space: Problems and prospects. *Psychometrika, 39*, 373-421.

Shepard, R. N. (1981). Psychological relations and psychophysical scales: On the status of "direct" psychophysical measurements. *Journal of Mathematical Psychology, 24*, 21-57.

Shye, S. (1985). *Multiple scaling*. Amsterdam: North-Holland.

Shye, S. & Elizur, D. (1976). Worries about deprivation of job rewards following computerization: A partial order scalogram analysis. *Human Relations, 29*, 63-71.

Snider, J. G. & Osgood, C. E. (1969). *Semantic differential technique*. Chicago: Aldine.

Snodgrass, J. G. (1975). Psychophysics. In B. Scharf & G. S. Reynolds (Hrsg.), *Experimental sensory psychology* (S. 16-67). Glenview, IL: Scott & Forsman.

Spence, K. W. (1956). *Behavior theory and conditioning*. New Haven: Yale University Press.

Spence, K. W. & Ogilvie, J. C. (1973). A table of expected stress values for random rankings in nonmetric multidimensional scaling. *Multivariate Behavioral Research, 8*, 511-517.

Srinivasan, V. & Shocker, A. D. (1973). Estimating weights for multiple attributes in a composite criterion using pairwise judgments. *Psychometrika, 38*, 473-493.

Staufenbiel, T. (1992). *Eindimensionale Skalogramm-Analyse*. Frankfurt am Main: Lang.

Staufenbiel, T & Borg, I. (1992). HISYS - A program for the measurement and scaling of hierarchical systems. In F. Faulbaum (Hrsg.), *SoftStat '91. Advances in statistical software 3* (S. 161-166). Stuttgart: Fischer.

Steiger, J. H. (1989). *EzPATH*. Evanston, IL: Systat Inc.

Steiger, J. H. & Schönemann, P. H. (1976). A history of factor indeterminacy. In S. Shye (Hrsg.), *Theory construction and data analysis in the social sciences* (S. 136-178). San Franciso: Jossey Bass.

Stevens, S. S. (1957). On the psychophysical law. *Psychological Review, 64*, 153-181.

Stevens, S. S. (1959). Measurement, psychophysics, and utility. In C. W. Churchman & P. Ratoosh (Hrsg.), *Measurement: Definitions and theories* (S. 18-63). New York: Wiley.

Stevens, S. S. (1961). The psychophysics of sensory function. In W. A. Rosenblith (Hrsg.), *Sensory communication* (S. 1-33). Cambridge, Mass.: M.I.T. Press.

Stevens, S. S. (1975). *Psychophysics*. New York: Wiley.

Stevens, J. C. & Marks, L. E. (1965). Cross-modality matching of brightness and loudness. *Proceedings National Academy of Sciences, 54*, 407-411.

Suchman, E. A. (1950). The utility of scalogram analysis. In S. A. Stouffer, L. Guttman, E. A. Suchman, P. F. Lazarsfeld, S. A. Star & J. A. Clausen (1950). *Measurement and prediction* (S. 122-171). Princeton, NJ: Princeton University Press.

Suppes, P. & Zinnes, J. L. (1963). Basic measurement theory. In R. D. Luce, R. R. Bush & E. Galanter (Hrsg.), *Handbook of mathematical psychology, volume I* (S. 1-76). New York: Wiley.

Sydow, H. & Petzold, P. (1982). *Mathematische Psychologie*. Berlin: Springer.

Takane, Y., Young, F. W. & deLeeuw, J. (1977). Nonmetric individual differences multidimensional scaling: An alternating least-squares method with optimal scaling features. *Psychometrika, 42*, 7-67.

Teghtsoonian, M. A. (1965). The judgment of size. *American Journal of Psychology, 78*, 392-402.

Thurstone, L. L. (1927a). A law of comparative judgment. *Psychological Review, 34*, 273-286.

Thurstone, L. L. (1927b). Method of paired comparison for social values. Journal of Abnormal and Social Psychology, 21, 384-400.

Thurstone, L. L. (1935). The vectors of mind. Chicago: University of Chicago Press.

Thurstone, L. L. (1947). Multiple factor analysis. Chicago: University of Chicago Press.

Thurstone, L. L. & Chave, E. J. (1929). The measurement of attitude. Chicago: University of Chicago Press.

Torgerson, W. S. (1958). Theory and methods of scaling. New York: Wiley.

Tränkle, U. (1981). Fragebogenkonstruktion. In H. Feger & J. Bredenkamp (Hrsg.), Enzyklopädie der Psychologie: Datenerhebung (S. 222-301). Göttingen: Hogrefe.

Tukey, J. W. (1977). Exploratory data analysis. Reading, MA: Addison-Wesley.

Tversky, A. & Russo, J. E. (1969). Substitutability and similarity in binary choices. Journal of Mathematical Psychology, 6, 1-12.

Velleman, P. F. & Wilkinson, L. (im Druck). Nominal, ordinal, interval, and ratio typologies are misleading. The American Statistician.

Wesman, A. G. (1971). Writing the test item. In R. L. Thorndike (Hrsg.), Educational measurement (S. 81-129). Washington: American Council of Education.

Wewetzer, K. H. (1964). Intelligenztests für Kinder. In R. Heiss (Hrsg.), Handbuch der Psychologie: Psychologische Diagnostik (S. 200-225). Göttingen: Hogrefe.

Wilkinson, L. (1989). A cautionary note on the use of factor analysis: A response to Borgotta, Kercher, and Stull and Hubbard and Allen. Sociological Methods and Research, 17, 449-459.

Wilkinson, L. (1990). SYSTAT: The system for statistics. Evanston, IL: SYSTAT Inc.

Winer, B. J. (1973). Statistical principles in experimental design. New York: McGraw-Hill.

Wish, M. (1971). Individual differences in perceptions and preferences among nations. In C. W. King & D. Tigert (Hrsg.), Attitude research reaches new heights (S. 312-328). Chicago: American Marketing Association.

Woodworth, R. S. & Schlosberg, H. (1954). *Experimental psychology*. New York: Holt.

Zwislocki, J. J. & Goodman, D. A. (1980). Absolute scaling of sensory magnitudes: A validation. *Perception & Psychophysics, 28,* 28-38.

# Autorenverzeichnis

## A

Abelson 88
Akaah 211
Allen 32, 44
Amthauer 48
Andrews 12
Avrunin 172

## B

Bagozzi 126, 127
Baird 81
Barnett 217
Bentler 108
Birnbaum 183, 184
Borg 26, 30, 52, 66, 68, 89, 92,
 94, 96, 97, 105, 108, 132,
 133, 149, 170, 183, 185, 187,
 190, 193, 215, 216
Budescu 189
Burke 81

## C

Carmone 202
Cattin 195, 202
Chave 36, 37
Chernoff 14
Cleveland 24
Conrad 46
Coombs, C. H. 66, 81, 145, 161,
 165, 166, 172, 217
Coombs, L. H. 145
Cronbach 49
Cross 177, 181

## D

Davison 81
Dawes 217
Dawson 181
Debreu 81
De Leeuw 85, 125
Denison 132
Di Vesta 116, 117, 123

## E

Edwards 31, 38, 136
Eiser 38
Eisler 184
Ekman 97
Elizur 149, 150, 151
Engen 87, 89

## F

Fechner 53, 177
Fishbein 210
Fruchter 112

## G

Galinat 92
Gnanadesikan 20
Goodenough 136
Goodman 184, 185
Green 195, 210, 202, 211
Gulliksen 41, 69
Guthrie 101
Guttman 6, 133, 134, 136, 139,
 140, 143, 145, 146, 149, 216,
 217, 218

## H

Haran 155, 157
Haubensak 9
Hörmann 50
Hull 211

## I

Iaffaldano 126
Indow 6

## J

Jain 202
Jensen 187, 189
Johnson, S. C. 18, 20
Johnson, R. M. 207
Jöreskog 121, 129, 131

## K

Kaiser 112
Korgaonkar 211
Krantz 207
Kruskal 73, 85, 169, 198, 200

## L

Lepsius 94
Leutner 105
Levy, N. 87, 89
Levy, S. 94
Lieblich 155, 157
Lienert 31, 32
Likert 41
Lingoes 89, 97, 105, 108, 145, 154, 170, 216
Lodge 183
Luce 81, 195, 207

## M

Marks 181, 184
McClelland 81
McConaghy 139
Meehl 49
Meili 12
Messick 51
Mezzich 10, 16
Michel 46
Mirando 181
Mosteller 65
Muchinsky 126
Müller 183

## N

Noether 81
Noma 81
Norpoth 170, 175, 176

## O

Ogilvie 75, 98
Osgood 118

## P

Petzold 185
Putz-Osterloh 48

## R

Raghavarao 210
Rapoport 189
Roberts 207
Rosenberg 210
Rothkopf 92
Russo 81

## S

Saaty 187, 189, 190
Saffir 39
Scheuch 32, 94
Schlosberg 9, 87, 89
Schönemann 66, 69, 120, 215
Seery 85
Sermat 88
Shepard 85, 98, 216, 218
Shocker 204
Shye 149, 150, 151, 152
Snider 118
Snodgrass 177

Sörbom 121, 129, 131
Spence 75, 98, 211
Srinivasan 204, 211
Staufenbiel 26, 136, 139, 142, 145, 183, 193
Steiger 120, 124, 129
Stevens 177, 181, 212
Suchman 140
Suppes 66, 207
Sydow 185

## T

Takane 85
Teghtsoonian 177
Thurstone 36, 37, 53, 54, 61, 66, 70, 77, 81, 112, 113, 183, 213
Torgerson 39, 60, 82, 143
Tränkle 31
Tremmel 187
Tukey 195, 217
Tversky 81, 207

## V

Van der Plight 38
Velleman 6

## W

Walls 116, 117, 123
Weeks 108
Wesman 31
Wewetzer 12
Wilkinson 6, 14, 120
Wind 195
Winer 210
Wish 85, 86, 87, 88, 200
Wittink 195, 202
Woodworth 9
Worthington 10, 16

## Y

Yen 32, 44
Young 85

## Z

Ziegler 94
Zinnes 66, 81
Zwick 189
Zwislocki 184, 185

# Sachverzeichnis

## A

Absolut
  Skala 184f
  Schwelle 7f
  Urteil 9
AGFI 129
Ähnlichkeitsstrukturanalyse 108
Ähnlichkeitstransformation 97
Analysestichprobe 31, 36
Antwort
  frei 31
  gebunden 31
axiomatisches Messen 207, 214, 218

## B

bedingtes Messen 214f
Bedingung
  notwendig 65
  hinreichend 65
Beobachtungsvariable 127
Bewegung, starr 97
Beziehungen, kausal 126
Blume 13

## C

Case-5 des LCJ 60
Chernoff-Gesicht 14ff
CI 189
City-Block Distanz 17, 105ff
Clusteranalyse 16ff
  average Methode 20f
  max-Methode 20
  min-Methode 18ff
CM → Conjoint measurement
compositional model 211
Conjoint measurement (CM) 194ff
  2-factor evaluation 207
  additiv 195
  Computerprogramme 198, 202, 204
  main effects plus selected interactions model 211
  multiple factor evaluation 207
  ordinal 195, 198ff
  Profil-Ansatz 207
  Trade-Off Matrix 207ff
consistency
  index (CI) 189
  ratio (CR) 190
Correp 152
CR 190
Cronbach α 47
cross-modality matching 8, 181

## D

decompositional model 211
degenerierte Lösung
  im CM 200ff
  im Unfolding 168ff
  in der MDS 98ff
Dendrogramm 20
deterministische IC 34f
Deutbarkeitsfrage 214
Diagramm
  Item- 151
  Shepard- 71ff, 98ff
  Strukt- 151
dichotomes Item 31, 146
Differenzen, sensorisch 7
Differenz-Skala 65ff
Dimension 2, 17, 82, 109ff
  POSAC- 152
  vs. Region 91

dimensionale Deutung 83, 85ff, 91f, 105ff
Diskriminierbarkeitsverteilung 53ff
Distanz 70ff, 82ff, 104ff
   City-Block 17, 105f
   Dominanz 105
   euklidisch 17, 83, 105
   geometrisch 105f
   Minkowski 105
distributionales Vorgehen in der Struktupel-Analyse 142
Dominanz
   -metrik 105
   -wahrscheinlichkeit 54ff
Drehung
   Einfachstruktur- 112, 115
   oblique 119
   orthogonal 119
   schiefwinkelig 119
   Varimax 112
Dummy-Variable 203ff

## E

ebenmerklicher Unterschied 7
Eichstichprobe 45
Eigenvektor 189
Eigenwert 118, 189
Eindeutigkeit einer Skala 3ff, 214
   CM 197f
   Definition vs. Begründen 215f
   direkte Fechner-Skala 79ff
   LCJ-Skala 65f
   Guttman-Skala 134
Eindeutigkeitsfrage 214
Einfachstruktur-Drehung 112, 115
eingipfelige Präferenzfunktion 172

empirisches Relativ 214
Endform, Test- 30ff, 41ff
endogene Variable 127
Entfalten → Unfolding
Entwurf
   faktoriell 194, 210
   unvollständig 210
erklärte Varianz 115, 126
euklidische Distanz 17, 83, 105
Existenzfrage 214
exogene Variable 127
Expertenurteile 36ff
Exploration 217
externe Skala 89
EzPATH 124ff

## F

FA → Faktorenanalyse
Facette 149
   akzentuierend 154
   attenuierend 154
   polar 152
   verbunden 154
Facettentheorie 149
   und Inhaltsvalidität 52
   und Itemkonstruktion 30
Faktor 112ff
   beim CM 195ff
   höherer Ordnung 120
   orthogonal 119
   schiefwinkelig 119
   Zufalls- 54ff
Faktorenanalyse (FA) 109ff
   bei faktoriellen Sonnen 26
   bei Konstruktvalidierung 50
   Gemeinsame - 120ff
   konfirmatorisch 123ff
   Vergleich mit MDS 118
faktorielle Sonnen 12, 25f
Faktorwerte 116

Fechner-Modell 53ff
  metrisch 74
  monoton 69ff
  ordinal 69ff
Fechner-Skalierung, direkt 69
Fehler in Skalogramm-Analyse
  distributional 142
  maximal mögliche 139ff
  nach Goodenough & Edwards (E-Typ) 136ff
  nach Guttman (G-Typ) 138ff
  spaltenkonditional 142
  strukturell 142
  zeilenkonditional 142
forced choice Urteil 8, 54, 68
  vs. Methode der konstanten Summen 68
Fourier-Analyse 12ff
freie Antwort 31
fundamentales Messen 214f
Funktion
  eingipfelig 172
  Gesamtnutzen 197
  kleinste Quadrate 63, 113, 121f, 187, 216
  linear 74f, 85
  logistisch 81
  metrisch 74
  monoton 70
  polynomial 85
  Potenz- 178
  Präferenz- 172
  Teilnutzen 197
  Verlust- 73, 187f, 216

## G

gebundene Antwort 31
Gelegenheitsstichprobe 32
Gemeinsame Faktorenanalyse 120ff
gemeinsame Varianz 120
Gesamtnutzen 197
geschichtete Stichprobe 51
GFI 129
globales Minimum 104, 200
goodness of fit index in Strukturgleichungsmodellen (GFI) 129
Grenzlinien 22
Gütekriterien von Tests 45ff
Guttman-Skalierung → Skalogramm-Analyse

## H

Halbordnung 142f, 147ff
  MSA 154ff
  POSAC 147, 149ff
Hauptachse 113
Hauptkomponente 113
Hauptkomponentenanalyse (HKA) 112ff, 120
hierarchisches Modell 190ff
hinreichende Bedingung 65
HKA → Hauptkomponentenanalyse

## I

IC → Itemcharakteristik
Idealpunkt 161ff, 167
Identifizierbarkeitsproblem 129
Ikonen 10ff
Index-Bildung 217
Inhaltsrepräsentativität 51
Inhaltsvalidität 50ff
Interaktion 194, 207, 211
interne Konsistenz 47
interne Skala (MDS) 89
Intervall-Skala 4, 65ff, 74ff
I-Skala 166
Item 30
  -analyse 29ff, 41ff, 143ff, 212
  -charakteristik 33ff

Sachverzeichnis 237

Item (Fs.)
  deterministisch 34f
  -diagramm 151ff, 155f
  dichotom 31
  Dichotomisierung 146
  eingipfelig 33
  -konstruktion 30f
  kumulativ 33
  -Lösung 33
  mehrkategoriell 146
  monoton 33ff, 145f
  Multiple Choice 31
  polytom 146
  -Pool 30
  probabilistisch 34f
  Punkt- 33ff, 36, 145f
  -Schwierigkeit 41ff
  -Trennschärfe 41ff
  -Universum 50f, 143
Itemcharakteristik (IC) 33ff
  deterministisch 34f
  probabilistisch 34f

**J**

JND 7, 53
J-Skala 166

**K**

kardinale Konsistenz 187
kartesisches Koordinatensystem 83, 151
Kategorien
  -grenze 39
  Skala 182ff
  Skalierung 9
kausale Beziehung 126
Ketten, Präferenz- 161
Klassische Testtheorie 41ff
Kleinste Quadrate Kriterium 63, 113, 121f, 187, 216
Kommunalität 120

konditional
  -es Messen 215
  spalten- 142
  un- 169f
  zeilen- 142, 169f
Konfiguration 82
  Start- 70ff, 104, 200
  Vektor- 111ff
Konfirmatorisches Vorgehen 87ff, 105ff, 108, 123ff
Konsistenz
  kardinal 187
  -koeffizient 47
Konstruktionsfrage 214
Konstruktvalidierung 49f
Kontiguitätskoeffizient $\lambda$ 154
Koordinatenachsen
  Hauptachsen 113
  orthogonal 112
Koordinatensystem
  Drehung 86, 89, 97, 106, 112, 119, 151
  kartesisch 83, 151
  polar 12
Korrelation und Winkel 109ff
Kriteriumsvalidität 48f
KTT $\rightarrow$ Klassische Testtheorie

**L**

Ladung 112ff, 115
latente Variable 120f, 127
Law of Comparative Judgment (LCJ) 53ff, 60
  Case 5  60
  vs. direkte Fechner-Skala 77
LCJ $\rightarrow$ Law of Comparative Judgment
Likert-Skalierung 41
linear
  Funktion 74f, 85
  Ordnung 142f

linear (Fs.)
  Profil 109, 113
  Regression 89, 202ff
  Transformation 4, 80
LINMAP 204
LISREL 121
logistische Funktion 81
lokales Minimum 104, 200

# M

Magnitude-Skalierung 9, 177ff
  hierarchisch 190ff
  vollständiger Paarvergleich 185ff
manifeste Variable 121
MDS → Multidimensionale Skalierung
mehrkategorielles Item 146
Messen 213
  axiomatisch 207, 214, 218
  bedingt 214f
  fundamental 214f
  konditional 215
  relativ 215
Meßmodell 127
Methode
  der gleicherscheinenden Intervalle (MGI) 36ff, 41
  der konstanten Reize 8
  der konstanten Summen 68, 185f
  der Paarvergleiche 8, 10, 54, 185
  der sukzessiven Intervalle (MSI) 39ff
  der summierten Ratings 41
  des absoluten Urteils 9
  forced choice 8, 54, 68
  Grenzwert- 8
  Halbierungs- 9
  Herstellungs- 8
  Rangreihen- 38, 161, 195
  Rating- 38
Metrik → Distanz
metrische Funktion 74
MGI 36ff, 41
Minimum
  global 104, 200
  lokal 104, 200
Minkowski-Distanz 105
Missing Data Struktur im Unfolding 168
Modell-Fit bei
  CM 198ff
  Faktorenanalyse 115
  Fechner-Skala 73ff
  LCJ-Skala 63ff
  Magnitude-Skalierung 187ff
  MDS 73ff, 83ff
  MSA 154
  POSAC 152
  Skalogramm-Analyse 139ff
  Strukturgleichungsmodellen 125ff, 129
  Unfolding 168ff
MONANOVA 198
monoton
  Funktion 70
  Item 33ff, 145f
  Regression 73f, 200ff
Mosteller-Test 62, 65
MSA 147, 154ff
MSI 39ff
Multidimensionale Skalierung (MDS) 82ff
  Algorithmus 70ff, 83ff
  dimensionale Deutung 82, 85ff, 91f, 105ff
  Dimensionalität 97
  explorativ 85ff
  externe Skala 89
  interne Skala 89
  intervall-linear 85, 96ff, 104

Multidimensionale Skalierung (Fs.)
konfirmatorisch 87ff, 105ff, 108
metrisch 85
nicht-metrisch 85
Nominal- 85
ordinal 85, 96ff
regionale Deutung 91ff
Restriktionen 108
Vergleich mit FA 118
Verhältnis- 96
zulässige Transformationen 97
Multidimensionale Struktupel-Analyse (MSA) 147, 154ff
Multiple Choice Item 31
Multiple Regression 120, 202ff

## N

Nominal-Skala 4
Normen
Test- 45
simuliert 64f, 98, 189f
notwendige Bedingung 65
n-tupel 83, 134
numerisches Relativ 214
Nutzen 195ff
Gesamt- 197
Teil- 197

## O

Objektivität 46
oblique Rotation 119
Optimum
global 104, 200
lokal 104, 200
ordered metric Skala 80, 97, 165
Ordinal-Skala 4
Ordnung
Halb- 142f, 147ff
linear 142f
ordnungserhaltende Transformation 4, 194
orthogonale Achsen 112
orthogonale Drehung 119

## P

Paarvergleich 185ff
Panorama 12
Paralleltest-Reliabilität 46
Parameter, freie 124
Partielle-Ordnung Struktupel-Analyse (POSAC) 147, 149ff
gemeinsame Richtung 151
laterale Richtung 151
Partitionierung 92, 151ff
Handlösungen 159
Permutation 134
Personen
-raum 109ff
-score 32, 41f
Pfad
-diagramm 121ff
-gewicht 125ff
Polarkoordinaten 12
polynomiale Funktion 85
polytones Item 146
POSAC → Partielle-Ordnung Struktupel-Analyse
positive manifold hypothesis 113
Potenzfunktion 178
Potenzgesetz 179
power law 179
Präferenz 161ff, 195ff
-Funktion 172
probabilistisches Item 34f
Produktmenge 195
Profil 134
linear 12f
perfekt 136ff
Projektion 109, 113

prokrustische Transformation 97
PSE 8
Psychophysik 7ff
   Methoden 8f
   Punkt-Item 33ff, 36, 145f

## Q

Quotenstichprobe 32

## R

Radex 94
Randwahrscheinlichkeit 39, 68f
Rang-linearer Ansatz 202
Rangordnung 9
Rating (-Skala) 9, 183
Raum
   dimensional 17, 82, 109ff
   MSA- 155
   Personen- 109ff
   POSAC- 151
   Variablen- 109
Region 151
   kontiguierlich 155
   vs. Dimension 91
Regression
   Dummy- 203ff
   Gleichung 75
   Kurve 71ff
   linear 89, 202ff
   monoton 73f, 200ff
   multiple 120, 202ff
Relativ
   empirisches 214
   numerisches 214
relatives Messen 215
Reliabilität 46ff
   interne Konsistenz 47
   Paralleltest- 46
   Retest- 46
   Split-Half 47
repräsentative Stichprobe 31

Repräsentativität, Inhalts- 51
Reproduzierbarkeitskoeffizient
   (Rep)
   distributional 142
   minimal möglicher 140
   nach Goodenough & Edwards
   (E-Typ) 139
   nach Guttman (G-Typ) 139
   spaltenkonditional 142
   strukturell 142
   zeilenkonditional 142
Retest-Reliabilität 46
Rotation → Drehung

## S

Saaty-Skalierung 187ff
   consistency index (CI) 189
   consistency ratio (CR) 190
   Eigenwert-Methode 189
schiefwinklige Drehung 119
Schneeflocke 12f, 24f
Schwelle
   absolut 7f
   Unterschieds- 7f
Schwierigkeit eines Items 41ff
Schwingung 12ff
Score
   -matrix 42
   Personen- 32, 41f
Shepard-Diagramm 71ff, 98ff
Skala 1ff
   absolute 184f
   Differenz- 65ff
   externe (MDS) 89
   Guttman- 133f
   I- 166
   interne (MDS) 89
   Intervall- 4, 65ff, 74ff
   J- 166
   Kategorien- 182ff
   Magnitude- 182ff

Skala (Fs.)
  Nominal- 4
  ordered metric 80, 97, 165
  Ordinal- 4
  Rating- 9, 183
  Unfolding- 163ff
  Verhältnis- 3f
Skalenanalyse 2
Skalenkonstruktion 2, 27ff
  vs. Skalenanalyse 52, 143ff, 212, 217f
Skalenniveau 3ff, 214
  CM 197f
  Definition vs. Begründen 215f
  direkte Fechner-Skala 79ff
  Guttman-Skala 134
  LCJ-Skala 65f
  Unfolding-Skala 165
Skalierung
  Absolut- 184f
  Fechner- 53ff
  Guttman- 134ff
  Kategorien- 9
  Likert- 41
  Magnitude- 9, 177ff
  multidimensional 22, 82ff
  nicht-trivial 10, 212ff
  Personen- 32
  Thurstone- 53ff
  trivial 10ff, 212ff
  triviale Zielsetzung 23, 213
  Zweck 212ff
Skalierungsfrage 214
Skalierungsmodell 10, 212ff
Skalogramm-Analyse 133ff
  dominante Skala 145
  mehrkategoriell 146
Sonne
  einfach 12, 25f
  faktoriell 26
spaltenkonditionale Fehler in der

Struktupel-Analyse 142
Speed-Test 48
Spezifikationsfehler 129
spezifische Varianz 120, 123
Spiegelbilder 163
SSA 108
Standardreiz 9, 177
starre Bewegung 97
Startkonfiguration 70ff, 200
  rational 104
Stichprobe
  Analyse- 31, 36
  Eich- 45
  Gelegenheits- 32
  geschichtet 51
  Quoten- 32
  repräsentativ 31
Streckung, zentral 97
Stress 6, 85, 168
  Normen 98
Stress2
  im CM 200ff
  im Unfolding 169
  unkonditional 169ff
  zeilenkonditional 169ff
Strukt 149
  Diagramm 151
Struktupel 133, 149, 161
Struktupel-Analyse 133ff
  Multidimensionale (MSA) 147, 154ff
  Partielle-Ordnung (POSAC) 147
strukturelles Vorgehen in der Struktupel-Analyse 142
Strukturgleichungsmodelle 121ff
SYGRAPH 14f

## T

Teilnutzen 197
Test 30

Test (Fs.)
    Endform 30ff, 41ff
    Gütekriterien 45ff
    Vorform 31
    Speed- 48
Testtheorie, klassisch (KTT) 41ff
Thurstone-Skalierung 53ff
Ties in Skalogramm-Analyse 142
Transformation
    Ähnlichkeits- 97
    linear 4, 80
    ordnungserhaltend 4, 194
    prokrustisch 97
    zulässig 3ff, 97, 214
Transitivität 4
Trennschärfe 41ff
Treppenmuster 134
triviale Skalierung 10ff, 212ff
Tupel 83, 134

## U

Übereinstimmungsvalidität 48
Unähnlichkeit 17, 70, 82ff
Unfolding 161ff
    multidimensional 170ff, 176
    per MDS 168
unique Varianz 123
Universum, Item- 50f, 143
Unterschied
    ebenmerklich 7
    -sschwelle 7f
Urteil
    absolut 9
    forced choice 8, 54, 68

## V

Validität 47ff
    faktorenanalytisch 50
    Inhalts- 50ff
    Konstrukt- 49f
    Kriteriums- 48f
    Übereinstimmungs- 48
    Vorhersage- 48
Variable
    Beobachtungs- 127
    Dummy 203ff
    endogen 127
    exogen 127
    extern 159
    latent 120f, 127
    manifest 121
Variablenraum 109
Varianz
    erklärt 115, 126
    gemeinsam 120
    spezifisch 120, 123
    unique 123
Varianzanalyse 194f
Varimax-Drehung 112
Vektor 109ff
    -Darstellung
    Eigen- 189
    -Konfiguration 111ff
Verbundmessung → Conjoint measurement
Verhältnis
    sensorisch 7
    -Skala 3f
Verlustfunktion 73, 187f, 216
Verschätzungsfaktor 193
Voraussetzung
    notwendig 65
    hinreichend 65
Vorhersagevalidität 48

## W

Wahrscheinlichkeit
    Dominanz- 54ff
    Rand- 39, 68f
    -sverteilung 57

## Z

zeilenkonditional
  im Unfolding 169f
  in Skalogramm-Analyse 142
Zufallsauswahl 31
  geschichtet 32
Zufallsfaktoren 54ff
zulässige Transformation 3ff, 97, 214
z-Wert 39ff, 60ff

# Methoden der Psychologie
# Herausgegeben von Kurt Pawlik

Der Begriff «Methoden» der Psychologie wird in dieser Reihe in seiner heute üblichen weiteren Bedeutung verstanden und – hinausgehend über Statistik und Datenanalyse – auf die Gesamtheit der Verfahren zur Planung, Durchführung und Auswertung systematischer Verfahren der psychologischen Beobachtung, Analyse und Intervention bezogen.

Ingwer Borg

## Grundlagen und Ergebnisse der Facettentheorie

(Band 13) 1992, 161 Seiten, 33 Abbildungen, 9 Tabellen, kartoniert
Fr. 42,80/DM 44,80

Ingwer Borg und Thomas Staufenbiel

## Theorien und Methoden der Skalierung
### Eine Einführung

(Band 11) Zweite, vollständige neu bearbeitete und erweiterte Auflage, 1993, VIII + 243 Seiten, 94 Abbildungen, 51 Tabellen, kartoniert
Fr. 47,60 / DM 49,80

Reiner Fricke und Gerhard Treinies

## Einführung in die Metaanalyse

(Band 3) 1985, 192 Seiten, 2 Abbildungen, 25 Tabellen, kartoniert
Fr. 52,–/DM 59,–

Volker Hodapp
# Analyse linearer Kausalmodelle
(Band 4) 1984, 138 Seiten, 26 Abbildungen, 13 Tabellen, kartoniert
Fr. 42,–/DM 48,–


Erich Mittenecker
# Video in der Psychologie
## Methoden und Anwendungsbeispiele in Forschung und Praxis
(Band 9) 1987, 161 Seiten, Abbildungen, Tabellen, kartoniert
Fr. 52,–/DM 59,–


Claus Möbus und Wolfgang Schneider (Hrsg.)
# Strukturmodelle für Längsschnittdaten und Zeitreihen
## LISREL, Pfad- und Varianzanalyse
(Band 5) Mit Beiträgen von H.-P. Bäumer, P.M. Bentler, K.G. Jöreskog, J.-B. Lohmöller, C. Möbus, K. Opwis, M. Sieber, D. Sörbom, W. Schneider, Ch. Schulte-Cloos, B. Treiber. 1986, 276 Seiten, 23 Abbildungen, 38 Tabellen, kartoniert Fr. 38,–/DM 44,–


Helfried Moosbrugger und Dirk Frank
# Clusteranalytische Methoden in der Persönlichkeitsforschung
## Eine anwendungsorientierte Einführung in taxometrische Klassifikationsverfahren
(Band 12) 1993, 157 Seiten, 12 Abbildungen, 7 Tabellen, kartoniert
Fr. 52,–/DM 54,–

Helfried Moosbrugger und Nicole Klutky

## Regressions- und Varianzanalysen

**auf der Basis des Allgemeinen Linearen Modells**

(Band 6) 1987, 202 Seiten, 15 Abbildungen, 16 Tabellen, kartoniert
Fr. 42,–/DM 48,–


Detlef Rhenius

## Mathematik für die Psychologie: eine Einführung

**Teil I: Grundlagen, Vektorräume, Mathematik ohne Zahlen**

(Band 2) 1983, 243 Seiten, 49 Abbildungen, kartoniert
Fr. 32,–/DM 36,–

**Teil II: Wahrscheinlichkeitstheorie**

(Band 7) 1986, 297 Seiten, 38 Abbildungen, 50 Übungsaufgaben, kartoniert Fr. 68,–/DM 78,–
Teil I und II zusammen Fr. 85,–/DM 98,–


Bernhard Schmitz

## Einführung in die Zeitreihenanalyse

**Modelle, Softwarebeschreibung, Anwendungen**

(Band 10) 1989, 235 Seiten, 89 Abbildungen, 70 Tabellen, kartoniert
Fr. 43,–/DM 49.80

# Verlag Hans Huber